Inhalt:

Lieber wäre mir ein anderes Vorwort …

„Da Herrgott hat eam glei in'die Höll' g'schickt …" (Der Herrgott hat ihn gleich in die Hölle geschickt) würde man in der Obersteiermark, dort wo ich großgeworden bin, zu dieser Begebenheit sagen.

Ja, ich hätte mir ein anderes Vorwort gewünscht, doch ich kann das Ereignis nicht ignorieren. Denn wochenlang haben die Medien über den ‚Wilderer von Annaberg' groß berichtet.

Viele werden sich noch erinnern.

Alois Huber, 55. Betuchter Transportunternehmer aus Großpriel, einer Katastralgemeinde von Melk in Niederösterreich. Ein graumelierter, gutaussehender Mann mit einem gewinnenden Lächeln.

Er ist Witwer, seine Frau starb in den Neunzigerjahren an Krebs. Und offenbar hat ihn das aus der Bahn geworfen.

Der 17. September 2013. Weil er als Wildschütz verdächtigt und deshalb gesucht wird, hat die Polizei auf der L 101, nahe Annaberg, eine Straßensperre errichtet. Ein Fahrzeug rast heran, hält aber nicht sondern rammt einen Polizeiwagen, durchbricht die Sperre und holpert weiter Richtung Äußere Schmelz. Die Polizisten schießen nach und nehmen die Verfolgung auf.

Der fliehende Lenker gerät mit seinem Auto von der Fahrbahn und durchstößt einen Zaun. Als sich die Beamten nähern, feuert der Mann aus einem Gewehr auf drei Cobra-Männer. Er trifft einen der Polizisten und verletzt ihn so schwer, dass dieser zwei Stunden später stirbt. Aus der herbeigerufenen Rettung springen zwei Rotkreuzmänner. Sie wollen helfen, da kracht es erneut und der Amokschütze erschießt einen 70-jährigen Sanitäter. Mit einem weiteren Schuss verletzt er einen Polizisten. Dann hetzt er davon.

Inzwischen ist klar, der Fliehende ist Alois Huber. Der, den man wegen Wilderns sucht. Er rennt durch einen Wald Richtung Lassinghof. Nach etwa einem Kilometer bemerkt er eine weitere Polizeistreife. Er reißt die Waffe hoch und schießt einem Polizisten direkt in den Kopf. Der ist sofort tot. Ein Kollege erwidert das Feuer und trifft den Täter in den Bauch. Trotz der Verletzung feuert Huber zurück und tötet auch diesen Polizeibeamten. Dann wirft er einen der erschossenen Uniformierten in das Einsatzfahrzeug, steigt selber ein und rast zu sich nach Hause.

Er verschanzt sich in seinem auf einer Anhöhe gelegenen Vierkanthof. Ein Großaufgebot der Exekutive umstellt ihn, Verhandlungen verweigert er. Immer wieder schießt er auf die Einsatzmannschaft, die nicht zu ihm vordringen kann.

Schließlich stürmt die Cobra-Einheit das Gehöft. Man durchsucht das weitverzweigte und verwinkelte Anwesen, doch keine Spur von Alois Huber. Erst durch einen Hinweis erfahren die Beamten von einer Geheimtür. Sie brechen sie auf,

Der ‚Wildschütz' Alois Huber. Er sah gar nicht aus wie ein Schwerkrimineller, doch er erschoss bei seiner Flucht vier Menschen

Waffennarr. Über 300 Lang-, sowie Faustfeuerwaffen wurden in Hubers Keller gefunden. Sie waren teilweise gestohlen. Die meisten benützte er für Straftaten

Der Sanitäter (mit großem Schnauzbart) und die drei Polizisten starben durch die Kugeln des Amokschützen

im Raum dahinter brennt es. Als das Feuer gelöscht ist, entdeckt man eine Leiche. Es ist Huber. Er hat den Brand gelegt und sich dann einen Kopfschuss verpasst. Zuvor hat er noch seinen geliebten Hund ‚Bruni' getötet.

Schützenpanzer, Hubschrauber und 200 Beamte haben an dem Einsatz teilgenommen. Fazit: Drei ermordete Polizisten und ein toter Sanitäter.

Entsetzlich.

Dabei war der fesche Alois doch ‚nur' ein Wilderer. Zumindest brüstete er sich damit bei den wenigen Freunden, die er hatte.

Er besaß zwar einen Jagdschein, jedoch nur für Niederwild. Aber das genügte ihm offenbar nicht, da er – wie sich herausstellte – in großem Stil wilderte. Wie die Polizei ermittelte, sei er seit langem auf Schwarzpirsch gegangen. Nicht nur in Niederösterreich, sondern auch in der Steiermark. Dabei hatte er es hauptsächlich auf Trophäen abgesehen. Im Gesäuse und auch im Bezirk Lilienfeld wurden die Körper von acht Hirschen gefunden, denen Huber das Haupt abgetrennt hatte.

Doch das Wildbrateln war nicht das Schlimmste in seinem Leben. Es stellte sich heraus, dass er in erster Linie ein Krimineller und Gewalttäter übelster Art war. Ein Einbrecher, Brandstifter, Demolierer und Dieb, der in seinem Keller über dreihundert Lang- und Faustfeuerwaffen gehortet hat. Die meisten davon benützte er für Straftaten.

Niemand ahnte, dass der Mann, der tagsüber mit seinem LKW auch Wildfutter für Jagdpächter transportierte, in Villen einbrach, Brände legte, Sachwerte zerstörte und klaute, was ihm wertvoll schien.

Huber führte ein Doppelleben. Und er verstand, das Böse in ihm geschickt zu verbergen. Noch am Abend vor der Bluttat sah man ihn auf einer Tanzveranstaltung. Gut gelaunt und charmant.

Im Zuge der Ermittlungen wurden Huber insgesamt 108 Straftaten mit einem Gesamtschaden von 9,8 Millionen Euro zugeordnet.

Das also ist die Wildererstory, die eigentlich keine richtige ist, die ich aber halt doch erwähnen muss.

Für den eigentlichen Inhalt des Buches waren – wie auch schon bei den zwei bisherigen Bänden – ausführliche Recherchen notwendig. Ich danke allen, die mich dabei mit Rat und Tat unterstützt haben.

Und noch etwas: Ich lasse die handelnden Personen der Authentizität wegen in deren Heimatdialekt reden. Da aber die Dialekte in manchen Regionen für den Normalbürger fast nicht zu verstehen sind, habe ich sie etwas ‚entschärfen' müssen. Kann sein, dass das im einen oder anderen Fall ein kleiner sprachlicher Stilbruch ist, doch man möge das verstehen.

In diesem Sinne wünsche ich allen, die das Buch jetzt in Händen halten, ein interessantes und spannendes Lesevergnügen.

Peter Janisch

Der rätselhafte Knorpelmann

„Doch plötzlich stoppte Unterschaller. Er sah, wie sich nur wenige Meter entfernt ein Mann durch das dichte Gestrüpp drängte. Als er dann am vorbeiführenden Hohlweg stand, wischte er Blätter und kleine, abgebrochene Zweige säuberlich von seiner Kleidung. Erst danach bemerkte er den Jäger. Er war überrascht, verharrte bewegungslos und starrte wortlos auf sein Gegenüber."

Als die ersten Sonnenstrahlen des kühlen Frühherbsttages durch die Wolken drangen und die Kuppen des Vorderen und Hinteren Lärchkogels mit einem feinen Goldsaum überzogen, hatte der Jäger Siegbert Unterschaller bereits ein ansehnliches Stück Weges zurückgelegt. Er war schon zeitig früh von Pichl im Steirischen Ausseerland aufgebrochen, weil er einen weiten und anstrengenden Dienstgang vor sich hatte. Es war ein Freitag und er marschierte vorbei an der etwa acht Kilometer entfernten Seewand und der Schwarzen Rast, um bis zu der eineinhalb Kilometer westlich der Finetalm gelegenen Hinteren Finitzalm zu gelangen. Die nur nach stundenlangem Marsch erreichbare Hochweide wurde bis vor wenigen Jahrzehnten bloß von Viehhütern, Sennerinnen und dem Almvieh besiedelt, viel später erst war sie auch das Ziel von Bergwanderern und Heimatforschern. Man hat dort nämlich eine knapp vierzehn Meter lange Höhle entdeckt, an deren Wände die sogenannten Almberechtigten seit Jahrhunderten Kreuze, Vierecke und Christogramme mit Jahreszahlen eingeritzt hatten, wobei die älteste Zahl mit 1688 datiert ist.

Doch als Unterschaller unterwegs war, hatte von der Existenz dieser Felsgravuren noch niemand eine Ahnung, denn man schrieb den 12. Oktober 1912. Der Jäger wollte auf diesem Dienstgang den Zustand der Waldwege und Steige sowie der Futterkrippen kontrollieren. Es war auch Zeit, wieder einmal die Population des Wildes zu überprüfen, um festzustellen, ob sich kranke oder schwache Tiere darunter befanden, da solche oft die Gesundheit eines gesamten Bestandes gefährdet haben.

Unlängst erst hatte die sogenannte „Gamsblindheit“ in einigen Nachbarrevieren großen Schaden angerichtet. Diese von Tier zu Tier übertragbare Infektionskrankheit entzündet, trübt und wölbt die Binde- und Hornhaut, es entstehen Geschwüre, und wenn diese aufbrechen, rinnt das Augenwasser aus. Die Folge ist Erblindung. Blinde Gämsen finden nichts zum Äsen und sie stürzen im felsigen Gelände reihenweise in den Tod. Auch Siegbert Unterschaller wusste damals keinen Rat gegen diese ansteckende Massenerkrankung, er konnte nur eines tun: sobald er an Tieren Anzeichen dieser Seuche entdeckte, erlegte er sie und schaffte sie fort. Deshalb war die Revierkontrolle gerade jetzt besonders wichtig. Unterschaller war Anfang fünfunddreißig und mit Leib und Seele Weidmann. Ein drahtiger Bursch mit einem kurzen Backenbart, ähnlich dem seines allerobersten Jagdherrn Kaiser Franz Josef. Als er nun mit gleichmäßigen Schritten aus dem Mischwald auf eine kleine Lichtung trat, lag am Wegrand ein halbrunder, niedriger Stein. Er setzte sich drauf, um zu verschnaufen. Obwohl er ein strammer Berggeher war, brauchte er jetzt eine kleine Pause. In seinem Rucksack, der schwer auf die Schultern drückte, befanden sich nämlich salzige Lecksteine für das Wild. Unterschaller saß leicht vorgebeugt da, den Kopf etwas nach unten geneigt. Seine aufmerksamen

Augen wanderten nach links, dann wieder nach rechts, doch überall herrschte friedliche, ja fast andächtige Ruhe.

Und wie das manchmal halt so ist, ging ihm gerade jetzt etwas durch den Kopf, das schon seit Jahren die Leute hier beschäftigte. Und zwar die Besuche des englischen Königs in Ischl. Eduard VII. war seit 1903 mehrmals nach Ischl gereist, um, wie es hieß, Kaiser Franz Josef zur Aufgabe der „militärischen Ehe" mit dem deutschen Kaiser Wilhelm zu überreden und statt dessen ein Bündnis mit England einzugehen. Politik hatte Unterschaller nie interessiert, aber diese Gerüchte stimmten ihn nachdenklich, weil es dann vielleicht zum Krieg kommen könnte. Im Ennstal würde man erstmals seit Menschengedenken eine Garnison stationieren und dann müsste wohl auch er zu den Soldaten. Etwas, das ihm gar nicht behagte. Rasch wischte er diese Gedanken beiseite. Und ehe er sich erhob, um seinen Weg fortzusetzen, zog er die Riemen an den Schuhgamaschen fester. Auf längeren Dienstgängen trug er diese Gamaschen, denn im unwegsamen Gelände schützten sie vor Steinen, Ästen und kratzenden Dornen.

Der Anstieg wurde steiler. Inzwischen war die Sonne am Firmament etwas hochgekommen. Sie funkelte auf dem leicht gekräuselten Wasser des Ödensees, der schon ein gutes Stück hinter ihm lag. Der westlich von Pichl gelegene See ist von einem Waldgürtel umgeben und für seinen Fischreichtum bekannt. Regenbogenforellen, Bachforellen, Saiblinge, Hechte, Weißfische und Karpfen bevölkern ihn. Was aber Unterschaller sowie auch viele andere damals nicht wussten: Sechs Jahre zuvor hatte in Amerika ein Schriftsteller namens Jack London einen Roman mit dem Titel ‚Wolfsblut' verfasst. Dieser Roman sollte siebzig Jahre später ausgerechnet am Ödensee verfilmt werden. 1973 wurde dafür am Seeufer ein „Alaskadorf" namens „Dawson City" errichtet. Der damalige TV-Star Raimund Harmstorf und der Italiener Franco Nero spielten die Hauptrollen. Mittlerweile ist von den Filmkulissen nichts mehr zu sehen.

Unterschaller hatte vor, die Nacht in einer Jägerhütte neben einem wärmenden Holzfeuer zu verbringen, denn die Nächte oberhalb von 1.500 Meter waren jetzt schon empfindlich kühl. Der Jäger überquerte eine kleine Steinriese und kam zu einem von vielen Unwettern zerzausten Waldabschnitt. Kahle, hohle und auch umgestürzte Bäume befanden sich hier, vom Blitz entrindet, von Sonne und Regen zart versilbert. Es sah aus, als wollten sie mit dünnen Fingern nach jedem greifen, der vorbei ging. Als Unterschaller das bizarre Gelände durchschritten hatte, gelangte er zu einem Hohlweg, auf den die Sonne wie durch einen löchrigen Vorhang drang. Sie warf auf den Pfad aus Schotter, feuchtem Erdreich, vertrockneten Tannennadeln und Laub nur vereinzelte schmale Lichtstreifen. Langsam stapfte Unterschaller bergan - doch plötzlich stoppte er, denn da war irgendwas. Eine Bewegung, ein Geräusch Dann sah er, wie sich nur wenige Meter entfernt ein Mann durch das dichte Gestrüpp drängte. Als er auf dem vorbeiführenden Hohlweg stand, wischte er Blätter und kleine, abgebrochene Zweige säuberlich von seiner Kleidung. Erst danach bemerkte er den Jäger. Er war überrascht, verharrte bewegungslos und starrte wortlos auf sein Gegenüber.

Unterschaller, der nicht weniger überrascht war, stützte sich vorgebeugt auf seinen Bergstock und betrachtete den Mann, als sei er ein Fabelwesen. Außer dem Flügelschlag einzelner Vögel herrschte Stille wie in einer Kirche. Und dieser Vergleich passte auch irgendwie, denn der Fremde war ein ... Priester. Ja, kein Zweifel, er war ein Priester.

Ein schwarzer, halblanger, an den Ellbogen schon abgewetzter Mantel spannte sich über seinen mächtigen, aufgeblasen wirkenden Bauch. Darunter trug er ein schwarzes

Hemd mit einem weißen Priesterkragen und einem Brustkreuz. Auf der Nase saß eine Nickelbrille. Ein wenig verlegen strich Hochwürden über seine von Laubresten befreite Kleidung, wobei er den Jäger über den Rand seiner Nickelbrille anblickte. „Grüß Gott, mein Sohn." Siegbert Unterschaller blinzelte verwirrt. „Guten Morgen, Hochwürden. Was macht denn jemand wie Sie zu so früher Stunde hier?" Der Pfarrer musterte ihn gütig. Langsam trat er ein paar Schritte näher. „Eigentlich nichts, außer spazierengehen, denn Gottes Natur ist dann am schönsten, wenn der Tag zum Leben erwacht. Und wenn ich dich erschreckt haben sollte, dann verzeih', aber ich musste dringend ein kleines Geschäftchen erledigen - du weißt schon ..."

„Ja, ja ..." murmelte Unterschaller und ließ seinen Blick nochmals über den Geistlichen schweifen. Außer der hochtrabenden Redeweise war nichts Auffälliges an ihm. Er war so um die Vierzig, hatte buschige Augenbrauen und ein, verglichen mit seinem Leibesumfang, verhältnismäßig schlankes Gesicht, auf dem sich dunkle Bartstoppeln zeigten. Der fromme Mann hielt ein Brevier in der linken Hand, wobei Unterschaller auffiel, dass am Zeigefinger das letzte Glied fehlte.

Der Pfarrer schien das Misstrauen des Jägers zu spüren, denn er beeilte sich zu sagen: „Du wunderst dich wohl, da heroben einen Gottesmann anzutreffen? Aber weißt du, ich habe Asthma. Und bei Asthma tut Gebirgsluft gut."

„Und trotz der Schnauferei schaffen Sie es bis da herauf?" Unterschaller fand das weniger beeindruckend als seltsam. Für Asthma, hatte er gehört, sei eigentlich Meeresluft das Beste. Aber er kam nicht dazu, sich darüber den Kopf zu zerbrechen, da der Mann ihn jovial wissen ließ: „Ich heiße Johann Schober und bin Pfarrer in Gröbming. Meine Schwester wohnt in Pichl, und bei der verbringe ich jetzt ein paar Tage Urlaub."

„Aber wozu brauchen'S für den gesundheitlichen Spaziergang einen so großen Rucksack?" Misstrauisch blickte Unterschaller ihn an. Der Geistliche schenkte ihm einen gütig belehrenden Blick. „Da drin ist meine Jause", lächelte er. „Wenn ich lang' unterwegs bin, muss ich ja schließlich auch was essen." Er nahm den Rucksack ab, öffnete ihn und reichte ihn dem Jäger, wobei Unterschaller jetzt deutlich den amputierten Zeigefinger sehen konnte. Er endete in einem wulstigen Knorpel, von dem eine dicke rote Narbe senkrecht bis hinunter zum Fingeransatz führte.

Ein Priester mit solch einer Verletzung? Na ja, soll's geben, dachte Unterschaller und warf einen Blick in den offenen Rucksack. Und dieser Blick beruhigte ihn. Im „Woadsack", wie man im Ausseerland dazu sagt, war tatsächlich nichts anderes als ein halber Laib Brot, ein Ranzen Speck und ein Messer. Das Angebot des Geistlichen, sich mit ihm auf eine Jause niederzusetzen, lehnte der Jäger aber dankend ab.

„Also nichts für ungut und auf Wiedersehen, Herr Pfarrer!" Der Kaiserliche Hofjäger Siegbert Unterschaller hatte keine Lust, sich länger mit dem schrulligen Kirchenmann abzugeben. Er lüftete den Hut und setzte seinen Weg fort.

Hätte er an diesem Tag seine Dachsbracke Mira mitgehabt, eine abgerichtete Stöberhündin, wäre er wohl nicht so rasch weitergegangen, denn der Dakkel hätte den merkwürdigen Geistlichen ganz sicher verbellt, ja wahrscheinlich wäre das Tier sogar respektlos unter die Soutane geschlüpft, die sich über das kissenförmige Gestell aus Holz und Leder wölbte, das der Mann um den Leib geschnallt hatte. Und wahrscheinlich hätte der Dackel das erlegte Kleinwild sogar herausgezerrt, das sich in dem künstlichen Bauch befand. So aber hatte Siegbert Unterschaller sich arglos entfernt.

Jedenfalls war Unterschaller damals schon ein Stück weit marschiert, als ihm doch Bedenken kamen. Irgendwas stimmte mit dem Geistlichen nicht. Wieso kroch der durch dichtes Gestrüpp, um, wie er sagte, die kleine Notdurft zu verrichten? Da heroben, in der Einsamkeit der Bergwelt, schaut einem beim Pinkeln ja sowieso niemand zu. Unterschaller machte auf der Stelle kehrt, um zurück zu eilen, doch wie zu erwarten, war der Gottesmann verschwunden. Laut schalt sich Unterschaller einen Trottel. Und überhaupt, warum hatten bei ihm nicht sofort die Alarmglokken angeschlagen, als der Mann mit dem weißen Priesterkragen ihn zu einer gemütlichen Speckjause einlud! Zu einer Speckjause am Freitag! Wo Katholiken am Freitag doch kein Fleisch essen dürfen! Der Jäger hätte sich ohrfeigen können.

Zurück, an der Stelle ihrer Begegnung, sah er sich gründlich um. Aufmerksam musterte er das Gelände. Den mit Tannen- und Fichtennadeln bedeckten Hohlweg, den zu beiden Seiten teilweise halbmeterhohen, da und dort abbröckelnden Saum, das entlang des Weges wuchernde Gestrüpp, durch das der Pfarrer sich den Weg gebahnt hatte. Doch nichts Auffälliges. Nirgendwo lag etwas; nicht einmal Reste der Speckjause, die der unfromme Geistliche wahrscheinlich verdrückt hatte. Enttäuscht wollte Unterschaller wieder umkehren, als sein Blick zufällig auf einen flachen, hellen, etwa tellergroßen Stein fiel. Runde, bräunlich-rote Flecke, die wie Bluttropfen aussahen, waren da zu sehen. Der Jäger legte Rucksack, Bergstock und Büchse ab und ging in die Hocke. Er betupfte mit dem Finger die halbgetrockneten rötlichen Spritzer und stellte fest, dass es wahrscheinlich Blut war. Doch woher kam es? Vom Himmel konnte es ja nicht gefallen sein. Verflucht, er und der seltsame Hochwürden, sie hatten genau an dieser Stelle gestanden! Aber der Mann war nicht verletzt gewesen. Das wäre ihm aufgefallen. Angestrengt dachte Unterschaller nach. Langsam erhob sich. Und da kam ihm ein absurder Verdacht: Hatte der Mann nicht einen überaus voluminösen Leibesumfang? Einen für das schlanke Gesicht und die dünnen Arme unverhältnismäßig großen Bauch? Wenn das kein echter Bauch war, sondern eine unter dem Priestergewand verborgene Vorrichtung, in der erlegtes Kleinwild versteckt werden konnte? Wenn ja, hatte ein darin verstautes Tier vielleicht nachgeblutet? Für Unterschaller war diese Erkenntnis wie ein Schlag in die Magengrube. Ein Pfarrer auf Schwarzpirsch!? So was Absurdes, gab es das überhaupt? Der Mann hatte zwar keine Waffe bei sich gehabt, aber einen zerlegbaren Stutzen konnte man ja ebenfalls in so einem Hohlbauch verschwinden lassen. Himmelkruzitürken, warum hatte er den Kirchenmann nicht genauer unter die Lupe genommen? Andererseits hatte der ihm durch sein freundliches Verhalten keine Veranlassung dazu gegeben.

Jetzt nach ihm zu suchen, war aussichtslos. Unterschaller biss die Zähne grimmig zusammen und setzte seinen Weg zur Hinteren Finitzalm fort. Trotzdem blieb er alle paar hundert Meter stehen, um argwöhnisch da oder dorthin zu äugen, obwohl ihm sein Hausverstand klipp und klar sagte, dass der sonderbare Gottesmann längst abgehauen war - wenn auch nicht Richtung Himmel!

Da in seinem Kopf die Gedanken ständig um den merkwürdigen Kirchenmann kreisten, vernachlässigte er diesmal den Kontrollgang. Unterschaller legte zwar die Lecksteine aus, doch die Überprüfung des Wildbestandes verschob er auf das nächste Mal. Ihm fiel bloß auf, dass bei einem Hochsitz die morsche Leiter dringend erneuert werden sollte.

Es war später Nachmittag, als er die Jägerhütte erreichte. Er öffnete von außen die Fensterläden und machte drinnen sofort Feuer. Nachdenklich starrte er in die Flammen, die Begegnung mit dem Priester ging ihm nicht aus dem Kopf.

Wieder zurück in der Dienststelle, informierte er seinen Förster von dem merkwürdigen Treffen. Und dass der Mann angeblich Pfarrer in Gröbming sei, aber Urlaub bei seiner Schwester in Pichl mache. Umgehend setzte sich sein Chef mit dem Gröbminger Pfarramt in Verbindung und der Verdacht bestätigte sich: es gab dort keinen Pfarrer namens Schober. Und es gab auch in Pichl keine Frau, die einen Priester zum Bruder hatte.

Unterschallers Zusammentreffen mit dem eigenartigen Priester sprach sich herum. Die einen schmunzelten über den als Pfarrer verkleideten Unbekannten, der im Gebirge auf Schwarzpirsch ging, andere wiederum entrüsteten sich, weil er das Priesterkleid für sowas entehrte. Aber was bezweckte er damit? Die „schwarzen Gesellen", also die Wilderer, waren ja zwischen Ennstal und dem Dachstein seit jeher ein leidenschaftlich diskutiertes Thema. Erst wenige Wochen vor Unterschallers groteskem Erlebnis hatten im Hochölsingkar am Grimming illegale Schützen für Gesprächsstoff gesorgt. Und zwar die „Hochölsingkarer Viererbande". Der Hans, der Rudi, der Siegfried und der Hermann hatten in besagtem Kar eine regelrechte Treibjagd auf Gämsen veranstaltet. Ihre Stutzen knallten, dass man es bis ins Tal hören konnte. Sogar bis ins Forstamt. Den ärarischen Oberförster Hiob Engel brachte das in Harnisch. Weil bei einigen Tuschern die Wanduhr in seiner Kanzlei gleichzeitig eine Vormittagsstunde schlug, soll er diese - laut einem Mitarbeiter - angeschrieen haben: „Halt‘ die Pappn, i hör’ ja nix!" Umgehend alarmierte der aufgebrachte Oberförster den Inspektor Meixner vom Posten Mitterndorf. Eilig machten sich beide auf den Weg.

Da es vom Hochölsingkar, wo die Schüsse gefallen waren, nur einen Abstieg zurück ins Tal gab, versteckten sich Engel und Meixner am unteren Ende der Kar-Rinne. Sie mussten sich allerdings in Geduld üben, da die vier Männer einzeln auf Pirsch waren und sich für den Heimweg erst gegen Abend bei der besonders steilen Ausstiegsrinne treffen wollten. Sie waren bester Laune, denn das Jagdglück war ihnen hold gewesen. Jeder hatte eine Gams erlegt. Die Tiere hatten sie geschultert - selber aber waren sie unkenntlich. Zwei hatten geschwärzte Gesichter, die anderen beiden trugen tief in die Stirn gezogene Strickmützen. Um den Kopf waren Schals gebunden, die nur einen Spalt für die Augen frei ließen. Alte, zerschlissene Janker und ausgebeulte Hosen vervollständigten ihr Äußeres.

Hans wollte als erster mit dem Abstieg beginnen. Aber da rief plötzlich eine laute, barsche Stimme: „Halt! Waffen ablegen!“ Hiob Engel sprang hinter einer Felskante hervor, Gendarmerieinspektor Meixner erschien gleich hinter ihm, auf dem Kopf eine mattglänzende Pickelhaube. Anstatt vor Schreck erst mal zu erstarren, reagierte Hans, der Anführer, überaus geistesgegenwärtig. Er riss die Gams von seinem Rücken und schleuderte sie dem Förster an die Brust. Das Gewicht des Tieres warf diesen um. Er fiel auf den Rükken, rollte sich zur Seite und klammerte sich mit beiden Händen an eine aus dem Geröllboden ragende Baumwurzel, denn sonst wäre er abgestürzt. Hans sprang über ihn hinweg. Er riss die Gams wieder an sich und drosch mit seinem Bergstock auf den Kopf des verdutzten und von der Situation offenbar überforderten Gendarmerieinspektors. Glücklicherweise schützte diesen der Helm vor einer möglichen Verletzung. Und auch er sackte zusammen. Das nützten die gefinkelten Wildbratler. Sie sprangen Hans hinterher, rutschten, stolperten und kugelten die Rinne hinab. Der Letzte aber hatte Pech. Er verhakte sich, fiel hin und stürzte über ein etwa sechs Meter hohes Wandl ab.

Der geschockte Inspektor rappelte sich auf und zog Engel hoch. Kaum war der auf den Beinen, stürmten die beiden dem Fliehenden nach. Die größeren und kleinen Felsbrocken, die sie lostraten, polterten weithin vernehmbar in die Tiefe. Vorsichtig kletterten sie das Wandl hinab, dann aber machten sie lange Gesichter, denn von dem abgestürzten Schützen war nichts zu sehen. Er musste das Missgeschick einigermaßen heil überstanden haben, da er mit den anderen im nahen Hochwald verschwunden war.

Doch die Geschichte war damit nicht zu Ende. Der aggressive Hans, den der Oberförster Engel bei dem schmerzhaften Zusammenstoß als Bauern aus der Gegend verdächtigte, verriet Jahre später, welchen Ausgang die Sache genommen hatte.

Ja, er war damals der Rädelsführer gewesen. Und bei ihrer Flucht hatten sie die erbeuteten Gamserl sogar mitnehmen können. Da er aber nicht sicher war, vielleicht doch erkannt worden zu sein, hatte er seine Gams nicht direkt nach Hause gebracht, sondern in einer Mühle beim Kohlbergergraben versteckt. Seine Komplizen übten sich dagegen in Nächstenliebe. Sie zerteilten das Wildbret und verschenkten es an Nachbarn, von denen sie wussten, dass sie dankbar dafür waren - und dass sie auch schweigen konnten.

Als drei Tage nach dem Vorfall noch immer keine Gendarmen bei ihm aufgetaucht waren, säbelte Hans von der versteckten Gams ein Stück Fleisch ab, das er nach Hause brachte. Dann ging er in den Wald, um Holz aufzuarbeiten, seine Frau bereitete inzwischen den Braten zu. Als die Gattin draußen am Brunnen die Erdäpfel wusch, durchfuhr sie der Schreck. Ein Jäger und ein Gendarm kamen den Abhang zum Hof herauf. „O Gott!", schoss es der Landwirtin durch den Kopf, denn ihr war ja die Herkunft des Fleisches bekannt. Also rannte sie zurück in die Küche und warf in Panik Pfanne samt Braten zum Fenster hinaus. Bedauerlicherweise genau vor die Füße der Besucher. Das war natürlich mehr als verdächtig, und der Gendarm, der wegen der Wilderersache nachfragen wollte, konfiszierte den Braten sofort als „*Corpus delicti*". Kurz darauf erschien Ehemann Hans. Geistesgegenwärtig erklärte er, der halbfertige Braten stamme von einem Reh, das er gestern auf dem Rückweg von seiner Almhütte verendet gefunden habe. Er weiß, er hätte das Tier abliefern müssen, aber die Versuchung war zu groß, davon etwas Schmackhaftes zuzubereiten. Der Gendarm nahm trotzdem eine oberflächliche Hausdurchsuchung vor, bei der aber nichts zutage kam. Danach ließ er das Fleisch einpacken, um von einem Sachverständigen feststellen zu lassen, ob es sich tatsächlich um Reh- oder vielleicht doch um Gamsfleisch handle. Der Landwirt, so erklärte er dem Fachmann, einem Metzger in Irdning, stehe nämlich im Verdacht, eine Gams gewildert zu haben. Was er freilich nicht wusste: der Metzger war mit besagtem Landwirt befreundet. Das „Gutachten" fiel deshalb entsprechend aus: das Beweisstück sei eindeutig Fleisch vom Reh! Hans, der Wildschütz, lachte sich ins Fäustchen, der turbulente Vorfall vom Hochölsingkar aber landete im Gendarmerieposten Mitterndorf bei den ungeklärten Fällen.

Im Gebiet Ausseerland-Ennstal verging nun wirklich kaum eine Woche, in der es nicht Neuigkeiten von der Wildererfront gab. Unterschallers merkwürdige Begegnung mit dem „Pfarrer" war den Leuten noch gegenwärtig, als der Förster Herbert Larisch von einem ähnlich eigenartigen Erlebnis berichtete.

Larisch war im Koppental, nahe Aussee, hinter einem „Schwarzl“ her, weil unterhalb des 1.318 Meter hohen Starkenstein im Morgengrauen Schüsse gefallen waren. Der Förster wusste, dass sich an diesem Tag keiner seiner Jäger dort aufhielt und auch der Jagdherr nicht anwesend war. Also konnte der Urheber nur ein Wilderer sein. Larisch wollte der Sache möglichst rasch auf den Grund gehen. Da es Ende Oktober war, kleidete er sich entsprechend. Eine warme Unterhose unter der knielangen Ledernen. Über einem dicken Winterhemd und einer Weste trug er einen halblangen Überzieher. Die grünen Stutzen hatten dick geflochtene Zopfmuster. Wie immer hatte er auch seinen Rucksack dabei. Und natürlich Hut, Fernglas und Büchse. Seinen Hund nahm Larisch aber nicht mit, da dieser am Hinterlauf verletzt war.

Larisch war knapp fünfzig vorbei. Er hatte eine Glatze, umrahmt von einem dunklen Haarkranz, scharfe Gesichtszüge und eine zupackende Art, wenn es darum ging, heikle Entscheidungen schnell zu treffen. Gleich nach den Schüssen hatte er sich auf den Weg gemacht. Seine Laune war im Keller, weil er wegen so einem „Wildbratler“ wieder einmal ins Revier hinauf musste. Verflucht, immer dieser Scheiß mit den Schwarzschützen! Er wusste ja, dass viele von denen arm und arbeitslos waren und dass sie sich deshalb mit Fleisch aus dem Wald versorgten. Andererseits aber war das nicht zu dulden. Wozu gab es Gesetze? Und mit welchem Recht durfte man die Jagdherren schädigen, die viel Geld in die Pflege des Waldes und die Hege der Tiere investierten?

Es wurde steiler. Allzu weit konnte Larisch jetzt nicht mehr von dort entfernt sein, an der es vor gut eineinhalb Stunden geknallt hatte. Der „Schwarzl“ war vermutlich schon über alle Berge, doch wenn Larisch den Tatort fand, konnte er vielleicht noch Spuren finden, die auf diesen oder jenen schon amtsbekannten Täter wiesen. Etwa die Art, wie der Aufbruch „vergrast“ wurde, vielleicht auch eine Patronenhülse oder nur der Stummel einer bestimmten Zigarettensorte. Der Förster verlangsamte das Tempo. Die Büchse hatte er abgenommen, er hielt sie entsichert in der Rechten. Denn einmal schon waren die Kugeln eines Wilderers haarscharf an ihm vorbeigepfiffen.

Kurz darauf endete der Wald. Die Bäume gaben eine Lichtung frei, auf der ein altes, baufälliges Häuschen stand. Unten war alles aus Mauerwerk, oben aus Holz. Es gehörte der Herzerin, so der Hausname. Sie war Witwe, an die siebzig Jahre alt, und sie brachte sich mehr schlecht als recht durch‘s Leben, welches ihr leider nie was geschenkt hatte. Ihren schon vor vielen Jahren verstorbenen Mann, einen gutmütigen Holzknecht, hatte Larisch ganz gut gekannt. Aber mit der Herzerin hatte er nicht oft zu tun gehabt. Nur zwei- oder dreimal hatte er sie wegen Servitutsangelegenheiten besucht. Zwar war auch sie freundlich, jedoch etwas sonderlich. Sie saß gebückt da, mit einem durch jahrelange Arbeit gekrümmten Rücken und gichtigen Händen. Wie sie genau aussah, das konnte er eigentlich gar nicht sagen. Denn jedes Mal, wenn er sich mit ihr im Halbdunkel der kleinen, mit viel Ramsch vollgestellten Stube unterhielt, verbarg das Kopftuch, das sie anscheinend ständig trug, fast ihr Gesicht. Ja, irgendwie tat sie ihm sogar leid, denn sie war eine sprichwörtlich „arme Haut“, die mit dem auskommen musste, was ihr die paar Schafe, die sechs Hühner und eine schon ältere Kuh einbrachten.

Larisch ging in einiger Entfernung am Häuschen vorbei. Er streifte es mit ein paar kurzen Blicken, dann verschluckte ihn wieder der dahinter beginnende Wald. Es war einer dieser trüben Herbsttage, an denen tiefhängende Wolken und morgendliche Minustemperaturen Äste und

Steine mit Raureif überziehen. Aber jetzt, am Vormittag, blitzte die Sonne ab und zu durch das nebelige Grau. Larisch stapfte weiter. Nach ein paar hundert Metern hielt er an, um zu lauschen. Wenn er sich nicht täuschte, musste irgendwo hier geschossen worden sein. Er sah sich um und nahm hinter einigen etwas entfernt stehenden Bäumen eine Bewegung wahr. Angestrengt starrte er dorthin. Auch wenn seit der Schussabgabe schon etliche Zeit verstrichen war, wer konnte wissen, ob der Bursche sich nicht doch noch da heroben herumtrieb?

Larisch erinnerte sich daran, dass es hier in der Nähe einen Wildwechsel gab. Lautlos drückte er sich hinter den dicken Stamm einer Föhre. Größte Wachsamkeit war jetzt geboten, denn beim Zusammentreffen mit einem Schwarz war das Überraschungsmoment ausschlaggebend. Er konnte unter Umständen über Leben und Tod entscheiden. Er hatte das immer berücksichtigt. Ein leises Knacken war zu hören. Larisch spähte hinter dem Baumstamm hervor. Und da tauchte plötzlich, wenige Meter vor ihm, ein altes, buckliges Weiberl auf. „Herzerin, du?" Verblüfft trat Larisch aus der Deckung. Die Alte schleppte dürres Klaubholz in einem Korb hinter sich her.

„Hi, hi", kicherte sie mit einer heiseren Stimme, „fürchtest dich leicht vor mir, Larisch, weil du dei Büchs'n schussbereit hast?" Sie schien vom plötzlichen Auftauchen des Försters nicht sonderlich überrascht zu sein. Wie üblich verschwand ihr Gesicht fast unter dem Kopftuch und zu ihm aufschauen konnte sie wegen ihres gekrümmten Rückens auch nicht so richtig. Larisch atmete auf. „Bist aber ganz schön weit im Wald. Ist dir das nicht zu anstrengend?"

Das Weiberl bekam einen Hustenanfall. „Bin verkühlt", krächzte es. „Und weil es kalt wird, brauch' ich was zum Heizen." Ein erneuter Hustenanfall schüttelte sie. Sie schob den um das Kinn gewickelten Schal fast bis zu den Augen hoch und ächzte: „Ist doch erlaubt, dass ich ein biss'l Klaubholz sammle?“ Der Förster warf einen Blick auf den Korb. Es war zu erkennen, dass er voll mit Ästen war. Larisch wunderte sich, dass die Alte ihn überhaupt schleppen konnte. „Herzerin“, sagte er, „hast jemand g'sehn da im Wald?“ Sie zog fröstelnd die Schultern hoch und warf ihm von unten her einen kurzen Blick zu. Ihre Augen wirkten dabei irgendwie frisch, anders als Larisch sie in Erinnerung hatte. „Nein“, hüstelte sie, „bin niemand begegnet. Suchst leicht wen, Förster?“. „Ja“, sagte er kurz. „Aber jetzt geh' heim. Könnt' nämlich sein, dass es hier bald unangenehm wird - und das ist nicht g'sund für dich.“

„Geht wohl wieder so ein schwarzer Dreckskerl um“, murmelte die Herzerin und zeigte plötzlich mit ausgestrecktem Arm den Berg hinauf. „Dort, ganz weit oben, hat's heut' früh tuscht. Hab' ich deutlich gehört. War das leicht gar keiner von euch?“

Statt zu antworten meinte Larisch: „Also, pfüat dich. Schau', dass'd nach Haus kommst.“

Die alte Frau zupfte das Kopftuch noch tiefer und trollte sich humpelnd. Hätte ihr der Förster mehr Beachtung geschenkt, so wäre ihm aufgefallen, dass am Zeigefinger der linken Hand das letzte Glied fehlte und obendrauf ein wulstiger Knorpel saß. Und hätte er vom Korb die oberen Äste weggenommen, wäre er ganz schön überrascht gewesen. So aber kam er erst nach zweistündiger erfolgloser Wilderersuche wieder zum Haus der Herzerin. Sie hatte jetzt etwas anderes an und saß neben dem Herd. „Ja, grüß dich, Larisch!“ sagte sie erfreut, denn viele Besuche hatte sie ja nicht. „Was gibt's, dass du dich wieder einmal anschau'n lasst?“ Ihre Stimme klang jetzt ganz anders.

„Was redest denn da? Sag mir lieber, ob du mir vorhin die Wahrheit g'sagt hast.“

Sie hob die Brauen. „Was für eine Wahrheit? Und was heißt vorhin?“

„Na vorhin, im Wald. Wo wir uns begegnet sind.“

Sie blickte ihn verständnislos an. „I bin dir doch überhaupt gar net begegnet. Ich bin ja die ganze Zeit da g‘wesen. Das kann der junge Mann bestätigen, der mich besucht hat. Grad vor einer halben Stund‘ ist er z’rückkommen, und er hat sich für meine Gefälligkeit sehr nett bedankt.“

„Wer war bei dir?“, fragte der Förster ungläubig. „Und was für eine Gefälligkeit?“ Er wusste ja, dass sie etwas sonderlich war, dennoch kam ihm das Ganze sehr seltsam vor.

„So ein junger Kerl. Hab‘ ich ja g‘sagt!“ Die Alte schaute ihn treuherzig an. Wie konnte der Förster so begriffsstutzig sein?

Larisch zog einen Stuhl heran und setzte sich. „Also, erzähl‘, was ist passiert?“

Die Herzerin verzog den Mund, in dem nur mehr drei Zähne beheimatet waren, zu einem breiten Grinsen. „Also, ein fescher Bursch war er schon. Einer, den ich vorher noch nie g’sehn hab. Heut, ganz zeitig in der Früh, als es noch finster war, hat er an die Tür pumpert. A Fleisch, einen Speck und Erdäpfel hat er mitbracht. Dafür hat er sich ein paar Sachen ausbitt‘. An Kittel, a Schürzn, a Kopf- und a Halstüchl. Für an Junggesellenabschied von an Freund, jetzt am Vormittag, hat er g’sagt. A paar Buam, die mich kennen, haben ihn zu mir g’schickt. Als altes Weib verkleidet möcht‘ er ihm in einer „Saublodan“ (= Harnblase vom Schwein) a Geschenk überreichen. Gleich nachher bringt er mir das G’wand wieder z’rück. Also hab‘ ich gewartet, bis er wieder kommen ist.“

Larisch musste tief Luft holen. Herrgott, das durfte doch nicht wahr sein!

„Wie ich schon g‘sagt hab‘, er hat mir die Sachen brav

wieder zurückbracht. Wärst früher aufgetaucht, hättest ihn g'sehn."

Am liebsten hätte sich der Förster in den Hintern gebissen. Ihm war jetzt klar, wem er da im Wald begegnet war und wer sich den geschmacklosen Scherz erlaubt hatte, ihm eine Komödie vorzuspielen und ihn dann auch noch den Berg hinauf zu schicken. Verflucht und zugenäht, es war ganz sicher derselbe Mann, der schon den Unterschaller zum Deppen gemacht hatte! Und natürlich war auch er es, der in den Morgenstunden geschossen hatte. Warum er aber diesmal als Herzerin durch den Wald streunte, dafür fand Larisch keine Erklärung. Er wollte wohl wieder einen Jäger verarschen. Diesmal ihn, den Förster aus der Ausseergegend? Ihn durch Schüsse ins Revier locken und dann dieses Theater. Aber wozu? Ein Wilderer erlegt seine Beute und macht sich dann klammheimlich aus dem Staub. Ja, so ist es. Verdammt, er musste noch einmal hinauf in den Wald!

Die Herzerin sah ihn verständnislos an, als er aufsprang, einen kurzen Abschiedsgruß murmelte und weiß vor Wut zur Tür hinausstürmte. Er bedauerte jetzt, dass er seinen Hund nicht mitnehmen können hatte, denn dann wäre ihm dieses Missgeschick wohl nicht widerfahren.

Und in der Tat. Unweit der Stelle, an der er die Begegnung gehabt hatte, lag das abgetrennte Haupt einer jungen Hirschkuh, ein Stück weiter entdeckte er die schlampig vergrabenen Eingeweide. Also war der verkleidete Unbekannte ein ‚Schwarzl' gewesen, ein Wildschütz, der seine hinterhältigen Pirschgänge als zirkusreife Darbietungen inszenierte.

Warum, das war jedoch ein Rätsel. Und wo immer er auch daheim sein mochte, er hatte der Herzerin das geliehene Gewand zurückgebracht und den Körper der Hirschkuh wahrscheinlich zu sich nach Hause geschafft.

Larischs Erlebnis entfachte die Diskussionen um den sonderbaren Wildschützen aufs Neue. Und die Bevölkerung bedachte ihn jetzt wegen seines schauspielerischen Talents mit dem Beinamen „der Theaterer“. Weil er in den folgenden Monaten noch mehrere Male in diversen Maskeraden in Erscheinung trat, sich einer Festnahme aber immer entziehen konnte, wurde gemunkelt, er sei in Wirklichkeit ein Schauspieler, der die Jägerschaft provozieren oder von sich reden machen wolle. Jedenfalls stellte die Gendarmerie in Prominenten- und Künstlerkreisen von Liezen bis Aussee, ja sogar bis Ischl Nachforschungen in diese Richtung an, jedoch ohne Ergebnis. Es gab keinen Mimen, dem man diese verrückten Aktionen hätte zuordnen können.

Doch im darauffolgenden Jahr lüftete ein Zufall das Rätsel um die Identität des geheimnisvollen „Theaterers“. Der Jäger Siegbert Unterschaller, jener Unterschaller also, dem er erstmals als „Pfarrer“ begegnet war, der schaute sich auf der entlang des Salzabachs führenden Straße den alljährlichen Almabtrieb an. Der Salzabach entspringt nordwestlich der Tauplitzalm am Fuß des Schneiderkogels. Bei Mitterndorf erreicht er das breite Hinterbergtal, durch das jetzt die prächtig aufgeputzten Kühe und der bändergeschmückte Stier trotteten. Sie kamen von der Zlaim- und der Teltschenalm. Es war ein langer Zug mit vielen Tieren und einigen Sennerinnen, die den zahlreich am Straßenrand stehenden Leuten schmackhafte „Raunkerl“ zusteckten. Mitten unter dem vergnügten Volk war auch ein Stiertreiber. Und wie der Brauch es wollte, lief er hinter kreischenden Mädchen und Frauen her, um sie mit seinen rußigen Händen zu beschmieren.

Eine dieser Frauen suchte bei Unterschaller Schutz, doch der Stiertreiber bekam sie zu fassen und drückte ihr seine schmutzige Hand aufs Gesicht. Da gab es Unterschaller einen Stich: dem Mann fehlte am Zeigefinger der linken Hand das letzte Glied. Und der Stumpf war von einem Knorpel überwuchert, von dem sich eine rote Narbe bis zum Knöchel zog. Instinktiv griff der Jäger nach dem Mann. Sein Herz pochte wild, seine Stimme überschlug sich fast. „Du Lump!“, schrie er, wobei die Adern dick aus seinem Hals traten. „Du Lump, jetzt hab‘ i di! Du bist der ‚Theaterer‘! Bleib da, denn jetzt kommst mit zur Gendarmerie!“

Dem Stiertreiber froren die Gesichtszüge ein. Er starrte einen Moment lang auf Unterschaller, dann riss er sich mit einem Ruck los. Er hetzte im Zickzack durch die Rinderherde und lief, wie von Furien gehetzt, die Straße zurück, Unterschaller hinter ihm her. Erschrocken blickten ihnen die Leute nach. „Stehenbleiben!“, rief der Jäger aus Leibeskräften, doch der Fliehende wandte sich nicht einmal um. Er sprang in den Salzabach, watete auf die andere Seite und kletterte dort auf einen kegelförmigen Felsen. Unterschaller kämpfte sich ebenfalls durch den Bach. „Gib auf, du kummst mir net aus!“ Am Straßenrand drängten sich die Leute, die ihnen nachgeeilt waren und sich das alles nicht erklären konnten.

Der Stiertreiber reagierte nicht. Er war jetzt knapp unter der Spitze des Felsens. Fünf oder sechs Meter hoch. Da passierte es. Er rutschte aus, stürzte hinunter in das Bachbett, schlug mit dem Hinterkopf auf einen Stein und blieb bewegungslos liegen.

Ihm war nicht mehr zu helfen. Ohne das Bewusstsein erlangt zu haben, starb er zwei Stunden später an den Folgen eines Schädelbruchs. Seine Identität war schnell geklärt. Es handelte sich um den 41-jährigen ledigen Johann M., den ältesten von drei Söhnen eines Forstarbeiters, dessen Nachkommen bis heute in der Gegend leben.

Als Gendarmen beim Vater erschienen, um die Todesnachricht zu überbringen, saßen seine Frau und er in der Stube neben einem schwach flackernden Petroleumlämpchen. Beide waren völlig gebrochen. Ein Bekannter hatte sie bereits vom Tod ihres Ältesten unterrichtet.

Schmerzerfüllt erklärte der Vater, der Hansi sei ordentlich, fleißig und auch sehr hilfsbereit gewesen. Nie habe er irgendein Unrecht begangen. Als vor Jahren ein Nachbar den Hühnerstall erweiterte, habe Johann ihm geholfen. Beim Absägen eines Holzpfostens wurde er vom Hausbesitzer abgelenkt, wodurch die Säge den Zeigefinger der linken Hand erfasste. Sie trennte das obere Glied fast ab. „Er hat bliat (= geblutet) wia a Sau und hat sich denkt (= gedacht), dass das Spitzl eh nimmer zu retten ist, also hat er's mit an Schnitzmesser ganz abg'schnitten." Johann fuhr danach zu keinem Arzt und auch in kein Krankenhaus. Er ließ den Stummel von der Ehefrau des Nachbarn mit einem Zwirn zuerst blutstillend abbinden und dann ein Tuch herumwickeln. Nicht verwunderlich, dass die unsachgemäß behandelte Verletzung eine schlimme Infektion auslöste und knorpelhaft wucherte. Johann überlebte die schwere Sepsis nur mit Glück. Und immer, wenn sich der Unfalltag jährte, habe er in der örtlichen Kirche eine Dankesmesse lesen lassen. Dass der Bua aber ein langgesuchter Wildschütz, ja sogar der „Theaterer" war, das wollte der Vater einfach nicht wahrhaben. „Als Holzknecht ist er schon viel im Wald g'wesen. Und er ist in der Gegend weit umadum kommen. Auch hat er als Almer (= Senn) da und dort ausgeholfen. Ja, und mit sein Fahrradl war er viel unterwegs." Freilich, hin und wieder hatte der Hansl ein Wildfleisch mit nach Hause gebracht. Aber kein gewildertes, denn befreundete Jäger hätten es ihm geschenkt, hatte er immer gesagt.

Bei nachträglichen Ermittlungen fand die Gendarmerie

DREHARBEITEN am ÖDENSEE

Jack Londons ‚Wolfsblut' wird verfilmt. Wölfe statt Rotwild rund um das Filmdorf ‚Dawson City'

Raimund Harmsdorf spielte 1973 die Hauptrolle in dem 1906 entstandenen Abenteuerroman

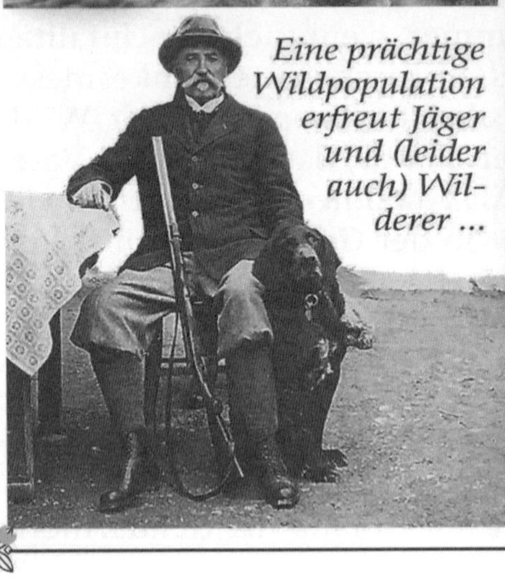

Eine prächtige Wildpopulation erfreut Jäger und (leider auch) Wilderer ...

Johann M. war auch Laienschauspieler. Hier mit Girardihut und angeklebtem Kinnbart
Rechts: *So einen ähnlichen Knorpelfinger hatte er*

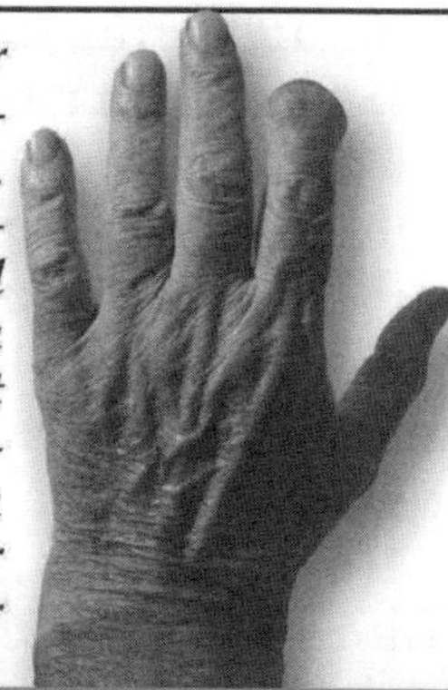

Dieses 1914 nachgestellte Foto soll zeigen wie der ‚Knorpelmann' als Priester mit dem umgeschnallten ‚Bauch' aussah

dann nicht nur Johanns zerlegbaren Stutzen, sondern auch den selbstgebastelten künstlichen Bauch, den er manchmal umgeschnallt hatte, „um erlegtes Kleintier und Raubvieh“ - wie es im Protokoll formuliert war - „unbemerkt vom Tatort wegzuschaffen.“ Die kurzläufige, zerlegbare Waffe und das Bauchgestell waren in einem alten, schon lange stillgelegten Brunnen unweit des Elternhauses versteckt.

Da er bei dem Malheur mit dem Finger keine ärztliche Hilfe in Anspruch genommen hatte, war logischerweise auch die Nachfrage der Ermittler während früherer Erhebungen ergebnislos geblieben. Aus medizinischen Kreisen gab es keine Hinweise auf einen Mann mit diesem Merkmal.

Was aber hatte den Einundvierzigjährigen zu seinen verrückten Eskapaden veranlasst? Die mit dem Fall befasste Exekutive rätselte lange, fand aber keine vernünftige Erklärung, denn Johann M. hatte ein unauffälliges Leben geführt. Er war nicht verheiratet, hatte keine Liebschaften und demzufolge auch keine ledigen Kinder, und es gab mit seinem Vorgesetzten, einem Holzgroßhändler aus dem Ausseerland, all die Jahre keine Probleme. Das einzige Hobby, das Johann M. hatte: Er war Mitglied einer örtlichen Laienbühne. Leidenschaftlich gern wirkte er bei Theateraufführungen mit.

Etwa zwei Monate nach Johanns Ableben saß zufällig ein Einheimischer mit einem Gendarmen in einem Mitterndorfer Gasthaus am Tisch. Der Gendarm hatte an diesem Abend dienstfrei und sein Gegenüber brachte die Rede auf Johann M.: „Woaß ma schon, warum der ‚Hansl‘ als ‚Theaterer‘ umgangen ist?“ Der Beamte schüttelte den Kopf. „Wir haben noch nix herausfinden können. Wahrscheinlich wird das ein Rätsel bleiben.“ Der Gast starrte nachdenklich auf sein Bier. Und es kam zu einem Gespräch, das von ebenfalls am Tisch sitzenden Personen mitgehört und im ungefähren Wortlaut überliefert worden ist. Der Gast: „Mir geht da etwas nicht aus dem Kopf, das hätt‘ vielleicht der Grund für seine Verrücktheiten g‘wesen sein könnene.“

Neugierig blickte der Beamte ihn an.

„Der Hansl“, fuhr er fort, „hat doch bei unserer Laienbühne mitg‘spielt. Einmal hab‘ ich mir so eine Aufführung ang’schaut. Ist was von Peter Rosegger g‘wesen. “ Er dachte kurz nach. „Ach ja - ‚Am Tage des Gerichts‘ hat’s geheißen. A Wildererg’schicht. Da geht’s darum, dass ein haftentlassener Wildschütz a Arbeit sucht. Und obwohl er sich redlich bemüht, find’t er nix. Aus Notwehr erschiaßt er dann den Förster und er muss wieder z’ruck ins Häfn. Die Witwe vom Förster aber hilft ihm.“

„Und?“ fragte der Beamte.

„Also, der Hansl hat den Wildschütz g’spielt. Natürlich sind auch Förster und Jäger, ja sogar ein Jagdherr im Publikum g’sessen. Für die war dös ja interessant!“

„Komm‘ zur Sache!“, forderte der Beamte ihn auf.

„Woaßt, mir hat das Stückl ja ganz guat g’falln, aber als sich die Darsteller nachher auf der Bühne verneigt haben, ist es irgendwie peinlich worden. Die einen ham klatscht, aber ein Förster und auch ein paar Jager, die haben den Hansl, der den Wilderer g’spielt hat, ganz schön herunter g’macht. Ausdodelt, dass ärger net geht. ‚Herr Schauspieler, du bist der oaschigste (= arschigste) Schütz, den es gibt. Hätt‘ ma solche Hosenscheisser im Revier, braucherten wir uns über die Wilderer koane Gedanken machen! Beim Holzziagn (= Holzziehen) magst ja besser sein, aber das Theaterspielen vergiss! Da stellst dich an wia a Trottel!‘ So und ähnlich haben‘s den Hansl fertig g’macht. Die anderen Leut‘ haben sich über die Schimpferei aufgeregt:

„So was sagt man net - wahrscheinlich seid's b'soffen!' Der Hansl aber hat die Lippen zusammenpresst, sich noch zweimal verbeugt, dann ist er von der Bühne gerannt." Es entstand eine Pause. Schließlich meinte der Gendarm: „Und du glaubst, dass er deswegen zum ‚Theaterer' worden ist? Weil er die Beleidigungen der Jägerschaft net hat vergessen können und es ihnen heimzahlen wollte?"

„Ich könnt' mir das vorstellen. Wannst vor alle Leut' so grauenhaft blamiert wirst, kannst schon auf die Idee kommen, dass du dich bei die aufblasenen Jagerpinkel revanchierst, indem du jetzt wirklich auf Schwarzpirsch gehst, sie dabei an der Nas'n herumführst, ohne dass sie's merken. Das war für ihn bestimmt a Genugtuung, weil er dadurch bewiesen hat, dass er halt doch a guter Schauspieler und - wohl auch Schütz ist. Und dann die verdatterten Jager seh'n, das muss ihm a richtige Freud' g'wesen sein."

Der Beamte wurde nachdenklich. „So Unrecht hast vielleicht gar net", gab er zu. „Außerdem war es für ihn wohl net schwer, sich als Mitglied der Laienbühne das passende G'wand unbemerkt auszuborgen."

„Ich glaub' schon, dass es so g'wesen ist", sagte der Gast.

Ob es wirklich so gewesen ist, konnte freilich nie geklärt werden. Johann M. hatte ja keine Gelegenheit mehr, die Motive für seine Verkleidungseskapaden preiszugeben.

Wilderer in Vorderstoder: Wie in einem Heimatfilm

Nur Knochen und der Aufbruch der Gams wurden liegengel

VORDERSTODER. Es erinnert an die Heimatfilme aus den 1950ern: In einem Jagdrevier in Vorderstoder (Bezirk Kirchdorf) hat ein Wilderer eine Gämse erschossen und sie fachmännisch zerlegt. Der Wilderer schlug im Loigistal auf 1700 Meter Seehöhe zu, das Gebiet gehört den Österreichischen Bundesforsten. Geschossen wurde die Gämse zwischen 8. und 9. November.

Zurück ließ der Wilderer nur Knochen und den Aufbruch, wie die Innereien in der Jägersprache genannt werden. Den ganzen Kopf, in der Jägersprache als Haupt und Trophäe bezeichnet, das ausgelöste Fleisch (Wildbret) und das Fell der Gämse (Wilddecke) nahm er mit. Insgesamt rund 25 Kilo. „So einen Fall habe ich auch noch nicht erlebt“, sagte Christopher Böck, Geschäftsführer des oberösterreichischen Landesjagdverbands, „und ich bin schon 15 Jahre beim Landesjägerverband.“ Es komme zwar alle ein bis zwei Jahre vor, dass eine Gämse gewildert werde, jedoch würden die Wilderer stets nur die Trophäe mitnehmen, nicht das Fleisch.

„Die heutige Form der Wilderer sieht meist so aus: Jemand fährt in der Nacht auf einem Güterweg, blendet mit den Scheinwerfern und schießt mit einem Kleinkaliber auf Hasen oder Rehe“, erklärte Böck. Oft würde nur aus Spaß am Töten gewildert, die Tiere einfach liegengelassen. Verglichen damit verhielt sich der W aus Vorderstoder ehr „Verdächtig“ findet Hara feneder, bei den Bundes Leiter des Forstbetriebs S dass der Wilderer den A zurückgelassen hat. Hätt ganze Gämse ins Auto v wäre der Abschuss wo gar nicht entdeckt word

Rothirsche gewildert

Im Burgenland wurden vergangenen Tagen zwei le Rothirsche gewildert Hirsch wurden Haupt u phäe abgetrennt sowie d ver liegen gelassen. Be ten Hirsch wurde die (Vierzehnender) nicht trennt.

Donnerstag, 19. November 2015

Täter zerlegte seine Beute fachgerecht bis auf die Knochen

Wilderer schoss eine Gams: Jäger verdächtigten Luchse

Wilderer-Alarm in Vorderstoder! Ein Jagdpächter entdeckte in seinem Revier im Loigistal in 1700 Metern Seehöhe die Überreste eines Gamswilds. Dieses war fachmännisch zerlegt worden, nur noch Knochen und Innereien waren übrig. Dennoch hatten die Jäger im Stodertal zunächst die Luchse im Visier . . .

„Als ich von dem Vorfall gehört hab’, hab’ ich zuerst geglaubt, es war vielleicht ein Luchs“, berichtet der Vorderstoderer Jagdleiter Franz Pernkopf: „Aber wie

Das Wildern ist eine Tradition, die nicht auszusterben scheint. Zeitungsberichte bestätigen das

Wildschütz Berchtalers langsames Sterben

„Leg ab die Büchs'n!" schrie Bär ihn an. Sein Gewehr war auf den Wilderer gerichtet. Doch der Kerl war nur einen Moment lang verblüfft, dann reagierte er unglaublich kaltblütig. Anstatt sich zu ergeben, machte er einen Sprung zur Seite und legte nun selbst auf den Jäger an. Seine Augen funkelten: „Hundling, du kriagst mi net!"

Sie legten die Rucksäcke mit den Werkzeugen ab und traten einige Schritte zurück. Der 53 Jahre alte Oberheger Rudolf Bär lehnte den Bergstock an seine Schulter und blickte hoch. „Die Ficht'n war schon da, do bin i noch a Bua g'wesen. Auch wenn's so ausschaut, als wär's hin, sie wird uns alle überleben." Seine Begleiter Alois Komatz und Franz Setznagel blickten ebenfalls auf den von Wind und Wetter ausgebleichten mächtigen Baum, der bis hinauf zur obersten Spitze keine einzige grüne Nadel mehr trug und entrindet war. Nur die Äste waren vorhanden. „Ficht'n wia die da können weit über hundert Jahr' alt werden. Und in dem Zustand kann die noch Jahrzehnte steh'n, bevor's umfallt. Zumindest sagt das die Wissenschaft." Bär ging zur Fichte und versetzte ihr mit seinem Bergstiefel einen Tritt. Ganz oben, im kahlen Wipfel, war ein Zittern zu sehen. „Ich hab' ihr den Namen ‚oida Ganggl' (alter Teufel) gegeben." Er lachte.

Man schrieb den 26. Juli 1931. Genau eine Woche zuvor war in der Bundeshauptstadt Wien die sogenannte „Zweite Arbeiter-Olympiade" eröffnet worden. Zu dieser bis dahin größten heimischen Sportveranstaltung waren an die

25.000 aktive Sportlerinnen und Sportler gekommen. Mit Betreuern und Begleitern stieg die Zahl auf 80.000; Wien glich einem Hexenkessel.

Für die drei Männer, die vor der grauen, alten Fichte nun Rast machten, war dieses Großereignis jedoch kein Thema. Sie und die Großstadt? Um nichts in der Welt. Die friedliche Ruhe und das entschleunigte Leben hier in der Heimat, am Ende des Katschtales, in Schöder und Baierdorf, das wollte doch niemand gegen den hektischen Trubel eintauschen.

Es war sechs Uhr morgens und längst schon hatten die Vögel den neuen Tag begrüßt. In den Zweigen der Bäume schimpften da und dort Ringamseln, wieder wo anders turnten Weidenmeisen, Tannenmeisen und Haubenmeisen. Die laute Unterhaltung von Rudolf Bär und seinen Kollegen trieb dann sogar eine Schar schwätzender Tannenhäher von zerzausten, mit Bartflechten behangenen Fichten.

Die drei Männer waren zeitig von Baierdorf aufgebrochen zum sogenannten Sesslerwald im Schwarzenberg'schen Jagdrevier Katsch, unweit des Lanachtales, im obersteirischen Bezirk Murau. Die Gegend ist malerisch, hügelig ansteigend mit sattgrünen Almen. Sie liegt südlich des Sölkpasses, an der Bergbarriere zwischen Enns- und Murtal. Umgeben ist das Jagdgebiet von den in der Ferne aufragenden Gipfeln des Mirzl-Zinken, des Sauofens, der Narren- und der Kornfeldspitze sowie des Feldkögeles, des Karlecks, des Schöderkogels und des fast zweieinhalbtausend Meter hohen Sauofens. Komatz, ein noch etwas jüngerer, stämmiger Mann mit Vollbart und einem Leberfleck am linken Handrücken, wandte sich nach Süden. „Glaubst, dass ma von da aus den Zeppelin hätt‘n z'ruckfliagn g'sehn?" Zehn Tage zuvor hatte nämlich ein Ereignis ganz Österreich bewegt: der Rundflug des Luftschiffes „Graf

Zeppelin". Der silberglänzende Luftriese war entlang der Wachau nach Wien geflogen und nach einem kurzen Aufenthalt über Mürzzuschlag, Leoben und das Murtal wieder zurück nach Friedrichshafen.

„I woaß net, ob ma den von da hätt' ausmachen können. Wahrscheinlich nur wann er hoch gnua war." Franz Setznagel nahm sein Almhütl ab und kratzte sich am Hinterkopf. „Ausg'schlossen ist es jedenfalls net", fügte er hinzu.

Der Oberheger Bär und seine Kameraden, angestellt bei der Schwarzenberg'schen Privatjagd, sollten an ausgesuchten Plätzen neue Hochsitze aufstellen. Etwa fünfzehn Minuten weit weg vom „oiden Ganggl" sollte der erste Hochstand entstehen. Schon beim letzten Mal hatten sie Jungbäume umgesägt und entastet, nun sollten die Stämme in die Erde gesetzt werden. Trotz der frühen Stunde stand außer Frage, dass der Tag heiß und schwül werden würde. Bereits jetzt schlug ihnen die Hitze wie ein feuchtes Handtuch ins Gesicht. Bär wischte sich über die nasse Stirn, da riss es den Männern plötzlich die Köpfe hoch. Ein lauter Knall hatte die friedliche Stille durchbrochen. Überrascht blickten sich die drei an.

„Was war des?" fragte Setznagel. „A Schuss, du Trottel!" erwiderte Komatz. Oberheger Bär blickte Richtung Lanachalm. „Dort drüben hat's tuscht."

Alle drei horchten angestrengt, doch nichts mehr war zu hören. Bär überlegte kurz, dann meinte er: „Heut ist koa Jager da heroben. Des müsst' i sonst wissen."

„Dann is da irgendwo a Wüdara (Wilderer)", folgerte Setznagel.

Bär setzte das Jagdglas an die Augen. Aufmerksam suchte er die Umgebung ab. Doch nichts bewegte sich. Auf der entfernten, buckeligen, mit niedrigem Gebüsch bestandenen Almfläche, teilweise zugewachsen mit einem dichten Beerenteppich, schnürte nicht einmal ein Fuchs. Und auch im angrenzenden Hochwald war es still und friedlich. Bär nahm das Glas ab. „Ihr zwoa macht's weiter", sagte er, „ich schau da drüben einmal nach."

„Pass aber auf, Rudi", mahnte Komatz. „Mit dein' Bart schaust zwar recht streng aus, aber a Wildbratler hat vor sowas koan Respekt. Weißt ja, wie schnell die den Finger am Abzug haben."

„Keine Sorge", erwiderte Bär, „i bin schon net leichtsinnig. Und ihr wartet's da, bis i wieder z'ruck bin." Er schulterte sein Dienstgewehr und machte sich auf den Weg.

Der 26. Juli 1931 war ein Sonntag. Für die katholische Bevölkerung ein besonderer Tag. Man feierte da nämlich das Fest der Heiligen Anna. Die Heilige Anna ist die Mutter von Maria und die Schutzheilige der Ehefrauen, Bergleute und Schiffer. Außerdem ist sie auch Beschützerin der Armen und eine Art Schutzengel bei der Gefahr von Gewittern - was auch immer das heißen mag. Demzufolge ging es schon vormittags in der kleinen Ortschaft Baierdorf, am Ausgang des Sölktales, recht lebhaft zu. Vor dem schmucken Filialkirchlein St. Nikolaus versammelten sich die Menschen zur Prozession. Aus der ganzen Umgebung waren sie gekommen, um der religiösen Zeremonie beizuwohnen. Dafür war das fünf Kilometer entfernte Dorf Schöder wie ausgestorben. Am Gendarmerieposten, der sich dort befand, lehnte sich Revierinspektor Golupp gemütlich in seinem Sessel zurück, um das Lokalblatt der letzten Woche zu lesen. Kaum hatte er umgeblättert, klopfte es. Golupp, ein großer, hagerer und freundlicher Mann, den nichts so leicht aus der Ruhe bringen konnte, legte die Zeitung beiseite und rief laut „herein!". Das war exakt um 10,30 Uhr. Zumindest stand es so im Protokoll.

Ein jüngerer Mann, ein Forstarbeiter, stürmte in die

Amtsstube. Sein Atem ging heftig, da er mit dem Fahrrad auf schnellstem Weg hierher gestrampelt war. „Inspektor, grüß Ihnen“, stieß er hervor. Golupp hieß ihn Platz zu nehmen. Der Mann ließ sich auf den Sessel fallen.

„Na, wo brennt's denn?“ fragte Golupp.

„I muaß was melden“, sagte der Mann aufgeregt.

„Na, dann sag's“.

„Heut in der Fruah hat's im Schöderkatschgraben an Toten gegeben.“

„Was heißt an Toten?“ Golupp wurde hellhörig.

„A Wildschütz soll's sein, haben's zu mir g'sagt.“ Der Forstarbeiter hob die Schultern, so, als ob er selbst im Ungewissen sei.

„Und wer hat das g'sagt und dich zu mir geschickt?“

„Der Komatz, der Gehilfe vom Oberheger Bär. Er ist vom Sesslerwald runterg'laufen und hat gemeint, i soll mit'n Radl schnell zu euch fahren und das melden.“

Golupp erhob sich, ging um den Schreibtisch und legte dem Burschen beruhigend die Hand auf die Schulter. „Also, jetzt erzähl' einmal alles, aber in Ruhe“.

Der junge Mann war mit seinem Bericht noch nicht ganz fertig, da kamen Rayonsinspektor Alois Pirner und sein Kollege, Rayonsinspektor Anton Baumgartner, in die Kanzlei. Sie hatten in Baierdorf die St.Anna-Veranstaltung überwacht, weil die jedoch wie immer geordnet ablief, waren sie vorzeitig zum Posten zurückgekehrt. Da war aber Golupp über den Vorfall im Jagdrevier Katsch, oben beim Sesslerwald, schon im Bilde. „Kollegen“, sagte er zu Pirner und Baumgartner, „es gibt Arbeit. Wir ham an toten Wilderer. Ihr müsst's sofort zum Tatort rauf. Der Oberheger Bär hat einen Kampf mit einem Wilderer g'habt. Der ‚Schwarzl' hat das nicht überlebt und Bär ist verwundet.“

In einer Niederschrift, die Rayonsinspektor Pirner einige Zeit danach verfasste, ist zu lesen: *„Postenkommandant Go-*

lupp entsandte zum Tatort sofort eine Patrouille, bestehend aus Rayonsinspektor Anton Baumgartner und meiner Wenigkeit. Kollege Baumgartner stellte hierfür sein Motorrad zur Verfügung. Als wir in die Ortschaft Baierdorf kamen, hatte sich der Vorfall offenbar schon herumgesprochen, weil die Leute in Gruppen zusammenstanden und eifrig diskutierten.“

Obwohl die Beamten die Hintergründe des Vorfalls noch nicht genau kannten, drosselten sie die Fahrt, um die Diskutierenden in Augenschein zu nehmen. Pirner in seinem Bericht: *„Da die hieramtliche Gegend von Wilderern gesegnet ist, sahen wir viele uns wohlbekannte Gestalten, aus deren Gesichtern man Furcht und Bestürzung lesen konnte, weil sie nicht wussten, ob der tote Wilderer vielleicht ein Verwandter oder ein Freund war. Wir selbst überblickten scharf den Personenkreis, um daraus zu schließen, wer allenfalls fehlte und daher als Opfer in Frage käme.“*

Doch sie konnten nichts feststellen. Baumgartner schaltete deshalb in den nächsthöheren Gang, gab Gas und brauste mit Pirner weiter Richtung Katschgraben. Doch bald musste er das Tempo drosseln, da die grob geschotterte Straße zu einem Karrenweg wurde. Beim Schöder-Elektrowerk war die Fahrt dann zu Ende. „Nix geht mehr“, sagte Baumgartner. „Jetzt müass‘ ma uns auf unsere Haxen verlassen.“

Er schob das Motorrad in die unverschlossene Maschinenhalle des Werks, dann ging es zu Fuß weiter. Pirner erinnerte sich: *„Bleigraue Wolken umspannten das Firmament und ließen die Sonne nicht durchscheinen, dazu herrschte eine drückende Schwüle. Wortlos schritten wir dahin, jeder von uns war mit den Fragen, wer, was, wo und warum beschäftigt. Sämtliche uns bekannte Wilderer zogen im Geiste an uns vorüber.“*

Obwohl es hieß, dass der Oberheger, der natürlich auch

Jäger war, den Tod des Wildschütz verschuldet hatte, war den Beamten klar, dass sie den Tatort gründlich in Augenschein nehmen mussten. Denn zweifellos würde das Gericht ein Verfahren einleiten, was eine detaillierte Sachverhaltsdarstellung voraussetzte. Die Aussage von Bär alleein wäre da nicht ausreichend.

Beide Gendarmen hatten nämlich den aufsehenerregenden Fall eines durch einen Jäger getöteten Wildschützen noch in unangenehmer Erinnerung. Er hatte sich vor geraumer Zeit gar nicht weit weg von Schöder ereignet, nämlich in der Gegend von Krakau, an der Grenze zum Bundesland Salzburg. Dort herrschten schon seit den Zwanzigerjahren punkto Wilderei schier gesetzlose Zustände. Vor allem die Bauern im Rantental wilderten damals in den Schwarzenberg'schen Revieren „auf Teufel komm raus". Sie knallten ab, was ihnen vor die Flinten kam. Und meistens schwärmten sie in Gruppen aus, weil sie sich da am sichersten fühlten. Denn waren sie in der Überzahl, wagten sich Jäger kaum heran. Nicht selten war der eine oder andere Weidmann sogar vom Hochstand unsanft heruntergeholt worden, weil er die Geschwärzten beobachtet hatte. Und dann versohlte man ihn grün und blau. Auch wurden Jäger mit dem Erschießen bedroht, würden sie nicht sofort das Weite suchen. Bis es dann zu einem Vorfall kam, der die Hubertusjünger in ein übles Licht rückte.

Damals hatten die Bauern von Freiberg eine Art Treibjagd veranstaltet. Und damit auch der „Nachwuchs eingeschult" wurde, durfte ein Neuling namens Kilian teilnehmen. Sie wiesen ihm als Wächter einen Platz zu und schärften ihm ein, diesen auf gar keinen Fall zu verlassen, ganz gleich, was passieren würde. Er sollte das Auftauchen von Forstorganen durch lautes Klopfen mit seinem Bergstock an Baumstämme melden. Doch als er allein war, riss der junge „Kili“ plötzlich die Augen auf: Ein kapitaler Vierzehnender-Hirsch stieg majestätisch aus dem Unterholz. Kilians Puls schnellte hoch. Aufgeregt zog er die Mündungskappe vom Lauf des Gewehrs, das man ihm in die Hand gedrückt hatte. Dann ein Schuss, aber in der Hektik traf er schlecht. Der Hirsch „zeichnete“, wie das in der Fachsprache heißt, und schleppte sich davon. Kilian vergaß die Anordnungen seiner Wildererchefs. Gepackt vom Jagdfieber, verfolgte er das weidwunde Tier. Dann aber stand auf einmal ein Jäger vor ihm. Man hat nie erfahren, welchen Wortwechsel es genau zwischen diesem und dem Jungwilderer gegeben hat, fest steht nur, dass der Weidmann den Wildschützen-Nachwuchs aus nächster Nähe in den Bauch schoss.

Bei der Verhandlung am Kreisgericht Leoben wurden nähere Details bekannt. Und diese schockierten. Denn als Kilian schwer verletzt und wehrlos am Boden lag, kam ein zweiter Jäger hinzu. Angeblich forderten nun beide von dem sich vor Schmerzen krümmenden Burschen, er solle die Namen seiner Komplizen verraten, andernfalls würden sie ihn liegen lassen und ihm ärztliche Hilfe verweigern.

Stöhnend gab Kilian die Namen preis, aber die Weidmänner hielten sich nicht an ihr Versprechen. Sie brachten ihn zu keinem Arzt. Unter schrecklichen Qualen starb der junge Mann. Der Richtersenat, der mit dem Fall befasst war, musste sich später harsche Kritik wegen eines zweifelhaften Deals gefallen lassen. Denn trotz der schockierenden Indizien hatte man den beschuldigten Jägern rechtschaffenes Verhalten bescheinigt. Als Gegenleistung sollten diese die Namen der Freiberg-Schützen preisgeben.

Die Weidmänner gingen frei, die Wilderer aber wurden vor Gericht gestellt. Viele fassten hohe Arreststrafen aus.

Die Rache der „Schwarzl“ folgte jedoch auf dem Fuß: Sie kundschafteten aus, wann sich der Jäger, der Kilian niedergeschossen hatte, wieder einmal in Murau aufhielt. Als er da war, umringten sie ihn. Schützend riss er die Arme hoch, doch die Männer aus Freiberg taten ihm nichts. Keiner rührte ihn an, man bespuckte ihn lediglich und trieb ihn wie einen räudigen Hund durch den Ort.

An dieses fatale Ereignis erinnerten Pirner und Baumgartner, während sie bergan stapften. Und jetzt gab es neuerlich einen Toten. Verflixt und zugenäht, würde dieser ewige Krieg zwischen Jägern und Schützen denn niemals ein Ende nehmen? Und wie es aussah, hatte auch diesmal ein Weidmann einem Geschwärzten das Lebenslicht ausgeblasen - nämlich der Oberheger Bär. Dabei kannten die Gendarmen Bär als pflichtbewussten, verlässlichen Mann, und sie konnten sich nicht vorstellen, dass er sich zu einer Kurzschlusshandlung hinreißen lassen hatte. Das hieße, dass er den Schwarzl einfach abgeknallt hatte. „Ich glaub‘ net, dass er zu sowas fähig is“, meinte Baumgartner. „Und wenn er auf so an Burschen antragt, müsst er schon arg in der Scheiße sein.“

Der Weg zum Treffpunkt, einer Jagdhütte, zog sich. Auch wenn die Sonne manchmal hinter Dunstwolken verschwand, die Hitze brütete auch im Schatten der Bäume und sie trieb den beiden den Schweiß aus allen Poren. „Verfluchter Schwarzl!“, schimpfte Baumgartner. „Ausgerechnet an so an Tag hast dich da oben herumtreiben müssen!“

Auch Pirner glich einem verdrossenen Uhu. Sein Gesicht zeigte eine ungesunde Röte, die nicht nur von der Sonne, sondern auch von einer starken Anspannung kam. Seine Augen waren verengt. Er blieb kurz stehen und entledigte sich seiner Uniformjacke.

Es war so gegen 13 Uhr, als die beiden verschwitzt bei der Jagdhütte eintrafen. Sie waren noch ein Stück weit entfernt, da kam ihnen schon Rudolf Bär entgegen. „Schaut net so aus, als ob er irgendwas abgekriegt hätt'", stellte Patrouillenführer Baumgartner aus der Distanz fest. Als Bär vor ihnen stand, sagte der: „Danke, dass da seid's."

Knapp unterhalb seines linken Auges waren ein großer, stark geröteter Fleck und ein kleiner bläulicher Kreis, der so aussah, als käme er vom Schlag mit einem Gegenstand.

Pirner sah sich das näher an. „Is das vom Schütz?"

Bär nickte. „Aber net schlimm", meinte er. „Im Vergleich zu dem, was überhaupt passiert ist, is das nix."

Sie gingen in die Hütte, wo bereits Komatz und Setznagel warteten. Komatz erhob sich von der Stubenbank und rückte den Gendarmen zwei Sessel zurecht.

„Bist auch verletzt?" fragte Baumgartner. Er deutete auf die dunkle Stelle auf Komatz' Handrücken.

„Gott sei Dank, na." Er hielt die Hand dem Gendarmen vor's Gesicht. „Ist nur a Leberfleck. Der Franz und ich", fügte er hinzu, „wir waren ja net dabei." Er blickte zu Setznagel, der sich ein müdes Lächeln abquälte.

Bär wirkte erschöpft. Doch er erhob sich. „Wir ham noch an ordentlich weiten Weg", sagte er. „Ich mach euch vorher schnell an Kaffee zur Stärkung." „Und dann erzählst den Vorfall." Pirner blickte ihn forschend an. Und in dem ausführlichen Bericht, den er später über das Ereignis verfasste, erwähnte er zuvor noch Bärs Kaffee: *„Vor dem Aufstiege zum Tatorte verabreichte uns Heger Bär einen schwarzen Kaffee, welchen er vorzüglich zu brauen verstand. Derselbe wirkte belebend und erfrischend, doch dürfte diesen eine Person mit Herzfehler wohl nicht genießen, da die Gefahr bestand, dass dann das Herz wie ein Hammerwerk pochte und der Sensenmann zu einer vorzeitigen Ernte kam."*

Während sie also Kaffee tranken, setzte Bär sie in knappen Worten über den Sachverhalt in Kenntnis. Und man merkte ihm an, wie sehr ihn das mitgenommen hatte. „Er liegt noch oben, der ‚Schwarzl'. Neben mir hat er den letzten Schnaufer getan."

Um 14 Uhr brachen sie auf. Die Gendarmen waren froh, über eine gute Kondition zu verfügen, denn es war nicht leicht, das Tempo des Oberhegers mitzuhalten. Pirner: *„Trotz der körperlichen und seelischen Anspannung vom vorher stattgefundenen Kampfe war er behende wie eine Gämse und wir hatten Mühe, seinem schnellen Schritt zu folgen."*

Von der Hütte führte der Weg zuerst im Zickzack über einen steilen Kahlschlag. Komatz und Setznagel gingen als Letzte. Sie hatten ein mulmiges Gefühl, weil sie noch nie einen toten Wildschützen gesehen hatten und weil sie sich den Zusammenstoß des Wilderers mit ihrem Chef überaus dramatisch ausmalten.

Und dramatisch war er auch. In dem Bericht, den die Beamten verfassten und den der Postenkommandant Golupp dann dem Gericht übermittelte, sind Bärs Angaben ganz genau festgehalten.

Demnach brauchte Oberheger Bär, der als Aufsichtsjäger auch Gewehr, Jagdglas, Bergstock sowie ein Weidmesser stets bei sich hatte, nahezu eine Stunde, bis er nach Wahrnehmung des Schusses endlich bei der Lanachalm, im Revierteil Sesslerwald, eintraf. Seinen Rucksack hatte er bei Komatz und Setznagel zurückgelassen, da er diesen für das Aufspüren eines Wilderers nicht brauchte.

Angelangt im oberen Teil des abfallenden Geländes, drückte Bär sich hinter eine Reihe dicht stehender Bäume, um nicht vorzeitig gesehen zu werden. Denn verborgene Augen, die einen erspähen, ehe man sie selber wahrnimmt, bedeuten Gefahr, sagt eine alte Jägerweisheit. Und mit solchen Augen musste er jetzt rechnen. Irgendwo im Umkreis war nämlich geschossen worden. Doch war der Urheber des Schusses überhaupt noch hier? Dass er ein Wildschütz war, daran zweifelte Bär freilich nicht. Hier heroben gab es dichten Wildbestand. Rehe und Rotwild sowieso, aber auch Gämsen, die zwischendurch immer wieder mal vom sogenannten „Gratwild" zur „Waldgams" wurden, weil sie durch Witterung, touristische Störungen, forstliche Maßnahmen oder einfach nur durch reichhaltigeres Nahrungsangebot aus den felsigen Regionen herunter in die Wälder kamen. Und das ist für illegale Nimrode so viel wie eine Einladung. Bär verstand das, denn Wildschütz und Weidmann hatten ja die Leidenschaft für's Jagen gemeinsam. Wobei der Jäger, im Gegensatz zum Wilderer, als offizielles Jagdorgan vor allem Hegemaßnahmen, die Erhaltung des Artenschutzes und die Anpassung der Wildbestände an die Gegebenheiten der Natur zu erfüllen hat. Doch die Chance, jetzt den Burschen aufzustöbern, der es hier irgendwo hat krachen lassen, die hielt Bär für nicht sehr aussichtsreich, denn immerhin war seit Abgabe des Schusses schon über eine Stunde verstrichen. Dennoch, er musste den Täter suchen, er durfte die Angelegenheit nicht verharmlosen, zumal man aus Erfahrung wusste, dass „Bratler" (= Wilderer) sich meist längere Zeit im Umfeld ihres Jagdgebiets aufhalten, weil sie auf weitere Beute scharf sind. Daran knüpfte Bär nun auch die Hoffnung, den Burschen doch noch schnappen zu können. Und wie er später zugab, fiel es ihm nicht leicht, seine Anspannung unter Kontrolle zu halten. „Ich hab' g'spürt, dass da was in der Luft liegt", sagte er bei der Erstellung des Gendarmerieprotokolls.

Im Sichtschutz dicht stehender Bäume nahm er also das Gelände in Augenschein. An den rauen Stamm einer Fichte gelehnt, lauschte er. Aber alles schien friedlich, nirgendwo auch nur die geringste Bewegung. Selbst die kleine Almwiese links, auf der die Morgensonne den letzten Tau von den Gräsern leckte, wirkte unschuldig wie aus einem Bilderbuch.

Doch dann zuckte Bär plötzlich zusammen, denn ein peitschender Knall zerriss die Stille. Obwohl er auf so etwas gefasst sein sollte, erschrak er. Der Schuss war im unteren Teil des langgestreckten Abhanges gefallen. Vorsichtig schob Bär sich hinter dem Baum hervor. Und da sah er ihn. Einen Mann, den Stutzen in der Hand, mit geschwärztem Gesicht. Er war auf etwa gleicher Höhe wie er, zirka sechzig Meter entfernt, vor einer sichelförmigen Baumgruppe. Da es aber weiter unten gekracht hatte, konnte nicht er es gewesen sein, der geschossen hatte. Vermutlich ein Komplize, der da talwärts, im Schutz des Dikkichts, irgendein Wild zu erlegen versuchte.

Bärs Herz schlug bis zum Hals. Es gab also nicht nur einen, sondern zwei Missetäter! Bär war zwar ein großer, kräftiger Mann, doch alle beide dingfest machen, wie sollte er das zuwege bringen? Die Burschen waren gewiss mit allen Wassern gewaschen und so, wie der eine Schwarze aussah, waren sie auch keine Amateure oder Anfänger. Die zwei würden sich, wenn es brenzlig wurde, wahrscheinlich durch Zeichen verständigen und dann gemeinsam gegen ihn vorgehen. Dass auch hier, im Murtal, die Schützen oft arglistig und brutal reagierten, wenn es um deren eigene Haut ging, das war Bär ja zur Genüge bekannt. Und das war das Letzte, das er nun brauchen konnte.

Der Mann mit dem unkenntlichen schwarzen Gesicht ahnte Bärs Anwesenheit jedenfalls nicht. Wie der hinter der Fichte versteckte Jäger mit bloßem Auge feststellen konnte, war die Büchse des Geschwärzten eine doppelläufige. Der Unbekannte setzte sich nun langsam in Bewegung in Richtung Bär. Von Bäumen gedeckt, pirschte er den

Waldsaum entlang. Mannshohes Gebüsch und dichtes Strauchwerk ließen ihn zwischendurch immer wieder verschwinden.

Bär zog den Kopf zurück und streifte das Gewehr von der Schulter. Der Schwarze kam langsam näher und näher. Von seinem Kumpel unten am Abhang war aber noch immer nichts zu sehen, geschweige was zu hören. Doch der war im Augenblick auch nicht das Problem, denn Bär musste sich auf den Mann konzentrieren, der ihm jetzt gleich in die Arme laufen würde. Breitbeinig stehend brachte er das Gewehr in Anschlag. Bei der Einvernahme vor Gericht, das den Fall dann verhandelte, erinnerte er sich, „dass in diesen Minuten zwar meine Gesichtsmuskeln zuckten, ich sonst aber erstaunlich ruhig war." Und dann stand er vor ihm, der Unbekannte. Er trug eine dünne, mehrfach geflickte Sommerjacke über einem hellen Leinenhemd, eine an den Knien fast durchgewetzte Stoffhose sowie klobige Bergschuhe. Der Almhut war tief in die Stirn gedrückt und überschattete das ohnehin geschwärzte Gesicht.

Im ersten Moment war der Mann wie gelähmt, denn mit einem Jäger hatte er nicht gerechnet.

„Leg ab die Büchs'n!" schrie Bär ihn an. Die Waffe war auf den Wilderer gerichtet.

Doch der Kerl war unfassbar kaltblütig. Er glotzte mit weitaufgerissenen Augen ein paar Herzschläge lang ungläubig den Jäger an, dann riss er sich aus der Erstarrung und machte einen blitzschnellen Satz zur Seite. In der nächsten Sekunde hatte auch er die Büchse im Anschlag. Seine Augen funkelten wild: „Du Jagerarsch, was willst von mir?"

Er war sofort auf Kampf eingestellt. Und offenbar auch zu allem entschlossen. „Jager, schmeiß du dei Büchsn weg!" schrie er mit kehliger, rauer Stimme. Doch Bär ließ sich nicht einschüchtern. Er machte einen überraschenden Schritt nach vorne, wobei er versuchte, mit seiner Waffe die Büchse des anderen wegzuschlagen. Doch reaktionsschnell riss der sie hoch, um sie dann gleich wieder auf Bär zu richten.

Bär bei der gerichtlichen Befragung: „Wir waren uns Aug‘ in Aug‘ gegenüber, aber gottlob hat keiner von uns abgedrückt."

Sie belauerten einander ein paar Sekunden, dann sprang der Wildschütz abrupt auf den Bär zu, um ihm den Lauf seines Stutzens gegen die Brust zu rammen, Bär aber warf sich blitzartig nach links, sodass der Stoß ins Leere ging. Und dann holte er zum Gegenhieb aus. Von oben herab traf seine Büchse den Schwarzen mit voller Wucht zwischen Schulter und Hals. Mit einem Schmerzlaut ging der Mann in die Knie. Benommen schüttelte er sich, dann rappelte er sich wieder hoch und schrie: „Jogl, hilf!" Und wieder „Jogl, hilf!"

Doch von seinem Kumpel war nichts zu sehen.

Bär war vollgepumpt mit Adrenalin. Aber auf den Mann schießen und ihn womöglich töten, das konnte und das wollte er nicht. „Gib auf!", schrie er. „Es hat koan Sinn, dass'd dich zur Wehr setzt!"

„Nix da, du Jagersau!", schäumte der andere. Er griff sich kurz an die schmerzende Schulter, doch da kam schon der nächste Hieb. Diesmal traf Bärs Waffe den Stutzen des Wilderers. Doch der entfiel ihm nicht. Trotz der Schmerzen grinste der Kerl: „Glaubst, i hab‘ a Angst, Jaga?"

Bär versuchte das Gesicht zu erkennen. War ihm der Mann schon mal untergekommen? Der war aber derart schwarz angeschmiert, dass er ihn nirgendwo einordnen konnte. Diesen Moment der Unkonzentriertheit nützte nun der Wilderer. Er stieß erneut mit der Büchse zu. Und diesmal traf er. Er traf eine Stelle unterhalb des Auges, zwischen Jochbein und Nase. Ein stechender Schmerz lähmte den Jäger für einen Moment, da folgte schon ein nächster heftiger Schlag. Der Wildschütz verpasste ihm einen Fausthieb.

„Da hab‘ ich wirklich um mein Leben g'fürcht“, gestand Bär auf dem Weg zum Tatort, als er den Gendarmen eine erste flüchtige Darstellung des Vorfalls gab. Und er fügte hinzu: „Denn der Bursch hat komplett durchgedreht. Ich war halb betäubt, hab‘ mich kaum wehren können, doch er hat weiterhin wie verrückt auf mich eindroschen. So, als möcht‘ er mich erschlagen.“

Bär hatte zwar sein Gewehr schützend vor den Kopf gehalten, um die Hiebe des Gegners abzufangen, doch das nützte nichts. Bei der späteren Untersuchung seines Kugelstutzens durch einen Gerichtsexperten wurden auch tatsächlich Kerben und Absplitterungen festgestellt, verursacht durch Schläge mit der gegnerischen Waffe.

Der Zusammenprall zwischen Jäger und Wildschütz wurde nun zu einem Kampf auf Leben und Tod, wobei der Geschwärzte immer wieder nach Jogl rief. Doch der zog es vor, sich nicht blicken zu lassen.

Obwohl er dem Unbekannten aufgelauert und ihn überrumpelt hatte, schien Bär die schlechteren Karten zu haben. Schritt für Schritt wich er zurück, da stieß er mit seinem Bergstiefel gegen den Stumpf eines abgebrochenen Fichtenstämmchens. Er verhaspelte sich und fiel auf den Rücken. Im Nu kniete der Wildschütz über ihm. Er packte Bärs Hals und drückte zu. Bär wollte die Finger des Gegners wegbiegen, doch das ging nicht. Daraufhin versuchte er ein Bein anzuziehen damit er sich hochstemmen und den Widersacher abwerfen konnte, aber auch da hatte er keine Chance. Fester und fester würgte der Schütz. Der Jäger rang verzweifelt nach Luft, doch die Hände des Anderen gaben nicht nach.

Das Ende des Zweikampfs schien absehbar. Bär ruderte hilflos mit den Armen. Dabei stieß er an den Griff des Weidmessers, das im Futteral seiner Ledernen steckte. Es gelang ihm das Messer herauszuziehen. Mit letzter Kraft holte er aus und stach zu. Zweimal, fünfmal -, er wusste später nicht wie oft, drang die Klinge in den Körper des Wildschützen.

Wie sich bei der gerichtlichen Obduktion herausstellte, fügte er dem Kerl tiefe Stichwunden an Rücken, Schulter und Oberarm zu, ehe das Messer in dessen Hals drang. Der Wilderer erlahmte da mit einem Schlag, der Druck seiner Hände lockerte sich, aus seinem Mund kamen gurgelnde Laute. Wie in Zeitlupe kippte er vornüber.

Bär lag mit blutleerem Gesicht unter ihm. Doch er bekam Luft. Endlich Luft! Und er spürte, wie der Körper auf ihm zuckte. Es dauerte ein wenig, bis Bär imstande war, sich mit den Ellbogen hochzustemmen und den Mann von sich zu wälzen. Der Wilderer blieb jedoch nicht liegen, er schaffte es, sich hochzurappeln. Die Beine gehorchten ihm allerdings nicht. Er taumelte wie ein Betrunkener, ehe er lautlos zwischen zwei Büschen niedersank. Hockend presste er die Hand auf den Hals, mit geweiteten Augen starrte er auf Bär. Zwischen seinen Fingern quoll Blut hervor. Es färbte zuerst seinen Hemdkragen, dann sickerte es dunkel auf den Rock. Bär merkte, dass der Mann etwas sagen wollte, doch er brachte nur ein Gurgeln zustande. Schließlich rutschte seine Hand kraftlos ab und es war zu sehen, dass dort, wo die Halsschlagader war, ein tiefer Schnitt verlief. Bei jedem Pulsschlag spritzte eine rote Fontäne heraus.

Bär im Protokoll: „Ich hab‘ das wahrgenommen, aber ich war nicht imstand‘, was zu unternehmen. Ich war noch wie betäubt. Wie weggetreten. Ich hab‘ ihn nur angeschaut und mich gewundert, wieviel Blut aus so einem Hals herauskommen kann ..."

Dann, allmählich, versiegte der Blutstrom. Das Gesicht des Wilderers wurde fahl, sein Kopf sank vornüber - und aus war's mit ihm. Bär hatte sich aufgerichtet. Mit gestreckten Beinen saß er auf der niedergetretenen Wiese. Der Schock über das soeben Erlebte saß tief. So nach und nach wurde ihm bewusst, dass er einen Kampf, bei dem es um's Leben ging, mit viel Glück überstanden hatte, dafür aber ein anderer ins Gras beißen musste. Er schloss die Augen, holte mehrmals tief Luft, beugte sich vor, schüttelte den Kopf, um einigermaßen klar zu werden, danach betastete er seinen Hals. Er fühlte sich geschwollen an und dort, wo er gewürgt worden war, schmerzte jede Berührung.

Wieder dauerte es Minuten, bis Bär sich erhob, den Puls des leblosen Mannes befühlte, von den Sträuchern ein paar blätterbewachsene Zweige riss und sie auf den Toten legte. Dann hob er seine Büchse auf und machte sich auf den Weg zurück.

Es war später Nachmittag, als sich die fünfköpfige Gruppe dem Unglücksort näherte. Die Stimmung war gedrückt. Zuvor schon hatten die Beamten gefragt, ob Bär den toten Wilderer kenne. Er hatte verneint. „Mir sind ja viele „Wüdler" bekannt, aber an den kann ich mich net erinnern. Auch seine Stimm' ist mir fremd gewesen." Es war ihm anzusehen, dass er nur schwer verkraftete, einen Menschen getötet zu haben - auch wenn es aus Notwehr geschehen war. Bär war nämlich als ruhiger, ausgeglichener Familienvater bekannt, der voll in seinem Beruf aufging. Er hatte eine Halbglatze und trotz seiner erst 53 Jahre waren sein gekräuselter Haarkranz, der Kinn- und Oberlippenbart, weiß wie Schnee. Man hätte ihn deshalb sogar für den Jagdherrn halten können. Und ausgerechnet ihm hatte das nun zustoßen müssen.

Das letzte Stück des Weges zog sich. Da der Tod stumm ist, sprachen auch die Männer kaum. Jeder hing seinen Gedanken nach. Der Pfad wurde noch einmal steil und eng, der teilweise moosbewachsene Boden ging in unterholzüberwucherte Abschnitte über, dann waren sie am Ziel.

Die Spuren des Kampfes waren nicht zu übersehen. Das Gras war im Umkreis einiger Meter niedergetreten und dort, wo der nackte Erdboden war, gab's Einkerbungen von Schuhabsätzen. Der Wildschütz lag noch genauso da, wie Bär ihn zurückgelassen hatte: bedeckt mit Laub, die Beine angewinkelt, die Augen noch offen. Das bedeutete, dass der geheimnisvolle Kumpel „Jogl", nachdem Bär den Tatort verlassen hatte, offenbar nicht aufgetaucht war, um nachzuschauen, was geschehen war. Es gab nämlich diesbezüglich keine Spuren. Anscheinend waren ihm die Hilferufe des Partners gleichgültig gewesen oder er hatte aus Angst und Feigheit schon vorher panisch das Weite gesucht. Patrouillenleiter Baumgartner konnte sich die Bemerkung nicht verkneifen: „Da sieht man, was Freundschaft unter Wilderern wert ist. Der andere hat von dem Vorfall ganz sicher was mitgekriegt, aber sich gedrückt, anstatt nachzusehen, ob er seinem Spezl helfen kann."

Die Beamten baten Bär, Komatz und Setznagel, etwas Abstand zu halten. Dann warfen sie einen Blick auf die Wunde am Hals und suchten rund um die Leiche den Boden ab. Doch da war nur niedergetretenes, teilweise blutdurchtränktes Gras. Das Gewehr des Geschwärzten, dessen Feldstecher und Hut lagen in unmittelbarer Nähe. Ebenso sein Rucksack. Der Rucksack, so glaubte Bär sich zu erinnern, war während des Handgemenges zu Boden gefallen. Die Gendarmen schauten hinein. Dann griffen sie in die Rocktaschen des Toten. Es kamen insgesamt acht Kugel- und Schrotpatronen, zwei leere Patronenhülsen, ein

Hirschknicker, zwei Rehrufinstrumente, eine kleine Hacke, eine Taschenlampe sowie eine Taschenuhr und eine Zigarettendose mit Tabak, ein Feuerzeug, Speck und Branntwein zum Vorschein. „Schaut aus, als hätte der Bursch eine mehrtätige Tour vorgehabt", folgerte Pirner. „Und zweimal hat er schon geschossen, das zeigen die leeren Patronenhülsen." Er drehte sich zu Bär um: „Du hast a verdammtes Glück gehabt", sagte er. „Sei Büchs'n ist nämlich scharf geladen. Mit Kugel und Schrot."

Komatz und Setznagel hielten sich abseits. Sie wollten auch gar nicht näher heran, da ihnen der Tote unheimlich war. Aber sie hörten, wie Inspektor Baumgartner sagte: „Wie das schnell geht. Der ist ja schon steif."

Setznagel schluckte und meinte zu Komatz. „Fangt er bei der Hitz" net auch zu stinken an?"

Rayonsinspektor Pirner fertigte eine Skizze an. „Wir dürfen nix übersehen, denn das Gericht wird sicher einen Lokalaugenschein anordnen." „Und dann müss' ma noch amal da herauf", ätzte Baumgartner. Resignierend hob er die Schultern. „Selber schuld", murmelte er. „Warum sind wir auch Gendarmen geworden."

Die Sonne stand nun schon ziemlich im Westen. Baumgartner und Pirner sahen sich an. „Des war's", stellte der Patrouillenleiter fest. „Jetzt kommt das, was wir alle net wollen." Er deutete mit dem Kopf auf den toten Wilderer. „Wir müssen ihn wegbringen. Bis zur Gerichtskommission können wir ihn da nicht liegen lassen."

Setznagel bekreuzigte sich. „O Gott, dass ich da dabei sein muaß!" Aber es half nichts. Mit der kleinen Hacke aus dem Rucksack des Wilderers fällten sie junge Fichtenstämme und zusammen mit Fichtenreisig fertigten sie eine provisorische Bahre an. Dann traten Baumgartner und Pirner zu dem Leichnam. Nachdenklich blickten sie auf ihn, denn trotz vieler tragischer Ereignisse, die sie als Gendarmen schon erleben müssen hatten, machte sie der Anblick eines Toten immer wieder betroffen.

Sie fassten ihn an Beinen und Armen und trugen ihn zur Fichtenbahre. Die Stichwunde am Hals war verkrustet, Rock und Hose dunkel verfärbt. Tropfen getrockneten Blutes klebten auch an seinen Haaren. Sie hatten das eigenartige Aussehen von kleinen Zäpfchen oder Dornen.

Oberheger Bär hatte sich weggedreht. Nach all dem, was er durchgemacht hatte, war dieser Anblick zu viel für ihn. Komatz trat an die Trage. Es kostete ihn sichtlich Überwindung, den Leblosen anzufassen und die Arme gestreckt an dessen Körper zu legen. Dann nahm er vom Boden ein paar Reisigäste und legte sie über den Kopf des Mannes, damit er dessen Gesicht nicht mehr sehen konnte.

Inspektor Pirner merkte in seiner privaten Niederschrift an: *„Der Abtransport der Leiche bereitete uns viele Schwierigkeiten, zumal der Forstweg viel zu schmal war. Notgedrungen mussten wir uns durch Dick und Dünn kämpfen. Um zirka 19 Uhr kamen wir endlich zur Jagdhütte, wo ein Fuhrwerk den Toten aufnahm. Allmählich breitete sich Dämmerung über das Katschtal; die umliegenden Felsgipfel erblassten im letzten Abendsonnenschein. Holpernd und polternd fuhr das Gefährt dem Talausgange zu."*

Wer das Fuhrwerk organisiert hatte, ist nicht bekannt. Die fünf Männer jedenfalls folgten dem Wagen in einigem Abstand. Komatz, Setznagel und die beiden Gendarmen gingen nebeneinander, Oberheger Bär allein hinter ihnen. Seine Schritte wirkten unsicher, der Blick war auf den Boden gerichtet. Über den Leichnam auf dem Wagen lag nun eine Decke. Komatz schien ein wenig zu hinken. Er hatte sich beim Tragen der Bahre den Fußknöchel verstaucht.

„Tut's weh? Kannst es derhatschen?" wollte Rayonsinspektor Pirner wissen. „Sonst setz' dich halt aufs Fuhrwerk auffi."

„Na, auf gar koan Fall!“ Komatz hob abwehrend die Hände. „Aber neugierig bin i, wer der Kerl ist, der da oben liegt. Aus der Gegend da wird er wohl sein, denn vom Ennstal herüber ist es zu weit und“ - er schien nachzudenken, „bei uns umadum wildern viele Leut‘, von denen man das nie glauben würde.“

„Zum Beispiel der alte Stücklschweiger aus Kleinsölk“, sagte Pirner. „Der hat‘s faustdick hinter den Ohren.“

„Der Stücklschweiger! Der is vor zwanzig Jahr beim Edelgries-Schirennen in der Ramsau sogar Zweiter g‘worden. Jetzt is er zwar schon alt, aber immer noch recht undurchsichtig.“ Auch Komatz hatte viel über ihn gehört.

„Ja, ja, undurchsichtig!“, widerholte Pirner.

„Der war a richtig wilder Hund. Im Ersten Weltkrieg ist er aus der russischen Gefangenschaft geflüchtet und hat sich von Taschkent bis zu uns durchgeschlagen.“ Komatz wich einem größeren Steinbrocken aus, über den das Fuhrwerk gerumpelt war. „Aber weil die Zeiten schlecht waren, ist er dann auf Schwarzpirsch gegangen. Und die Jäger haben ihm aufgelauert, weißt noch?“

„Na freilich. Was glaubst, wie oft meine Kollegen seinetwegen ausgerückt sind“, erklärte Pirner. „Aber immer umsonst. Als wenn er einen sechsten Sinn gehabt hätt‘ - er ist uns nie in die Falle getappt.“

„Aber schließlich hat‘s ihn halt doch erwischt.“ Komatz kannte die Geschichte. Sie hatte überall die Runde gemacht.

Der Vorfall hatte sich damals in der sogenannten Hopfgarten-Au zugetragen, dort, wo sich das Kleinsölktal verzweigt. Die Hopfgarten-Au war gewissermaßen ein Drehkreuz für Wilderer, denn kamen sie aus einem der hinteren Sölktäler, mussten sie diese Stelle passieren. Konrads Bruder, ein gewisser Kaspar Stücklschweiger, hatte aber genau hier seinen Hof. Und was man lange nicht

Im Rantental knallten die Wilderer ab was ihnen vor die Büchsen kam (oben). Zwischen dem Oberheger Bär und dem Schütz entspann sich ein Kampf auf Leben und Tod. Der Schwarzl starb schließlich durch einen Messerstich in den Hals (Symbolfotos rechts u. unten)

wusste: wenn Konrad von einem Schwarzgang zurückkam und ein gewildertes Stück für seinen Bruder dabeihatte, warf er zuerst einen Blick auf den Hof. Stand in einem der Fenster eine brennende Petroleumlampe, dann hieß es schleunigst das Weite suchen, weil in der Nähe Jäger auf heimkehrende Wilderer lauerten. Doch einmal vergaß Kaspar das Petroleumlicht anzuzünden und Konrad tappte in die Falle. „Die Jager, die ham ihn dann ordentlich zugerichtet“, erinnerte sich Komatz. „Die haben ihn mit ihre Bergstöck‘ schwer verdroschen. Und zwar so arg, dass er wochenlang in ärztlicher Behandlung war.“

„So was ist natürlich net in Ordnung“, warf der rechts gehende Rayonsinspektor Baumgartner ein. „Aber er ist mit dem Leben davongekommen. Es war net so wie in diesem Fall.“

„Pscht ...“ Komatz deutete unauffällig nach hinten. „Mach ma unser‘m Chef kein schlechtes Gewissen. Der hat ja nur sein eigenes Leben verteidigt. Und an dem, was da g‘schehn ist, wird er sowieso sei ganzes Leben lang kiefeln.“

Je weiter sie hinunterkamen und je flacher das Gelände wurde, desto schwächer wurde der abendliche Fallwind. Wenig später kam das Elektrowerk Schöder in Sicht. „Ich hol nur mei Motorradl“, sagte Inspektor Baumgartner zum Fuhrwerker. Und im Weggehen drehte er sich um: „Vielleicht kannst deine Rösser a biss‘l antreiben, damit ma noch vor der Dunkelheit unten sind.“

Kurz danach war das leise Rattern des Motorrades zu hören. Baumgartner bremste neben Komatz. „Komm, steig auf. Du kannst ja net bis Schöder hatschen.“

Die beiden fuhren dem Transport voraus. Auf der Straße durch Baierdorf standen Leute noch immer in kleinen Grüppchen beisammen. Als der Uniformierte mit dem Forstgehilfen auf dem Sozius auftauchte, wendeten sich ihnen alle Blicke zu. Der Vorfall hatte sich zwar schon am

Vormittag wie ein Lauffeuer herumgesprochen, die Leute rätselten aber alleweil noch, wer der tote Wildschütz wohl war. „Und!“, rief ein Mann dem Inspektor zu, „kann ma scho sagen, wer der Schwarzl is?“

Baumgartner hielt das Motorrad an. „Unbekannt“, sagte er. „Wir haben ihn noch nicht identifizieren können.“ Aber dann drehte er sich kurz zu Komatz um. „Vielleicht ist unter die Leut‘ irgendwer, der ihn kennt. Was meinst du?“

Komatz nickte. „Schon möglich.“

Es dauerte eine gute halbe Stunde, bis das Fuhrwerk auftauchte. Die Pferde dampften, da der Kutscher sie ziemlich angetrieben hatte. Rayonsinspektor Baumgartner, dessen Zweirad jetzt am Straßenrand stand, hielt die Fuhre an. Er wusste, dass das, was er jetzt vorhatte, nicht den Dienstvorschriften entsprach, aber er riskierte es. Er zog die Decke vom Kopf des Toten. Gerade soviel, dass das geschwärzte Gesicht zu sehen war. Dann durfte von den Leuten am Straßenrand einer nach dem anderen herantreten und einen kurzen Blick darauf werfen. Auch Halbwüchsige versuchten es, aber Baumgartner wies sie zurück. Und plötzlich rief jemand: „O Gott, des is ja der Franz!“

Jetzt wollten alle herandrängen, doch Baumgartner zog die Decke sofort wieder über das starre schwarze Gesicht und befahl den Leuten zurückzutreten. Dann nahm er sich den Mann vor, der den Wilderer angeblich kannte.

„Sie wissen, wer das ist?“ Der Mann, der so an die Fünfzig war: „Ja, weil der war einmal mein Arbeitskollege.“

„Und Sie täuschen sich net?“

„Sicher net. Das ist da Berchtaler Franz. Der wohnt jetzt in Feistritz.“

„Und was für einen Beruf haben Sie?“

„I arbeit‘ beim Forst.“

„Und ist der Berchtaler auch a Forstarbeiter?“

Die Angaben des Mannes mussten natürlich erst überprüft werden, doch immerhin, es gab jetzt einen ersten Hinweis.

Die Nacht wurde noch lang. Der Leichnam des Wilderers wurde in die Totenkammer des Ortsfriedhofes Schöder gebracht. Oberheger Rudolf Bär begab sich zu seiner Familie, die von dem Vorfall natürlich schon Kenntnis hatte und seinetwegen in Sorge war. Doch er beruhigte sie. Das Hämatom, also der Bluterguss unter dem Auge und ein Würgemal am Hals, das seien die einzigen Verletzungen, die er bei der Auseinandersetzung davongetragen habe. Seine Frau machte ihm trotz der fortgeschrittenen Stunde einen Kaffee, der vermutlich ähnlich stark war wie jener, den Bär den beiden Gendarmen zur Mittagsstunde oben in der Jagdhütte gebrüht hatte. Dann verließ Bär seine Leute, um nach Murau zu fahren. Er musste ja seiner vorgesetzten Forstbehörde persönlich Meldung über den Vorfall erstatten.

Baumgartner und Pirner erschienen gegen 22 Uhr im Gendarmerieposten Schöder. Revierinspektor Golupp erwartete sie ungeduldig. „Also, was war?“, fragte er. „Im Dorf erzählt man sich ja die wildesten Sachen. Das geht vom hinterhältigen Mord bis zum depperten Unfall.“

Die beiden Inspektoren berichteten. Ein Protokoll wollten sie aber erst später anfertigen. Golupp hingegen griff zum Telefon. Er teilte den Sachverhalt dem von dem Vorfall bereits informierten Gendarmeriebezirkskommando Murau, dem Landesgendarmeriekommando Graz sowie dem Bezirksgericht Murau mit. Der dort eigens auf die Meldung wartende Untersuchungsrichter ordnete - wie zu erwarten war - für den nächsten Tag einen Lokalaugenschein an.

Golupp zu seinen Kollegen: „Es bleibt also net aus, ihr und der Bär müsst‘s morgen wieder rauf. Tatortbegehung.

Anordnung vom Untersuchungsrichter."

Baumgartner gequält zum Kollegen Pirner: „Hab' ich's net gsagt? Noch einmal den beschissenen Weg."

Der Postenkommandant aber versuchte die Identität des Toten bestätigt zu bekommen. „Ich wird' mich morgen früh gleich umhören. Er wird ja Angehörige haben."

In den Vormittagsstunden traf die Gerichtskommission in Schöder ein. Der U-Richter, ein staatsanwaltschaftlicher Funktionär, eine Schreibkraft, ein Fotograf, ein Gerichtsmitarbeiter, der den Wilderer darstellen sollte, sowie Bär und die beiden Gendarmen machten sich auf den beschwerlichen und auch kräfteraubenden Aufstieg. Da man alles detailgenau rekonstruieren wollte, führte der Weg auch am „oiden Ganggl", an Bärs historischer Fichte und an dem im Bau befindlichen Hochstand vorbei.

„Hier haben Sie den Gewehrschuss gehört?", wollte der U-Richter wissen.

„Ja", sagte Bär. „Und er ist aus dieser Richtung gekommen." Er wies hinüber zum Sesslerwald bei der Lanachalm.

Er führte dann die Gruppe den gleichen Weg, den er am Vortag genommen hatte, hinauf zum Tatort. Etwa zwei Stunden lang dauerte die Amtshandlung. Bär musste mehrmals wiederholen, wie der Zusammenstoß mit dem Wilderer ablief. Auch die Kampfszenen wurden nachgestellt, wobei ein Gerichtsmitarbeiter unfreiwillig etliche Gewehrhiebe einstecken musste. Als Bär dann seinen Messerangriff demonstrierte, tat er das logischerweise mit einem Stück Holz. Der Gerichtsfotograf hielt jedes Detail mit der Kamera fest.

Am Abend schließlich war die Kommission wieder zurück und Postenkommandant Golupp durfte melden: „Der Tote ist anscheinend wirklich ein gewisser Franz Berchtaler. Geboren in Eichdorf, Bezirk Judenburg, und wohnhaft in Feistritz. Ist als Wildschütz amtsbekannt und auch einschlägig vorbestraft. Und ein mehr als makabrer Zufall: Er hätte ausgerechnet heute beim Kreisgericht Leoben eine zweimonatige Haftstrafe wegen Wilddiebstahls antreten sollen."

Die gerichtsärztliche Leichenbeschau ergab, was vorweg vermutet worden war: Durchtrennung der Halsschlagader und Tod durch Verbluten. „Ein langsames, aber nicht sehr schmerzhaftes Sterben", meinte der Amtsarzt. „Es ist fast wie ein Einschlafen. Da gibt es qualvollere Todesarten." Das tröstete die Angehörigen, die den Wildschützen mittlerweile tatsächlich als Franz Berchtaler identifiziert hatten, freilich nicht.

Nach wenigen Wochen stellte die Staatsanwaltschaft Leoben das Verfahren wegen Totschlags gegen Rudolf Bär ein. Begründung: Man käme nach Abwägung aller Umstände zu dem Schluss, dass Bär in seiner Eigenschaft als beeideter Jäger einwandfrei in Notwehr gehandelt habe. Das war natürlich eine unglaubliche Erleichterung für den altgedienten Forstangestellten. Dennoch kam er zeitlebens nie ganz klar damit, den Tod eines Menschen verschuldet zu haben.

Der zweite Wilderer konnte trotz intensiver Ermittlungen nie ausgeforscht werden.

Das bleihaltige Doppelleben des Millionärs M.

Einen Moment lang ist M. wie gelähmt. Der äsende Bock, das dunkle Gras, das niedere Gestrüpp und drei, vier mannshohe, wie hingewürfelt daliegende Felsblöcke, mehr war ihm nicht aufgefallen, als er aufgeregt das Wild anvisierte. Und doch war da jemand. Versteckt und unsichtbar.

Er betrat das Haus in der Linzer Innenstadt gegen zehn Uhr am Vormittag. Es war ein mehrstöckiges, im spätgotischen Stil erbautes Haus mit einem bogenförmigen Eingang und hohen, giebelfeldgeschmückten Fenstern. Als der Mann das Foyer durchquerte, fuhr er mit einem Finger an der Innenseite seines weißen Kragens entlang, um ihn zu lockern. Er war nervös, denn die Testamentseröffnung seines vor zwei Wochen verstorbenen Vaters stand bevor. Und erfreulich würde diese für ihn wohl nicht werden, da das Verhältnis zwischen ihnen ein problematisches war. Stets hatte der Alte ihm vorgeworfen ein Versager zu sein, einer der nichts auf die Reihe bringt. Oft war es deshalb zu lautstarken Diskussionen gekommen, bei denen die Meinungen hart aufeinanderprallten.

Doch sein Erzeuger hatte sich auch sonst mit keinem aus der Familie so richtig verstanden. Er war ein Sturschädel sondergleichen. Vielleicht hing das auch mit seinem Beruf zusammen. Der alte Herr war nämlich Großindustrieller, ein Selfmademan gewissermaßen der permanent unter Leistungsdruck stand. Mit Fleiß und beinharter Disziplin hatte er im oberösterreichischen Voralpenland ein Unternehmen mit ausländischen Niederlassungen aufgebaut. - Hatte ihn das ausgebrannt?

Die Trauergemeinde bei seiner Beerdigung war jedenfalls groß. Prominente Persönlichkeiten aus Politik und Wirtschaft hatten ergreifende Abschiedsreden gehalten, seine Vorzüge gelobt, seine Tatkraft gewürdigt und seinen makellosen Ruf betont.

All das ging dem damals 48-jährigen Robert M. (Name geändert), durch den Kopf, als er die steinerne Treppe zum Souterrain hochstieg. Es war Montag, der 12. September 1977. Ein für die ungewöhnlich kühle Jahreszeit warmer Tag. Das Thermometer zeigte 24 Grad. Man konnte noch die Spätsommersonne genießen und wer etwas Spektakuläres erleben wollte, der fuhr nachmittags hinaus zum Flughafen Hörsching. Dort sollte nämlich erstmals eine Boeing 707 nach einem Nonstop-Flug von New York kommend landen.

Der Industriellensohn verschwendete daran freilich keine Gedanken. Er drückte den Klingelknopf neben der Kanzleitür und strich sich eine Haarsträhne aus der Stirn. Vom Eingang unten drangen gedämpfte Stimmen an sein Ohr. Vermutlich waren das seine beiden Schwestern und seine Mutter, die Witwe des Verstorbenen.

Eine hagere Dame öffnete. „Herr M (...), ja?“ Sie trat zur Seite um ihn einzulassen. Durch die angelehnten Flügel eines Stiegenhausfensters waren schleifende Straßenbahnbremsen zu hören. Die alten, sandfarbigen Zweiachser, die diese Geräusche verursachten, wurden seit 1971 zwar laufend gegen die modernen, mit auffallenden Werbeaufschriften versehenen TW 67 der ‚Lohner-Serie‘ ausgetauscht, doch immer noch waren etliche solcher Oldies zwischen Ebelsberg und Urfahr unterwegs.

„Der Herr Notar erwartet Sie."

Er nickte und schob sich an ihr vorbei.

Wenig später saßen die drei Frauen und Robert dem Notar gegenüber. Es herrschte angespannte Stille. Der Notar, selbst schon über sechzig, hatte eine schwarze Ledermappe vor sich auf dem Schreibtisch. Er räusperte sich, schob seine Arbeitsutensilien zur Seite, stützte sich auf die Ellbogen und faltete die Hände unter dem Kinn. Aufmerksam musterte er die Klienten. „Werte Hinterbliebene", begann er schließlich. „Wie Sie wissen, war ich mit dem Erblasser gut bekannt. Wohl deshalb hat er mich mit der Abwicklung seines Nachlasses betraut. Das war, als er erfuhr, dass seine Krankheit ihm nicht mehr viel Lebenszeit schenken würde."

Die Witwe des Verstorbenen senkte den Kopf, Robert richtete den Blick nach oben, als suche er an der Decke des Zimmers irgendwelche Auffälligkeiten. Seine beiden Schwestern, jünger als er, ließen sich Gefühle nicht anmerken. Ihre zur Schau getragene Gelassenheit war freilich nur vorgetäuscht, denn jedem der Erbberechtigten war bewusst, dass die nächsten Minuten ihr künftiges Leben entscheidend bestimmen würden. Es ging ja um enorme Vermögenswerte. Um Barmittel, Immobilien, Firmenanteile. Doch wer würde was erhalten? Wie hatte der Vater die Hinterlassenschaft aufgeteilt?

Der Notar lehnte sich zurück. „Der Verblichene", fuhr er mit feierlicher Stimme fort, „hat alles handschriftlich festgelegt. Zeugen haben dies vorschriftsmäßig bestätigt."

Er klappte die Mappe auf.

Das Testament machte dem Rätselraten ein rasches Ende. Es stellte sich heraus, dass der nahezu gesamte Nachlass an die Witwe und die beiden Töchter ging. Sohn

Robert erhielt ein nur 8 Hektar großes Waldstück, den Pflichtteil hatte ihm der Vater verweigert.

Die Frauen konnten ihr Glück kaum fassen, denn das Erbe übertraf ihre kühnsten Erwartungen. Robert aber saß wie versteinert da, die Finger dermaßen ineinander verhakt, dass zu befürchten war, er würde sie nicht mehr auseinanderbekommen. Die Vorahnung hatte ihn also doch nicht getrogen, der Alte hatte ihn mit einem Almosen abgespeist, mit einem Nichts im Vergleich zu den Millionenwerten, über die sich seine Mutter und die Geschwister jetzt freuen durften. War die Kluft zwischen ihm und dem Vater wirklich derart groß gewesen, dass der ihm nach seinem Tod die Arschkarte zuwies?

Irgendwie kam er sich vor wie in einer Komödie, nur war das was da ablief keineswegs komisch.

Durch den Nebel seiner aufgewühlten Gedanken vernahm er die Stimme des Notars: „Und Ihnen, Herr Robert, habe ich noch dieses Kuvert auszuhändigen. Der Erblasser hat mir den Auftrag erteilt, es verschlossen zu überreichen, - was hiermit geschieht."

Robert atmete langsam aus. Zögernd griff er nach dem Kuvert. Er befühlte den Inhalt, dann schlitzte er mit dem Finger den Umschlag auf. Zum Vorschein kam ein altes, abgegriffenes Büchlein und ein zusammengefalteter Brief, mit der krakeligen Handschrift seines Vaters.

Nicht allzu interessiert überflog er die ersten Zeilen des Schreibens. Dann stutzte er. Er runzelte die Stirn und klappte das zerschlissene Büchlein auf.

„Was ist das?" wollte seine Mutter neugierig wissen. Robert blickte kurz zu ihr. „Ach ... nichts Besonderes", wehrte er ab. „Nur Vaters Tagebuch. Hab' selbst nicht gewusst, dass er eines geführt hat." Rasch steckte er Brief und Tagebuch zurück ins Kuvert.

Während der Heimfahrt im Auto stöberte Robert im Schutt seiner Vergangenheit. Vielleicht gab es da etwas, das er längst vergessen hatte? Denn das Schreiben des alten Herrn begann ja sehr sonderbar: *„Für meine sicherlich entsetzten Nachfahren, insbesonders für meinen Sohn Robert."*

Was sollte das bedeuten? Ging es um etwas, das ihn und seine Familie erschüttern, ja vielleicht schockieren würde? Kaum daheim, eilte er von der Garage direkt in sein Arbeitszimmer. Wobei er überlegte, ob er den Brief überhaupt lesen oder ihn und das Tagebuch nicht lieber gleich verbrennen sollte? Denn nach dem niederschmetternden Besuch des Notars waren unangenehme Mitteilungen das Letzte, das er jetzt brauchen konnte.

Er schloss die Tür hinter sich, ging zum schmalen Jugendstil-Wandschrank, der ihm als Hausbar diente und schenkte sich einen Cognac ein. Der beruhigte ihn etwas. Nun ja, dachte er, was nicht zu ändern ist, das lässt sich halt nicht ändern. Auch ohne den erhofften Geldsegen würde er die Zukunft schon irgendwie meistern. Der Bankkredit für seine Holzbearbeitungsfirma, der war zwar erheblich, doch mit viel Einsatz und Energie würde das schon zu schaffen sein. Nur wie er die Weigerung seines Vaters ihm ein adäquates Erbe zuzugestehen, seiner Frau und den beiden Kindern beibringen sollte, das wusste er nicht. Denn die würden ja auf jeden Fall wissen wollen, warum der Opa ihn so abserviert hatte.

Robert ließ sich in den ledergepolsterten Fauteuil neben dem Kamin fallen und zündete sich eine Zigarette an. Durch den weißblauen Rauch starrte er eine Zeitlang auf das Kuvert. Schließlich griff er danach, da die Neugier halt doch stärker war als das Unbehagen.

Aufmerksam studierte er den Brief. Dann legte er ihn beiseite, schloss die Augen - und las ihn erneut. Der Wortlaut darf hier wiedergegeben werden, da Roberts Sohn Albrecht (Name geändert), ein diplomierter Betriebswirt, die Einsichtnahme gestattete. Einzige Bedingung: Weder der Familienname noch Name und Standort des ehemals großväterlichen Unternehmens werden genannt. Der mittlerweile ebenfalls verstorbene Vater Robert hat die Dokumente nämlich all die Jahre in einem Safe sicher aufbewahrt und sie erst 2004 an Albrecht übergeben.

Damals aber, als Robert sich in den Inhalt des Schreibens vertiefte und die Botschaft des Vaters zu verstehen versuchte, gelang das vorerst nicht, weil das was da stand so unfassbar war. Denn der Brief bezog sich nicht nur auf Familiäres, vielmehr, er gab ein Geheimnis preis, das Robert vorerst nicht glauben wollte: Sein Vater hatte zwei Leben geführt! Nämlich das eines angesehenen Unternehmers und das ... eines gesetzlosen Wilderers! Und niemand hatte davon was geahnt!

Robert war erschüttert. M. senior, der allseits geachtete Industrielle, der untadelige Bürger und Wohltäter, der hatte - das ging aus dem Brief hervor - jahrzehntelang illegal Wild gejagt! Das musste man erst einmal verdauen. Nie hätte er seinem Vater das zugetraut. Der war durch fremde Reviere geschlichen und hatte abgeknallt was ihm vor die Büchse kam! Was, verdammt, hatte ihn dazu veranlasst? Wie konnte er nur so verrückt sein und sein Ansehen, seinen Ruf, ja überhaupt sein Image als rechtschaffener Geschäftsmann aufs Spiel zu setzen? Ein Riesenskandal hätte die Öffentlichkeit erschüttert, wäre das aufgeflogen.

Robert schloss für einen Moment die Augen. Das alles war für ihn - zumindest jetzt - nicht nachvollziehbar.

Und das war der Inhalt des schockierenden Briefes:

„An meine Hinterbliebenen!

Ich trug mein Leben lang die Verantwortung für Euch und für die Firma, die ich aus dem Nichts aufgebaut habe. Lei-

der habt Ihr in mir immer nur den Geschäftsmann gesehen und kein Verständnis für meine persönlichen Gefühle, Wünsche und Bedürfnisse gezeigt. Ihr hattet immer nur das Geld, das ich verdient habe, im Kopf.

Du, Robert, hast Dich meinen Bemühungen, uns zu einer verständnisvollen Familie zusammenzuschweißen, schon seit frühester Jugend widersetzt. Vielleicht hat Dich das Geld verdorben, das immer reichlich zur Verfügung stand. Nach Mutter bist Du der Älteste in der Familie, doch ich wage nicht, Dir die Hauptverantwortung für meine Hinterlassenschaft zu übertragen. Es fällt mir schwer das auszusprechen, aber das ist mein Entschluss.

Zum Zeitpunkt, als ich diesen Brief schreibe, weiß ich, dass ich nicht mehr lange zu leben habe. Der Arzt hat mir das vor ein paar Tagen eröffnet.

Mein Testament habe ich nach bestem Gewissen verfasst, aber es gibt noch etwas, das ich nicht mit ins Grab nehmen will, ohne dass Ihr davon Kenntnis habt. Nämlich mein zweites, unbekanntes Leben. Niemand hat je davon gewusst, weil es mir gelungen ist, es all die Jahre vor Euch und der Öffentlichkeit zu verbergen.

Robert, Du wirst beim Lesen meines Tagebuches, das ich stets unter Verschluss gehalten habe und das Dir der Notar übergeben hat, nun Dinge erfahren, die Du mir nie zugetraut hättest. Doch dieses ‚Hobby', so will ich es nennen, hat mir jenen Ausgleich und inneren Frieden verschafft, den ich sonst nie habe finden können. Ich erwarte dafür auch kein Verständnis, denn verstanden habt Ihr - und ganz besonders Du - mich sowieso nicht.

Also höre: Ich habe ein Doppelleben geführt. In diesem war ich Geschäftsmann und - Wildschütz. Und zwar einer, der kein Risiko gescheut hat. Ich habe zahlreiche Reviere vom Pyhrn-Prielgebiet bis zum Toten Gebirge durchstreift. Den Schaden, den ich verursachte, versuchte ich gutzuma-

chen, indem ich das von mir unerlaubt erlegte Wild anonym als ‚Fleischlieferung' sozial schwachen Familien zukommen ließ. Darüber hinaus habe ich mich bei Wohltätigkeitsaktionen zu Gunsten hilfsbedürftiger Landbewohner immer großzügig eingebracht.

Du, Robert, sowie Deine Schwestern, Ihr werdet nach dieser Eröffnung und den Niederschriften in meinem Tagebuch einen hoffentlich klareren Blick auf die Maßstäbe und Dinge des Lebens bekommen. Eure Mutter, die von meinem Doppelleben ebenfalls nichts ahnte, sie wird mir hoffentlich verzeihen. Bitte sie jedenfalls um Nachsicht.

Und nun bist Du, Robert, angesprochen: Lese das Tagebuch sehr genau, denn da findest Du versteckte Hinweise auf ein nachträgliches ‚Erbe', das Dir nach meinem enttäuschenden Nachlass wahrscheinlich ein Trost sein wird. Ich habe nämlich in einem Revier, wo ich besonders oft auf Pirsch war, drei vinkulierte Sparbücher vergraben. Drei Bücher an drei verschiedenen Orten, jedes mit einer Einlage von 1,2 Millionen (damals Schilling, Anm.).

Es ist ein Suchrätsel, das ich mir da ausdachte. Denn willst Du an das Geld kommen, musst Du Dich erstmals in Deinem verwöhnten Leben als harter, zäher und findiger Mann erweisen. Denn leicht habe ich es Dir nicht gemacht. Lese also das Tagebuch sehr genau, dann wirst Du vielleicht herausfinden wo die Sparbücher versteckt sind. Ich habe die Hinweise unauffällig in den Text eingefügt. Scheiterst Du an dieser Aufgabe, ist das Pech für Dich und das Geld wird für immer verschwunden bleiben. Schaffst Du es aber, dann würde mich das, da wo ich jetzt bin, freuen.

Von meinem anrüchigen Hobby darf aber keinesfalls etwas an die Öffentlichkeit durchsickern. Denn unser Name, beziehungsweise der Name der Firma, sie dürfen nicht in Verruf geraten."

Den Brief sowie das Tagebuch hatte Robert weder der

Mutter noch den Schwestern gezeigt. Er erklärte, beides nach dem Notariatsbesuch zuhause verbrannt zu haben, da Vater darin nur „wirres Zeug“ geschrieben habe.

Es darf jedoch gesagt werden, dass der millionenschwere Unternehmer stets einen Mercedes fuhr. Mit diesem Auto - mit oberösterreichischem Kennzeichen - begibt er sich ein- bis zweimal monatlich ins Pyhrn-Prielgebiet oder ins Salzkammergut, wo er die Gegend rund um den Langbath- und Offensee sowie auch das gewaltige Massiv des Toten Gebirges bis zum Grundlsee hin durchstreift.

Zur Zeit seiner ersten Pirschzüge sind die Straßen von Motorfahrzeugen kaum frequentiert und auch einen Ausflugsverkehr gibt es kaum. Sein späterer Großbetrieb ist im Aufbau, deshalb lässt er bei seinen Schwarzgängen besondere Vorsicht und Umsicht walten, denn eine Festnahme oder Anzeige hätte auch die Firma in Misskredit gebracht. Also stellt er den Mercedes nie auf einem Waldweg ab, da dort ein solches Auto sofort aufgefallen wäre und wahrscheinlich Misstrauen erweckt hätte. Er fährt normale Parkplätze an, auch wenn dann die Anmarschwege meist wesentlich länger sind. Hin und wieder kann er unweit seiner Jagdziele sogar eine geschäftliche Besprechung arrangieren. Es fällt deshalb nicht auf, wenn in solchen Fällen sein Auto noch eine Zeitlang vor dem Hotel oder dem Gemeindeamt steht. Zu Beginn seiner „Geschäftsfahrten“ befanden sich im Kofferraum auch Utensilien für die illegale Jagd: Ein zerlegbarer Stutzen, ausreichend Munition, alte Kleidung, ein Gesichtsstrumpf sowie ein Hut, alles in einen Rucksack gepackt.

Macht er sich auf den Weg, achtet er darauf, möglichst wenigen Personen zu begegnen.

Tagebucheintragung:

Bei meiner Wanderung Richtung Feuertalberg im Ausseer Gebiet habe ich Möglichkeiten für ein Versteck erkundet. Will darin Kleidung und Ausrüstung deponieren, damit ich nicht immer alles mitschleppen muss, denn das ist mit unnötigem Risiko verbunden. Es gibt verhältnismäßig viele Almhütten dort, teils bewirtschaftet, teils leer. Es scheint aber nicht ratsam, mich bei den Almfrauen sehen zu lassen. Ich vermeide auch, so gut es geht, Begegnungen mit Jägern, obwohl ich dem Anschein nach ja nur ein biederer Naturfreund bin. Auch unbewohnte Almhütten, die vielleicht schon desolat sind, finde ich für die Unterbringung meiner Ausrüstung ungeeignet. Unauffällige Felsspalten oder verborgene Erdhöhlen wären da besser.

M. senior findet schließlich ein geeignetes Versteck für seine Wildbratlerausrüstung. Wo genau es sich befindet, ist den Aufzeichnungen nicht zu entnehmen. Lediglich die Gegenstände sind angeführt: Ein Mannlicher-Gewehr mit 160 Schuss Munition, erworben am Schwarzmarkt in Wien. Es ist ein von der Steyrer Waffenfabrik hergestellter Stutzen, der in der Anschaffung teuer ist, sich aber durch schnelles Repetieren hervorragend als Jagdwaffe eignet. Dann ein Fernglas, noch aus Wehrmachtsbestand, ein Damenstrumpf mit Augenlöchern, eine gebrauchte Arbeitshose sowie ein alter Mantel, beides von einem Trödler aus der Stadt Salzburg und ein Paar Bergschuhe aus einem Tiroler Erzeugungsbetrieb. Weiters ein Stilett und reichlich Verbandszeug („ ... für alle Fälle.“) Alles ist gut verpackt, geschützt gegen Feuchtigkeit und Wasser.

Ich habe mit Bedacht und Überlegung, schreibt M., mir diese Dinge an unterschiedlichen Orten angeschafft. Sollten die Gegenstände durch Zufall gefunden werden, bin ich mit großer Wahrscheinlichkeit als Benützer nicht zu ermitteln. Auch etwaige Fingerabdrücke wird man mir nicht zuordnen, denn wem würde einfallen, mich als Wildschütz zu verdäch-

tigen?

Ich weiß, ich verstoße gegen das Gesetz, aber ich fühle mich unglaublich frei. Frei, wie ein völlig neuer Mensch ...

Beim Rückweg zu seinem Fahrzeug ist der Rucksack leer. Seine Ausrüstung ist sicher versteckt, er ist nun ein Wanderer wie viele andere. Aber bald wird er zurückkehren, denn das Gebiet um den Feuertalberg hat eine magische Wirkung auf ihn. Es weist einen guten Wildbestand auf und liegt im Toten Gebirge, wobei der Feuertalberg nordöstlich des Grundl- und Toplitzsees über 2000 Meter hoch in den Himmel ragt. Man erreicht ihn beziehungsweise die Nebenberge wie Hochkasten oder Spitzmauer über verschiedene Anstiege, die einerseits nicht sehr anspruchsvoll sind, aber auch ziemlich schwer sein können. So ist der Weg hinauf über die Dietlhölle - wie ein Bergfex in seinen Aufzeichnungen vermerkt: „... eine ziemliche Tortur, die eine gehörige Leidensfähigkeit erfordert. Es gibt keine Hütte am Weg, keine Markierungen - es ist ein Gelände mit garantierter Einsamkeit."

Garantierte Einsamkeit. Geradezu ideal für die Wildbratlereien von M. Senior, dem Industriellen. Des Risikos, das er da eingeht, ist er sich bewusst, denn auch in mittlerer Gebirgshöhe, im Schutz dichten Baumbestandes, kann man auf Forstorgane stoßen.

Die Gegend ist ja seit jeher ein Eldorado für Wildschützen. Für Schützen, die aber vorwiegend aus der Umgebung kommen. Diese ‚Bergrebellen' wurden und werden sogar bis heute von einem großen Teil der Bevölkerung respektiert und bewundert. Nicht zuletzt, weil ihre gesetzwidrigen Pirschgänge mit vielerlei Gefahren verbunden sind. Mit Gefahren, die nur jene meistern, die über mehr Mut, mehr Kraft und Ausdauer als andere verfügen. Denn auch bei Nacht, Sturm und Regen muss ein Wilderer in den Bergen ja nicht nur die allerletzten Kräfte mobilisieren können, er muss auch ständig damit rechnen, dass es mit einem Jäger oder Forstorgan zu einer ungewollten Begegnung kommt. Und solche Konfrontationen nehmen nicht selten ein tragisches Ende, weil beide Seiten in oft unversöhnlichem Hass aufeinandertreffen. In dem schon vor sehr langer Zeit erschienenen Fachbuch ‚Wilderer', aus dem Jagd- und Fischereiverlag Wien, zeichnen Gendarmerie-Bezirksinspektor Fuchs und Kriminal-Bezirksinspektor Schmid ein abschreckendes Bild von den Schwarzschützen. Unter anderem heißt es da: *Während der Laie mehr oder weniger geneigt ist, dem Wilderer Sympathie entgegenzubringen, müssen Jäger und Gendarmen aus verschiedensten Gründen, die zum wenigsten materieller Natur sind, diese Spezies von Verbrechern als im höchsten Grad gefährlich bezeichnen. (...) Nicht nur, dass er* (der Wilderer, Anm.) *weder Liebe zur Kreatur ... oder gar Rücksichtnahme auf Mutterwild und hilflose Junge kennt, hat man es fast durchwegs mit minderwertigen Menschen zu tun, die der Hang zum Nichtstun, Scheu vor geregelter Arbeit, Habgier und nicht selten eitle Renommiersucht zu ihrem unsauberen Handwerk verleitet. (...) Alles in allem versteht man also unter einem Wilderer einen gewissenlosen Verbrecher und gemütsrohen Schinder, einen heimtückischen Räuber und habgierigen Dieb, einen auch zum Meuchelmord bereiten Feigling, der sich eingebildete Rechte anmaßt und aus ihnen Kapital schlägt.*

Diese pauschale Verurteilung kann auf den Hobbywildschütz M. natürlich nicht zutreffen. Seine Motive - und auch seine Lebensumstände - sind ja völlig andere. Sie haben mit den als menschlichen Abschaum charakterisierten Wildbratlern nichts gemein. Ein „Schinder, Räuber, habgieriger Dieb, zum Meuchelmord bereiter Feigling ..." ist er ja wirklich nicht. Bewusst ist ihm freilich, dass er sich bei seinen bleihaltigen Ausflügen keinen Leichtsinn leisten darf. Denn auch in den von ihm bevorzugten „Jagdgebieten“ Stodertal, Offensee und Auseerland war es bisher immer wieder zu aufsehenerregenden Vorfällen zwischen Weidmännern und den Schwarzen Gesellen gekommen. Wobei das eine oder andere Ereignis an eine kabarettreife Lachnummer erinnert. Gab es da beispielsweise einen Weltkriegsteilnehmer namens Wilfried aus der Grundlseegegend. Wilfrieds Unterschenkel war 1942 an der Front durch eine Granate zerschmettert worden. Aufgrund der unzureichenden Erstversorgung wollten ihm die Ärzte im Lazarett das Bein unterhalb des Kniegelenks amputieren. Schonend versuchten sie ihm beizubringen, dass eine Unterschenkelprothese die Invalidität erleichtere und das Gehen einigermaßen ermögliche.

Den Wilfried traf das wie ein Keulenhieb. Denn wie sollte er als Prothesenträger zukünftig seiner Passion, dem Wildbrateln, nachgehen? Ihm war im Lazarett aber aufgefallen, dass Oberschenkelamputierte mit Armstützkrücken recht flott herumhüpften, ja sogar Fußball spielten, wogegen jene mit Unterschenkelprothesen mühsam daherhumpelten.

Es ist überliefert, dass Wilfried daraufhin die Ärzte beschwor: „Sabelt‘s mir den Haxen net unterhalb vom Knie, sondern am Oberschenkel ab.“ Die Chirurgen wollten nicht glauben, worum sie der Soldat aus dem Salzkammergut bat. „Das ist doch absurd! Wer verzichtet schon freiwillig auf einen Teil seines Körpers!“

Doch Wilfried bestand darauf, weil er als „Wald- und Gebirgsmensch“ oberschenkelamputiert und ohne Prothese - dafür aber mit Krücken - wesentlich beweglicher sei.

Die Ärzte entsprachen schließlich seinem Wunsch. Und als Wilfried wieder zurück in der Heimat war, ging er als beinamputierter Kriegsversehrter mit seinen Krücken frischfröhlich auf Schwarzpirsch. Nur bedachte er nicht, dass die von ihm am Waldboden hinterlassenen Spuren so eindeutig waren, dass die Gendarmerie schon bald bei ihm auftauchte ...

Ob M. Senior je davon gehört hat, weiß man nicht. Jedenfalls kehrt er knapp drei Wochen nach der Verstecksuche für seine Wilderer-Utensilien wieder in die Berge zurück. Er nächtigt in Windischgarsten und fährt zeitig am Morgen nach Hinterstoder, wo er den Wagen am Parkplatz Bärenalm abstellt. Das ist unauffällig, da auch andere Autos dort stehen. M. wählt vorerst den üblichen Weg, der im ersten Abschnitt mit wunderschönen Ausblicken auf die Dietlbühel und den Meisenberg belohnt, aber später beim Aufstieg durch die Dietlhölle steinig und ziemlich beschwerlich wird.

„Ich habe eine gute Kondition", schreibt M. *„Den stundenlangen Marsch hinauf in die Berge schaffe ich ohne Schwierigkeit und je höher ich komme, desto leichter wird mir. Denn da oben in der Stille und Verlassenheit fällt alles ab, was mich im Geschäfts- und Familienleben über jedes Maß hinaus fordert und oft in Missstimmung versetzt. Hier werde ich zu einem Anderen. Zu einem Abenteurer und Glücksjäger, der für wenige Stunden die Zwänge des festgefahrenen Alltags abstreift ...*

Bis nach ganz oben, zum eher flachen Ostgipfel, will er aber gar nicht. Das lose Kalkgestein, das in den oft steilen Scharten leicht ausbricht und zum Absturz führen kann, sowie die Übersichtlichkeit der kahlen, vegetationsfreien Bergrücken, beides wäre ein zu großes Wagnis, da sich dort eine Person vom nackten Fels recht deutlich abhebt. Außerdem hält sich das Wild, auf das er es abgesehen hat, weiter unten, zwischen den baumbestandenen Almhängen auf. Und ein Schütz, der möglichst unsichtbar bleiben will, ist dort nicht so leicht auszumachen.

Noch im unteren Flachstück des Weges begegnet ihm ein Jäger auf einem Motorrad, einer grünen 125er-Puch. Der Mann nickt ihm im Vorbeifahren zu, M. nickt zurück, jedoch verhalten, damit er vom Gesicht nicht allzu viel preisgibt.

Denn sicher ist sicher.

Im Mittelteil des Tagebuchs ist dann vermerkt:

Bin bei meinem Waffenversteck. Tarne mein Gesicht aber nicht mit Ruß, da sich dieser notfalls nicht schnell genug spurlos entfernen lässt. Ziehe deshalb die Strumpfmaske vor, denn sie erfüllt den gleichen Zweck. Bin aber logischerweise an Begegnungen mit Jägern oder Forstleuten nicht interessiert. Außerdem muss ich das Gelände erst genauer erkunden, doch ich habe bereits feststellen können, dass der Wildbestand ein prächtiger ist. Habe Reh- und Rotwild ausgemacht. Sie haben meinen Pulsschlag ziemlich beschleunigt.

Unglaublich, wie kaltblütig und konsequent dieser Mann aus der Rolle des erfolgreichen Managers in die Haut des verwegenen Schwarzl schlüpft. Er weiß aber auch, was auf dem Spiel steht, wenn er geschnappt wird und er macht sich darüber natürlich Gedanken. Auf Seite 41 des Tagebuches schreibt er:

„...ich glaube nicht, dass es für jemand, der meiner habhaft werden will so leicht sein wird, da ich eine sportliche Natur bin und mich im Gelände jetzt ganz gut zurechtfinde. Habe viel Zeit darauf verwendet, etwaige Fluchtwege auszuspähen. Sollte ich dennoch geschnappt werden, würde das einen medialen Aufschrei zur Folge haben. Doch bis zum Äußersten ginge ich bei einer Konfrontation mit einem Forstorgan nicht. Würde meine Waffe nie gegen einen Menschen richten. Ein Handgemenge kann ich mir allerdings vorstellen. Möglicherweise empfände ich die körperliche Auseinandersetzung wie das Abschütteln einer schweren Kette, die

seit Jahren auf mir lastet.“

Enkel Albrecht, der heutige Hüter der Dokumente: „Dabei hätte sich Großvater locker eine eigene Jagd leisten können. Aber das wollte er offenbar nicht. Er hat den Reiz des Verbotenen gesucht, das Spiel mit der Gefahr. Das Wildern war für ihn anscheinend eine Möglichkeit, sein verschüttetes Seelenleben freizuschaufeln.“

Laut österreichischem Jagdrecht benötigt man zwischen 115 und 300 Hektar zusammenhängenden Grundbesitz, um die Eigenjagdberechtigung zu erlangen. Albrecht: „Das wäre für Opa finanziell kein Problem gewesen, doch das hat ihn nie interessiert.“

Trotz seiner genau geplanten Wildereraktionen denkt Großvater M. aber auch an „Schadensbegrenzung“. Zwar nicht gegenüber den Bundesforsten oder den Privatjagdbesitzern, deren Wild er abknallt, M. will mit dem Wildbret kinderreichen und sozial schwachen Familien unter die Arme greifen. Hat er selber Appetit auf Schmankerl vom Wild, so lässt er die „Gustohappen“ irgendwo kaufen. In seinem Tagebuch notiert er:

„Es gibt so viele Familien, die sich für den Mittagstisch kein Fleisch leisten können. Wenigstens ihnen sollen meine jagdlichen Vergehen zugutekommen. Allerdings muss ich dabei auf der Hut sein ...“

Der Industrielle M. ist kein schlechter Schütze. Es kommt selten vor, dass er ein zweites Mal feuern muss. Danach wartet er eine geraume Weile, bis er das Gefühl hat, durch den Knall keinen Jäger alarmiert zu haben. Erst dann schleicht er vorsichtig zur Beute. Seine Bewegungen sind langsam, nur die herumhuschenden Augen haben es eilig. Sie sind seine Alarminstrumente.

Aus diversen Jagdlehrbüchern weiß er, wie man Tiere fachmännisch zerwirkt.

„... schon nach wenigen Monaten war ich geübt. Ob Reh

oder Gemse (damals schrieb man das noch mit ‚e'), *ich habe sie mit dem Stilett geöffnet, ausgenommen und die Innereien an einem unauffälligen Platz vergraben. Das andere habe ich in Papier gewickelt, im Rucksack verstaut und bin damit Richtung Tal gegangen. Und auch das mit größter Vorsicht, denn bei einer allfälligen Kontrolle wäre ich als Wilddieb aufgeflogen."*

Er hat Glück, ein Jagdorgan kommt ihm nie in die Quere. Noch ein Stück entfernt von ersten Häusern und Ansiedlungen ‚vergrast' er das Wild und markiert den Platz mit einem auffälligen Holzstück oder einem besonderen Stein.

„Ich bin dann weiter zu meinem Auto. Unterwegs habe ich mir bei Häusern, die nach eher mittellosen Bewohnern aussahen, unbemerkt die Namen oder die Hausnummern notiert. Manchmal versuchte ich auch bei einem harmlosen Mittag- oder Abendessen in einem der örtlichen Wirtshäuser die Namen Bedürftiger unauffällig zu erfragen."

An jeweils eine Anschrift aus dem Adressatenkreis sendet er dann von unterwegs einen anonymen Brief mit dem Hinweis, dass an diesem oder jenem so oder so markierten Platz ein Stück frisch erlegtes Wild zu finden sei und er, der unbekannt bleiben wollende Gönner, „viel Freude beim Essen" wünscht.

Ob M's. Wildfleischspenden auch tatsächlich immer abgeholt wurden, ist natürlich nicht bekannt.

Die Pirschgänge werden mit den Jahren nicht weniger. Auch die Reviere, die er mit seiner Mannlicher-Büchse durchstreift, wechseln öfter. Hin und wieder ist auch in einem Lokalblatt zu lesen, dass die Jägerschaft in dieser oder jener Region „verstärkte Abschüsse durch Wilderer" feststellt, man aber dem oder der Schützen nicht habhaft wird.

M., der „Schwarzl“, der erfolgreich einen Konzern leitet und Millionen auf dem Bankkonto hat, genießt indes den Nervenkitzel seiner gesetzwidrigen Aktionen - und auch die überwältigende Schönheit der Natur. Einmal wird er bei einem nächtlichen Ansitz sogar zum feinsinnigen Poeten:

„...im Tal sind noch feine Dunstschleier, die feucht aussehenden Sterne haben sich am Himmel festgehakt und der träge Vollmond zieht wie in Trance den Bergrücken hinauf ...“

Es ist aber vorauszusehen, dass sein Treiben trotz vieler erhebender Erlebnisse auf Dauer einfach nicht gutgehen kann. Es passiert dann auch wenige Tage vor seinem siebenundsechzigsten Geburtstag.

Es ist Anfang Juni, und M. fährt wieder einmal zu einer „Geschäftsbesprechung“. Seiner Familie und der Firma gibt er Bescheid, dass er in drei Tagen zurück sein werde. Nicht einmal seine langjährige Sekretärin weiß wo er erreichbar ist, denn wie schon so oft macht er das Ziel seiner Reise zum Dienstgeheimnis. Er begründet das mit streng vertraulichen Verhandlungen, von denen die Konkurrenz nichts erfahren darf ...

Sein Weg führt ihn damals nach Altaussee. Seinen Mercedes - nun ein Modell der neuesten Baureihe - stellt er im Zentrum des Touristenortes ab. Er schmeißt sich in unauffällige Wanderklamotten und begibt sich entlang des linken Seeufers hinauf bis zum Hochklopfsattel. Dort legt er eine kurze Rast ein, dann geht es weiter, vorbei am Lechrinkogel Richtung hinteres Kohlenkar. Irgendwo in diesem Gebiet ist jetzt seine „Ausrüstung“ versteckt. Vom Offensee herüber wäre es zwar kürzer gewesen, doch dort hätte M. sein teures Fahrzeug nicht so unauffällig parken können. Denn wie immer will er auf Nummer sicher gehen.

Was sich dann ereignet, das füllt in seinem Tagebuch viele Seiten. M. versucht sich an den Vorfall zwar möglichst emotionslos zu erinnern, die detaillierten Angaben machen die Tragweite des Ereignisses jedoch deutlich.

Vormittags war er in Altaussee aufgebrochen. Jetzt sitzt er unter einem niederen Felsüberhang und verzehrt den mitgebrachten Proviant. Genügend Trinkwasser hat er mit. Meistens füllt er die beiden flachen Flaschen an Brunnen in der Nähe von Almhütten. Beim geheimen Versteck seiner Schwarzjagd-Ausrüstung ist er dieses Mal nicht aus seiner unauffälligen Wanderkleidung geschlüpft, er hat die übergroßen Wilderersachen einfach nur darüber gestreift. Und nun genießt er die Einsamkeit und das bewegende Schweigen der Natur. Besonders das faszinierende Schauspiel des Sonnenuntergangs nimmt ihn gefangen. Dunkle Wolkenballen schieben sich vor die orangerote Kugel, verformen sich und zerfließen wieder. M. kann in solchen Momenten alles um sich herum vergessen. Er fühlt die kühle Brise des Abendwindes, er betrachtet das zerklüftete Panorama der Felsen, Flanken und Hochflächen, die teilweise noch Schnee aufweisen und sich bis zum Horizont hin erstrekken, - ja bis zum Rand des Universums, wie ihm scheint. Er nimmt den speckigen, mit Klebestreifen geflickten Hut vom Kopf, schließt die Augen und lehnt sich zurück.

Wenn es für ihn einen absolut sorglos-glücklichen Zustand gibt, dann in Augenblicken wie diesem. Denn da weicht der Alltag einer heiligen Stille, Stein und Wald verlieren sich im Ungewissen, die undeutlichen Schatten des ziehenden Wildes verschwimmen im Zwielicht.

M. wird die Nacht hier unter dem Felsvorsprung verbringen und sich dann in der Dämmerung des nächsten Tages zur Schwarzpirsch aufmachen. Obwohl das Wildern mittlerweile wie eine Sucht ist, an die Schonzeiten hält er sich. Ab Juni ist für die meisten Wildarten Schusszeit, deshalb ist er erst jetzt gekommen.

Auf Seite 63 seines zerfledderten Tagebuches:

„Ich sah nun wohl aus wie eine Schreckgestalt. Der speckige Almhut, der knielange, geflickte Mantel und natürlich die Strumpfmaske mit den Augenlöchern. All die Snobs und die unleidlichen Pinkel, mit denen ich so oft zu tun habe, wenn die mich so sehen würden, sie würden in Schockstarre verfallen …

Ich begab mich dann hinüber zum Weißhorn, dem nördlichen Randpfeiler des Toten Gebirges. Ist ein ganz schönes Stück dorthin. Das Felsmassiv war nicht mein Ziel, ich wollte in mittlerer Höhe bleiben, im Bereich der steilen Waldflanken, wo ich im Fichtendickicht auf erlegbares Wild zu stoßen hoffte. Als ich dann das unangenehme Steilstück hinter mir hatte, bewegte ich mich langsam und vorsichtig, sehr darauf bedacht, ja kein Geräusch zu machen. Weniger wegen eines Jagdorgans, das auf mich aufmerksam werden könnte, sondern um des Wildes willen. Die Tiere sind ja ungemein scheu und sie reagieren auf alles und jedes. Dass ein Jäger ausgerechnet jetzt da heroben ist, schien mir mehr als unwahrscheinlich. Ich konzentrierte mich also voll und ganz auf ein kleines Rudel Rehe, das ich am Rand eines Waldes ausmachte. Es waren zwei prächtige Böcke dabei, sie standen mehrere Meter auseinander."

Auf allen Vieren, jede Erhebung als Deckung nützend, kriecht er näher. Der Wind steht günstig, die Tiere nehmen keine Witterung auf. M. ist jetzt angespannt und höchst konzentriert. Er legt auf einen der Böcke an und drückt ab. Der laute Knall bricht sich an den Felsen, das Rudel stiebt davon wie von Furien gehetzt. M. stellt fest, dass er schlecht getroffen hat, denn der Bock taumelt nur. Lautlos verflucht M. sein Missgeschick. Nach so langen Jahren und so vielen Treffern hätte ihm das nicht passieren dürfen. Er legt die Büchse beiseite und schüttelt das Zittern aus den Händen. Dann nimmt er das weidwunde Tier, dem nach wenigen Metern Flucht die Vorderläufe eingeknickt sind, erneut ins Visier. Und diesmal geht der Schuss ins Blatt.

M. schließt für einen Moment die Augen. Seine Züge entspannen sich. Auch wenn er zweimal hat schießen müssen, der Bock ist gefallen.

Er richtet sich auf, geht zu dem Tier und kniet sich daneben. Das Einschussloch liegt knapp neben dem Schulterblatt. Das Projektil hat sich in Herz und Lunge gebohrt, so wie es laut Jagdanleitung eigentlich sein soll. M's. Atem beruhigt sich, seine Erregtheit - im Fachjargon „Bockfieber" - klingt langsam ab. Obwohl er in Kürze siebenundsechzig wird und eigentlich ein Büromensch ist, hat er sich überaus fit gehalten. Siebenundsechzig? O Gott, sein Geburtstag! Ausgerechnet jetzt kommt ihm der in den Sinn. Ein großes Fest will man da ausrichten. Viele Gratulanten werden kommen. Sogar der oberösterreichische Landeshauptmann. Wenn die alle wüssten, dass er auf diesen Ehrentag gerne verzichten und stattdessen lieber in den Bergen sein würde! Aber so ist es halt. Gewissen Verpflichtungen muss man sich stellen.

Er wischt diese Gedanken rasch beiseite, denn vor ihm liegt das Wild, das er ausweiden muss, um es dann hinunter ins Tal zu tragen, wo es, wie schon in vielen anderen Fällen, für jemand Bedürftigen bereitliegen soll. Das ist, er weiß es, die anstrengendste Aktion seiner Wilderer-Leidenschaft, und wohl auch die gefährlichste. Denn die Wegstrecke ist nicht nur lang, sie ist auch eine beliebte und viel begangene Wanderroute. Und bis in die Nähe von Altaussee, muss er unliebsame Begegnungen meiden. Und auch einen kleinen Umweg in Kauf nehmen. Nämlich zum Waffen- und Kleiderversteck, wo er sich wieder in einen unauffälligen Bergfex verwandeln wird.

M. legt das Gewehr neben sich auf den Boden. Er kniet sich hin, dreht das Tier auf den Rücken, zieht das Stilett aus dem Futteral, um es aufzubrechen. Aber da ist hinter ihm eine Stimme: „Halt! Langsam aufstehen, Waffe am Boden lassen und fünf Schritt' zurück!"

M. erstarrt. Einen Moment lang ist er wie gelähmt. Der äsende Bock, das dunkle Gras, das niedere Gestrüpp und drei, vier mannshohe, wie hingewürfelt daliegende Felsblöcke, mehr war ihm nicht aufgefallen, als er durch das Zielfernrohr das Wild anvisierte. Und doch war da jemand! Versteckt und unsichtbar. Ein Mann. Mit Sicherheit ein Jagdorgan. Für M. ist klar, dass er verdammt in der Scheiße sitzt. Sein untadeliger Ruf, sein Renommee als Großunternehmer, das alles ist futsch, wenn dieser Kerl ihn auffliegen lässt.

Zögernd erhebt er sich und langsam, ganz langsam dreht er sich um, die Arme folgsam nach oben gestreckt. Fast fratzenhaft sieht er in seiner Vermummung aus. Auch hier, in der Einsamkeit des Weißhorns, hat er auf den Gesichtsstrumpf nicht verzichtet. Aber, ganz ehrlich, hilft ihm das jetzt?

Ja, der Mann ist ein Jäger. Und der Lauf seiner Waffe ist auf ihn gerichtet.

M. versucht ruhig Blut zu bewahren. Darin hat er ja Routine. Auch im Geschäftsleben galt für ihn immer sich niemals eine Blöße geben, keinesfalls in Panik geraten, sich nicht in die Karten blicken lassen. Flüchtig taxiert er seinen Gegner. Es ist ein Mann etwa um die fünfzig. Dass seine Gesichtszüge grimmig wirken, ist verständlich. Auf seinem Hut, den merkwürdigerweise kein Gamsbart schmückt, sind Vereinsabzeichen und Anstecknadeln. Und M. erinnert sich in seinem Tagebuch auch, dass der Mann graue Stutzen, klobige, bis über die Knöchel reichende Bergschuhe, sowie einen grünen Wetterfleck trug, ausgebeult von einem darunter befindlichen Rucksack. Die Augen des Jägers funkeln gefährlich. „Hob i di daglengt (= erwischt), du Lump! Runter mit dem Fetzen vom G'sicht!"

So langsam, wie er sie gehoben hat, lässt M. die Arme wieder sinken. Eine schnelle Bewegung, befürchtet er, könnte den anderen zu einer unbedachten Reaktion verleiten, das heißt den Abzug drücken lassen.

Mit dem rechten Fuß sucht der Weidmann nach einem festen Tritt im Erdreich. Gleichzeitig befielt er: „Z'rück, du Hundling! Fünf Schritt', hab i g'sagt!"

M. hat sich mittlerweile gefasst. Er schätzt seine Chancen ab. Sein Gegenüber ist ihm körperlich gewiss überlegen, außerdem ist der Mann durch die schussbereite Waffe im Vorteil. Nein, ein Fluchtversuch wäre unklug. Also geht er fünf Schritte zurück, wie der Jäger befohlen hat. Er schüttelt aber störrisch den Kopf: „Die Maske geb' ich nicht herunter!"

Der Weidmann grinst hämisch. „Du Lump, das hilft dir net! Siehst doch, dass d' jetzt in meiner Hand bist. Gibst sie net weg, reiß' ich sie dir runter!"

Er nähert sich vorsichtig.

M. taxiert ihn durch die Augenschlitze der Strumpfmaske. Es ist nicht zu übersehen, dass der Jäger nervös ist. Sehr sogar. Von irgendwoher dringt Vogelgekreisch. M. weicht ein paar weitere Schritte zurück. „Warum willst mich festnehmen?", fragt er den Jäger in lauerndem Ton. „Ich geb' dir ja den Bock - oder kannst dir mit einem gefangenen Wilderer eine Beförderung verdienen?"

„Halt die Gosch'n!", schreit der zornig. „Bleib stehen, wo du bist, und rühr' dich net. Du wirst von mir abg'führt, und was ich kann oder nicht kann, das geht dich einen Scheißdreck an!" Er kommt heran und ist jetzt eine Armlänge vor M.

„Ich würde lügen", erinnert M. sich in den Tagebuchaufzeichnungen, *„wollte ich behaupten, jetzt nicht ins Schwitzen geraten zu sein. Es war klar, ich musste nun alles auf*

eine Karte setzen. Und da fiel mir ein Trick ein, von dem ich in einem Buch gelesen hatte. Ich hoffte, der würde auch jetzt funktionieren ...".

M. kann den Atem des Jägers fast spüren. Er versucht nun seiner Stimme einen Anflug von Ironie zu geben: „Jäger, hast vorhin nicht zwei Schüsse gehört?"

„Na und?"

M. neigt den Kopf zur Seite, so als spreche er zu jemand, der hinter dem Mann steht. „Du, Franz", sagt er, „der Trottel glaubt ich bin allein."

Dieser wirklich uralte Trick verfehlt auch diesmal nicht die Wirkung. Ruckartig wendet der Jäger den Kopf. Er sieht zwar niemanden, dafür aber spürt er einen heftigen Tritt in die Kniekehle, dann noch einen gegen das andere Bein. Er verliert das Gleichgewicht, rudert mit den Armen und fällt hin. Doch das Gewehr hält er fest. M. steigt ihm mit seinem genagelten Schuh auf den Unterarm. Der Jäger öffnet die klammernden Finger und mit einem weiteren, schnellen Tritt, stößt M. die Waffe weg. Sie landet scheppernd zwischen einigen Steinen.

M. weiß, dass er sich auf einen Raufhandel mit dem kräftigen Mann nicht einlassen kann. Mit einem Satz ist er deshalb bei seinem eigenen Gewehr, und ehe sein Gegenüber sich aufrappeln kann, ist die Wildererbüchse auf ihn gerichtet.

Im Tagebuch ist darüber zu lesen: *„Ich hatte mir geschworen, nie die Waffe gegen einen Menschen zu richten. In diesem Fall aber ging es nicht anders, ich musste den Jäger in Schach halten. Allerdings war es nur ein Bluff und ich hätte auch nicht schießen können, da meine Mannlicher nicht entsichert war. Zu meinem Glück wusste das der Grünrock nicht. Er wagte nicht einmal aufzustehen, sondern blieb sitzen. Ich musste einen sehr entschlossenen Eindruck gemacht haben, denn er befolgte meine Anordnungen wider-*

spruchslos.“

M. fordert ihn auf, den Gürtel aus der Hose zu nehmen und sich damit die Füße oberhalb der Knöchel zu zusammenzubinden. Und zwar fest. Dann musste der Jäger die Schuhe ausziehen, die Schnürsenkel entfernen, diese zusammenknüpfen und ihm zuwerfen.

„Jetzt dreh dich auf den Bauch!“, befiehlt M. schroff. „Und Hände zurück!“

Der andere starrt auf den Gewehrlauf, wortlos befolgt er den Befehl. „Die Hände auf dem Rücken verschränken!“ M. tritt neben den Mann, der beim Niederfallen den Hut verloren hat, bäuchlings daliegt und ihn von unten her anfunkelt. Er setzt den Gewehrlauf an dessen Hals und versucht gebückt mit der freien Hand um die Gelenke des Jägers die Schuhbänder zu verknoten. Kurz braucht er dazu die zweite Hand, aber er schafft es.

Es muss ein Alptraum für den Weidmann gewesen sein, sich so plump überrumpeln zu lassen, wo doch auch er längst wissen muss, mit welchen Tricks sich Wildschützen gegen ihre Festnahme wehren. Sein Mund ist trocken, ein ölig kalter Schweiß liegt auf seinem Gesicht. Langsam atmet er aus, dann wieder ein. Er wagt nicht einmal, sich auf den Rücken zu wälzen. Widerstandslos lässt er sich von dem Vermummten den Hirschfänger und die Munition abnehmen. Danach schnappt der sich auch noch seine Schuhe. Dann pflanzt er sich vor dem Jäger auf und sagt mit seiner unter dem Gesichtsstrumpf dumpf klingenden Stimme: „Ich verschwind‘ jetzt mit deiner Büchse, deinem Messer und deinen Schuhen in diese Richtung.“ M. zeigt hinüber zum weit entfernten Gschirreck. „Und wenn ich dort unten beim Wald bin, kannst du versuchen, mir nachzukriechen. Nicht weit weg von hier wirst du dein Messer finden, damit kannst du deine Fesseln aufschneiden. Das geht schon, wanns‘t dich nicht patschert anstellst. Am

Waldrand unten werden deine Büchse und gut versteckt auch deine Schuhe liegen. Die wirst du auf jeden Fall suchen müssen, denn ohne sie wirst du kaum ins Tal kommen. Inzwischen aber werde ich über alle Berge sein. Verduftet, wenn du verstehst, was ich meine."

M. wirft einen kurzen Blick auf den Rehbock, der ihm um ein Haar zum Fanal geworden wäre. Der Jäger liegt mit gefesselten Beinen und Händen da. Ein Bild des Jammers. Überrumpelt und ausgetrickst von einem Kerl, den er kurz zuvor noch triumphierend in Schach gehalten hat. Und ehe der Schütz sich zum Gehen wendet, warnt er ihn eindringlich: „Lass dir ja nicht einfallen, dich von der Stelle zu bewegen, solange ich dich im Blick habe. Ich weiß nämlich nicht, was ich dann tu ...". Das ist zwar eine übertriebene Drohung, doch sie wirkt, wie man dem eingeschüchterten Weidmann anmerkt.

Unterwegs entfernt M. die Munition aus der Jägerwaffe. Er wirft sie irgendwo im Gelände weg. Beim eiligen Abstieg denkt er fieberhaft über eine Erklärung für den Vorfall nach. Wahrscheinlich, so glaubt er, war der Jäger bei einem Kontrollgang zufällig in der Nähe und durch die Schüsse alarmiert worden.

Vermerk im Tagebuch:

„Ich glaube, ich war mein ganzes Leben nie so vollgepumpt mit Adrenalin wie in diesen Minuten. Als ich dann mit weitausholenden Schritten Richtung Tal stapfte, wurde mir erst so richtig bewusst, welch verdammtes Glück ich gehabt hatte. Und mir fiel der Spruch vom Krug ein, der solange zum Brunnen, geht bis er bricht. Was gäbe das für einen Skandal, wenn ich als ruchloser Wilderer in meinen verwahrlosten Klamotten zu einem Gendarmerieposten eskortiert worden wäre! So aber hat der Jäger nur meine Hände gesehen, als ich die seinen mit den Schuhbändern fesselte. Da meine Hände nicht die eines körperlich Arbeitenden sind,

wird er sich wohl was gedacht haben, aber das hat mich nicht gejuckt.

Ich bin ziemlich schnell talwärts gelaufen. Messer, Büchse und Schuhe des Jägers habe ich, wie angekündigt, da und dort abgelegt. Er wird sie wohl gefunden haben - oder auch nicht.

Während meines Abtauchens kamen mir aber doch Bedenken. Ich musste ja meine Spuren verwischen und mich in einen Naturfreund rückverwandeln. Ich nahm die Strumpfmaske ab, zog meinen verluderten Mantel aus, legte die Büchse rein, rollte ihn zusammen und klemmte ihn mir unter den Arm. Und dann entschloss ich mich, nicht den ursprünglichen Weg über das Gschirreck ins Tal zu nehmen, sondern über eine andere Route nach Altaussee zurückzukehren. Und ich wollte auch nicht mehr das Versteck für meine Wilderersachen aufsuchen. Ich wollte das Risiko nicht eingehen, mich dort noch einmal aufzuhalten. Also entledigte ich mich auf dem Rückweg all der Dinge, die mich belasten oder überführen können hätten. Mag sein, dass mich eine übertriebene Panik erfasst hatte, doch es war besser so.“

Auf dem Rückweg wirft M. den ganzen Mummenschanz weg. Den Mantel entsorgt er unter dem mächtigen Stamm einer umgestürzten Föhre, Hut und Gesichtsmaske landen am Fuß eines Felsabbruchs. Er trennt sich auch von seiner Mannlicher-Büchse; obwohl er sie auf dem Schwarzmarkt erworben hat, schlägt er damit so oft auf einen Stein, bis die Produktionsnummer unkenntlich ist. Dann erweist er sich mit seinen fast siebenundsechzig Jahren als geschickter Kletterer. In einem besonders dichten Waldstück erklimmt er einen Baum. In halber Höhe hängt er die Waffe an einen Ast, nachdem er zuvor die Fingerabdrücke abgewischt hat. Es wäre ein Zufall, würde sie dort jemand entdecken. Bloß die Schuhe kann er nicht wegschmeißen, er kann ja nicht barfuß ins Tal laufen. Denn die Schuhe, mit

So raffiniert hat senior M. seine Waffe wohl nie versteckt: Ein gespaltener Rundling, in den die Form eines Stutzens gefräst wurde. Man legt die Waffe hinein, klappt das Scheit wieder zu und schiebt es in den Holzstoß zurück

Niemand ahnte, dass der Millionär M. (rechts) ein Doppelleben führte, das er jahrzehntelang geschickt verbarg

Als Robert das Tagebuch seines Vaters las, war er schockiert. Er konnte nicht glauben, was da auf all den Seiten stand

Wo in den Bergen waren die vinkulierten Sparbücher vergraben?

denen er sonst unterwegs ist, die sind im Versteck, das er jetzt nicht mehr aufsuchen will. Und sollten die Sohlen des Wilderer-Schuhwerks am Ort des Vorfalls irgendwelche Spuren hinterlassen haben, man würde sie ihm nicht zuordnen können. Außerdem ist fraglich, ob der Jäger von der für ihn so peinlich fehlgeschlagenen Wildschützenergreifung seinem Vorgesetzten überhaupt etwas sagt. Nur um den Rehbock tut es M. leid, denn er bezweifelt, dass der Weidmann nach seiner gewiss nicht einfachen Selbstbefreiung noch mal zurückgegangen ist, um ihn zu holen.

Die psychischen und körperlichen Strapazen der vergangenen Stunden sind ihm anzumerken, als er am späten Nachmittag in Altaussee eintrifft. Er taucht hier wieder als harmloser Berg- und Naturfreund auf, denn unter den übergroßen, unterwegs entsorgten Schwarzl-Klamotten trug er ja seine Wanderkleidung. Er holt aus dem Kofferraum seines Autos die dort aufbewahrte Alltagsgarderobe, wechselt die Wanderkluft und ist in Anzug und mit Krawatte im Nu wieder der generöse Unternehmer.

M. startet den Mercedes und fährt nach Bad Aussee. In der Nähe der Post stellt er den Wagen ab, dann geht er über die Kreuzung in die Cafe-Konditorei Lewandofsky. Erst als er sich hier zurücklehnt und entspannt Kaffee und eine Mehlspeise bestellt, fällt der Stress dieses Tages ab. Er greift nach einer neben ihm liegenden Monatsillustrierten, deren Schlagzeilen an den bereits Anfang Mai stattgefundenen Österreichbesuch der englischen Königin erinnern. Sie ist damals mit Prinzgemahl Philip durch mehrere Bundesländer gereist, wobei der Prinz bei einem Dinner in Graz für verhaltenes Schmunzeln sorgte. Anstatt sich am Champagner gütlich zu tun, ließ er sich aus einem Restaurant um die Ecke einen Sliwowitz bringen ...

Als M. diese Meldung überfliegt, ringt ihm das ein Lächeln ab.

Wenige Tage nach dem nervenaufreibenden Weißhorn-Abenteuer findet die Geburtstagsfeier statt. Sie ist ein bombastisches Fest, bei dem die Verdienste des Jubilars, seine wirtschaftlichen Leistungen und sein vorbildlicher Lebenswandel von zahlreichen Rednern gewürdigt werden. Und das Foto, auf dem ihm der Landeshauptmann lachend die Hand drückt, erscheint in vielen Medien. Herr M. blättert sie mit gemischten Gefühlen durch, doch von der misslungenen Festnahme eines unbekannten Wildschützen durch einen Jäger in den Ausseer Bergen ist nichts erwähnt. Auch nicht in regionalen Blättern. M. ist erleichtert. Der übertölpelte Weidmann dürfte den Vorfall vielleicht gar nicht gemeldet haben.

M. widmet sich jetzt erst mal nur der Firma und den Geschäften. Denn so kann er am besten das alptraumhafte Ereignis verarbeiten. Doch irgendwann ist sie wieder da, die Versuchung auf illegale Pirsch zu gehen, heimlich durch Jagdreviere zu streifen, Wildwechsel aufzuspüren und Jagdhüter auszutricksen. Es ist, schreibt M. im Tagebuch, als ob ihn diese Versuchung die ganze Zeit verfolge. Anfangs unmerklich, doch schließlich immer drängender und wenn er nicht sofort an etwas anderes denke, überkomme ihn hektische Unruhe und - trotz der fortgeschrittenen Jahre - eine unbändige Abenteuerlust.

Er lässt den darauffolgenden Winter verstreichen, dann aber hält er es nicht mehr aus. Neuerlich setzt er sein Ansehen und seine Reputation aufs Spiel. Weit entfernt von Oberösterreich besorgt er sich Wilderer-Utensilien. Wo man solche unauffällig erwerben kann, ist ihm geläufig. Allerdings ist er jetzt vorsichtiger. Er hat es nun weniger auf Gams-, sondern auf Reh- und Rotwild abgesehen, denn die Gämsen halten sich zu weit oben in den Bergen auf. Ihre ausgeweideten Körper hinunter ins Tal zu schaffen, das wäre - so wie früher - nicht nur ein verdammt hohes Risiko, es wäre für ihn auch überaus beschwerlich, da der Siebziger zum Greifen nah ist. Auch muss er zur Kenntnis nehmen, dass die Kräfte langsam nachlassen, ein Bauchansatz sich bemerkbar macht, die Augen etwas wässrig sind und die Hand, die das Gewehr halten soll, nicht mehr so ruhig ist wie früher.

Er schießt selten, doch schon das Gefühl, als gesetzloser Schütz unterwegs zu sein, verschafft ihm Genugtuung. Macht er dennoch einmal Beute, dann praktiziert er seine frühere Gewohnheit, das Wildbret bedürftigen Mitbürgern zuzuschanzen. Tagebuchnotiz:

„Ich merke, dass das Alter Tribut fordert. Ich bin längst kein Springinsfeld mehr, und wenn ich dann und wann halt doch den Abzug drücke, muss ich sehr genau überlegen, wie ich das Tier von hier wegbringe. Außerdem sitzt mir die Angst im Nacken, trotz aller Vorsicht vielleicht wieder einem Forstorgan in die Falle zu laufen!"

Es kommt in dieser Zeit jedoch zu keinem Zwischenfall. M. vermummt sich ähnlich wie früher. Als Gesichtsmaske benützt er erneut einen Strumpf, in den er Augenlöcher schneidet. Lediglich die Waffe ist eine andere. Kein teures Mannlicher-Gewehr, sondern ein zerlegbarer Kugelstutzen. Der lässt sich im Rucksack oder unter dem Mantel unauffällig mitführen. Munition dafür bekommt er überall, ohne sich ausweisen zu müssen.

Dann, irgendwann, macht sich die Krankheit erstmals bemerkbar. Heimtückisch hat sie sich eingenistet. M. dazu:

„Anfangs machte ich mir keine Gedanken. Im Alter hat jeder mal irgendwas. Doch mein Hausarzt verwies mich an einen Spezialisten und der erkannte, was da auf mich zukam ...".

Mit einem Schlag hat das Leben einen völlig anderen Stellenwert. Und es gibt keine Rettungsleine, die man in die Vergangenheit ausrollen kann. „Ich weiß nicht", sagte der Facharzt, „ob ich Ihnen noch zwei Jahre versprechen kann."

Trotzdem klammert sich M. an die Vergangenheit. Seine Berge, seine Abenteuer als tolldreister Wildschütz: Das sind Erinnerungen, die ihm aber dennoch nicht die Furcht vor dem letzten Lebensabschnitt nehmen, an dessen Ende der Sensenmann wartet.

M. streicht sich über das leicht gewellte, aber schon schüttere graue Haar. Er sitzt im Salon seiner feudalen Villa. M. raucht nur selten, aber jetzt raucht er schon die dritte Zigarette. Damals ahnt niemand, dass er ein geheimes Tagebuch führt und darin auch folgendes niederschreibt:

„Es gibt Momente, in denen fühlt man sich schrecklich allein. Und so ein Moment ist jetzt soeben. Ich habe viel erreicht im Leben, aber familiäres Glück und Erfüllung resultieren daraus nicht. Und wenn ich nun eine Bestandsaufnahme der hinter mir liegenden Jahrzehnte mache, dann habe ich die Prioritäten wohl etwas falsch gesetzt. Warum? Weil meine Familie unverdienterweise immer zuletzt kam. Sie war gut versorgt, sie hatte alles - bis auf eines: nämlich mich. Meine liebe Gattin, Du warst und bist ein wahrer Engel an Geduld und Verständnis und ich bitte Dich, mir die Vernachlässigung all jener Pflichten, die ich als Ehemann wahrnehmen sollen hätte, zu verzeihen und nachzusehen. Ich hatte nur die Firma und deren Erfolg im Auge. Ich weiß, ich werde nicht mehr unter Euch weilen, wenn Dir diese Beichte zur Kenntnis gelangt, aber ich hoffe, Du vergibst mir.

Auch Euch, meine Töchter, bin ich die liebevolle Zuwendung schuldig. Ich dachte, es reichte, wenn ich Euch in einer Privatschule und im Internat eine gute Ausbildung angedeihen ließe. Doch ich weiß jetzt, dass das kein Ersatz für väterliche Fürsorge ist.

Und Du, Robert, bist der Älteste von Euch dreien. Wir beide hatten immer Konflikte miteinander. Du hast mich und ich habe Dich nicht verstehen wollen. Und Du hast mir oft Worte an den Kopf geworfen, die mich in noch größere Distanz zu Dir brachten. Auch heute habe ich noch das Problem, Dich als durchsetzungsfähigen Mann zu betrachten, obwohl Du bereits in der Mitte des Lebens stehst, eine kleine Firma und auch eine eigene Familie hast. Dass ich aber nicht einmal zu Deiner Hochzeit eingeladen war, das kann ich Dir, als Dein Vater, allerdings nicht vergessen. In meinem Nachlass, den ich aufgrund meiner Erkrankung jetzt regeln muss, wirst Du (und das wird Dich wohl ziemlich verärgern) am wenigsten berücksichtigt werden. Doch eine Chance gebe ich Dir: ich werde an drei Stellen, die ich aus meiner Zeit als Wilderer kenne, aus meinem Privatvermögen drei Sparbücher mit Geldbeträgen deponieren. Jeweils 1,2 Millionen. Es sind Sparbücher, denen die Losungswörter beigefügt sind und die ich wasserdicht verpackt habe. Findest Du die geheimen Verstecke, kannst Du damit Deine Firma sanieren. Allerdings wirst Du Dich aus Deiner Bequemlichkeit reißen müssen und auch nicht andere für Dich tätig sein lassen dürfen, sondern im Schweiß Deines Angesichts viel Mühen und Gefahren auf Dich nehmen müssen, da die von mir ausgesuchten und speziell markierten Orte nicht ohne weiteres erreichbar sind.“

Dann folgen schriftliche Hinweise, wo sich die Sparbücher in etwa befinden; sie sind ungefähr einen halben Meter tief vergraben, die Plätze sind unauffällig gekennzeichnet.

Als M. von seiner unheilbaren Erkrankung schon angegriffen, aber noch einigermaßen bei Kräften war, hatte er sich mit den drei Sparbüchern auf den Weg gemacht. Ihr Auffinden sollte - wie im Tagebuch erwähnt - für Robert nicht einfach sein. Er wählte für diesen letzten Ausflug in seine geliebten Berge, in denen er als Wildschütz seine „Lebensverwirklichung“ fand, das weitläufige und für ungeübte Wanderer eher anstrengende Gebiet zwischen Schütting und Rinnerkogel, beide knapp über 2000 Meter hoch. Hinter dem Offensee, der neun Kilometer von Ebensee entfernt ist, liegt der Ausgangspunkt.

M. hat es nicht leicht damals. Er muss Medikamente nehmen, die ihn beeinträchtigen. Gleich hinter dem Parkplatz beginnt der Anstieg. Er führt über freie Waldlichtungen. Zur Überwindung steilerer Abschnitte gibt es wackelige, ausgebesserte Holzstiegen. M. muss des öfters Rast einlegen, ehe er über einen serpentinenförmigen Weg ein Schuttfeld überquert und über mehrere zu umgehende Felsen ein kleines Hochtal erreicht. Von der Rinnerhütte, zu der man auch heute noch erhebliche Zeit braucht, führt ein Jägersteig noch höher. Es ist seit langem das erste Mal, dass M. in die Bergwelt des Salzkammergutes als ganz normaler Tourist eintaucht, ohne seltsame Verkleidung und ohne der Böse im weidmännischen Räuber-und-Gendarm-Spiel zu sein.

Er weiß aber auch, dass dieser Ausflug in die Bergwelt wahrscheinlich sein letzter ist. Er lässt sich Zeit, findet Durchstiege, verharrt am Rand von Latschenfeldern, um den harzigen Geruch in sich aufzunehmen, er entdeckt kleine Höhlen, von deren Existenz er bisher nichts wusste, und irgendwo auf dieser Tour deponiert er an drei weit voneinander entfernten Stellen die in Plastik gewickelten Sparbücher. Die Plätze markiert er mit seltsam geformten, etwas andersfarbigen Steinen, mit alten, von Bäumen abgefallenen Ästen, die er zu einem Symbol formt, das er im Tagebuch beschreibt. In einem Fall steckt er einen verbogenen, rostigen Metallstab so tief in die Erde, dass nur das obere Ende herausragt.

Für Sohn Robert keine leichte Aufgabe, all diese Fundorte zu entdecken. Er muss die schriftlichen Hinweise des Vaters deuten und in den Bergen, die er ja bislang gemieden hat, schwitzend und keuchend herumkriechen. Kurzum: er muss sich als „harter, zäher und findiger Mann" erweisen.

Ein dreiviertel Jahr nach dem Sparbuchverstecken erliegt M. senior seinem schweren Leiden. Und erst bei der Testamentseröffnung erfährt Sohn Robert vom väterlichen Doppelleben sowie vom versteckten Geldschatz.

Und hier endet nun die Geschichte. Denn auch jetzt, 40 Jahre danach, behält Enkel Albrecht diskret für sich, wie es damals weiterging. Ob und wann Robert, sein verstorbener Vater, sich auf die Suche nach dem Schatz in den Bergen machte und ob die Suche von Erfolg gewesen war. Tatsache ist jedoch, dass das Holzbearbeitungsunternehmen Roberts innerhalb kurzer Zeit schuldenfrei wurde, sogar expandierte, und er bis zu seinem Ableben in sorgenfreiem Wohlstand leben konnte.

Wo der Tod mit Hinterlist lauert

„Am 21. Juli 2012 hat Satan den Mörder Johann Schett aus Innervillgraten für seinen Meuchelmord an Pius Walder am 8. 9. 1982 an der Gurgel erfasst und in die Hölle unter die Glut befördert."

Das war in großen Buchstaben auf einer an einer Holzlatte befestigten Tafel zu lesen, die der Mann mit dem dichten schwarzen Schnauzbart und den schneeweißen Haaren kampflustig hochhielt. Sein Blick war wild und flackernd und er sah aus wie ein Unwetter, das jeden Moment ausbrechen kann. Neben dem Text war ein Foto zu sehen, das einen rasierten menschlichen Hinterkopf mit einem Einschussloch über dem Nacken und dem Hinweis „Die Teufelstat" zeigte.

Vier eigens abgestellte Polizisten achteten darauf, dass der Mann ausreichend Abstand zu dem Leichenzug hielt, der sich langsam zu einem offenen Grab am Friedhof in Innervillgraten bewegte.

Man schrieb Montag, den 23. Juli 2012. Nach den extremen Hitzewellen der letzten Wochen hatte es stark abgekühlt. Im nahen Südtiroler Pustertal hatten heftige Regenfälle sogar eine Mure ausgelöst und die Straße nach Asslingen verschüttet. Doch der unfreundliche Nachmittag störte den Mann mit der Tafel nicht, denn er trug nur ein dünnes, dunkles Blouson mit hochgekrempelten Ärmeln.

Die Trauergäste schienen von dem stämmigen Senior, den im Osttiroler Villgratental fast jeder kannte, vorerst keine Notiz zu nehmen. Es war der 68-jährige Hermann

Walder, der mit dieser Protestaktion wieder einmal darauf hinweisen wollte, dass sein Bruder von dem jetzt zu Grabe getragene Jäger heimtückisch ermordet worden war.

Vor fast genau dreißig Jahren war es geschehen. Am 9. September 1982 hatte der Jäger Johann Schett Walders flüchtenden Bruder Pius in einem Revier bei Kalkstein aus großer Distanz mit einem Schuss in den Hinterkopf getötet. Dreißig ist auch Pius damals gewesen. Ein fescher Bursch, den man wegen seiner Haartolle auch den „Elvis vom Villgratental" nannte. Pius war mit rußgeschwärztem Gesicht auf Schwarzpirsch gewesen, hatte aber noch nichts erlegt, ja erwiesenermaßen auch keinen Schuss abgegeben, da auf seiner Büchse noch der Mündungsschoner steckte. Als er Schett und dessen Jagdkollegen Josef Schaller bemerkte, versuchte er mit umgehängtem Gewehr zu flüchten. Doch dann traf ihn aus 120 Metern Entfernung die tödliche Kugel. Das Vollmantelgeschoß aus einer illegalen Militärwaffe Schetts drang am Hinterkopf ein und am linken Scheitelbein aus.

Johann Schett, der Jäger mit dem Rauschebart, der eine Zeitlang zuvor in einem Wirtshaus sogar kundgetan hatte Pius „abzuknallen", sollte er ihn beim Wildern erwischen, wurde nach einem umstrittenen Gerichtsverfahren wegen "Körperverletzung mit tödlichem Ausgang" zu nur drei Jahren Haft verurteilt und nach bereits einem Jahr wieder freigelassen. Hermann Walder und dessen Brüder, die mittlerweile nicht mehr leben, wollten das jedoch nicht hinnehmen. Für sie war Schett ein „heimtückischer Mörder". In der Folge sorgte Hermann unter dem Motto „Gerechtigkeit für Pius" für lautstarke Tumulte, handfeste Auseinandersetzungen und Medienberichte, die über die Landesgrenzen hinaus großes Aufsehen erregten.

Schon kurz nach der Beerdigung von Pius, an der mehr als tausend Personen teilgenommen hatten, war es zum ersten Eklat gekommen. Der damalige Pfarrer Alban Ortner hatte nämlich Pius‘ Partezettel von der Kirchentür vorzeitig abgenommen, worauf ihm Hermann Walder eine derart heftige Watsch'n versetzte, dass seine Brille in weitem Bogen davonflog, Hochwürden selber zu Boden stürzte und sich dabei verletzte. In den Jahren danach bekam noch so mancher Hermanns lockere Hand zu spüren, wobei das in dem einen oder anderen Fall im Krankenhaus endete. Es gab auch öffentliche Diskussionen, etwa bei Auftritten im TV, wo die Beteiligten vor den Kameras sogar aufeinander losgingen und als von einem Unbekannten ein Sprengstoffanschlag auf das Haus von Emil Walder, einem der Pius-Brüder, verübt wurde, sprach man im Villgratental nur mehr vom „Wildschützenkrieg“.

Kurzum, die „Schaller Buam“ - so der Hausname der Walders - spalteten die Bevölkerung in zwei Lager. Denn in dem langgestreckten Tal, das von Sillian weg in die Ausläufer des Defreggengebirges führt, scheint alles ein wenig anders als sonstwo zu sein. Das Leben, die Menschen und der Umgang miteinander. Wer Freund ist bleibt Freund, wer Feind ist, bleibt Feind. Schließlich sagt schon ein uralter Spruch: „Gott vergibt, doch ein Tiroler nie. *„(Die ganze Geschichte ist in „Gehst mir aufs Leben, Schütz?“ ausführlich zu lesen.)*

Und nun also wurde Schett zu Grabe getragen. Einundsiebzig war er geworden, ehe ihn eine Krankheit dahinraffte. Der Trauerzug war zum Stillstand gekommen, die Leute gruppierten sich um den Sarg.

„Wir nehmen heute Abschied von einem unserer Brüder“, sagte der Priester deutlich vernehmbar. Die Polizisten rückten zusammen und stellten sich vorsichtshalber zwischen die Trauernden und den etwas abseitsstehenden Walder. Der aber konnte sich nicht mehr zurückhalten. Mit lauter, sich fast überschlagender Stimme schrie er: „Was seid's ihr denn für eine christliche Gemeinde, die einen Meuchelmörder in allen Ehren zu Grabe tragt!"

Die Leute erstarrten. Wie konnte jemand den letzten Weg eines Verstorbenen derart entehren! Viele drehten sich um, blickten entsetzt, einige drohten mit geballter Faust.

Die reizbare Bissigkeit, die hinter Walders Augen gelauert hatte, war einer Erleichterung gewichen. Obwohl seine Vorwürfe an einem Ort wie diesem mehr als unangebracht waren, hatte er erreicht was er bezweckte: die Begräbnisteilnehmer zu schockieren, sie wachzurütteln, sowie den Mann an den Pranger zu stellen, der seinen Bruder auf dem Gewissen hatte. Und die anwesenden Presse- und Fernsehleute, die in Erwartung eines Skandals ebenfalls hier aufgekreuzt waren, die hatten wieder einmal was zu berichten. Zufrieden schulterte er die Tafel und ging ...

Hätten die Walders so an die 130 Jahre zuvor gelebt und damals ebenfalls der bleihältigen Leidenschaft gefrönt, so wäre am 25. Oktober 1885 in der Heiligenkreuzkirche in Guggental auch auf sie eine herbe Strafpredigt herabgedonnert. Denn ein gewisser Doktor J.A. Schöpf verurteilte da von der Kanzel herunter in einer halbstündigen „Predigt" das Treiben der „Geschwärzten". Er ergriff für die Jagdherren und Jäger Partei und brach über die Wildschützen generell den Stab. *„Was ist das Wildern?"*, tönte er unter anderem zornig. *„Es ist die Quelle namenlosen Leids, die Quelle unzählbarer Sünden, Laster und Verbrechen, eine Quelle des Hasses und der Feindschaft, der Lieblosigkeit, der Ungerechtigkeit. Oder ist es nicht in höchstem Grade ungerecht, dass du gegen des Jagdpächters armen Jäger, der Weib und Kinder hat, der nur seine Pflicht und Schuldigkeit erfüllt, dass du gegen diese Jäger solchen Hass und solche Feindschaft im Herzen trägst?"*

Hass und Feindschaft. Sie wurzeln tief in der Vergangenheit. Denn die Zunft der Wilderer rekrutiert sich seit alters her vorwiegend aus Bauern und Kleinhäuslern, die Jahrhunderte lang ihren Grundherren dienen mussten, ausgebeutet wurden, in Armut lebten und deshalb nicht einsahen, dass das für sie meist lebensnotwendige Wild ausschließlich den reichen und verschwenderischen Aristokraten vorbehalten war. Diese betrieben die Jagd nämlich als dekadentes, ausgelassenes Freizeitvergnügen. Das Beutemachen war nichts als ein gefühlloses Schlachten von Waldtieren. Dass die Hochwohlgeborenen und deren schießwütige Gäste sich dadurch den Hass der notleidenden Landbewohner zuzogen, ist nur zu verständlich.

Es blieb den bedürftigen Untertanen also nur die Möglichkeit, unbemerkt durch den Wald zu pirschen und sich heimlich zu holen, was ihnen verwehrt wurde. Obwohl sie dabei mit List und Gewitztheit ans Werk gingen, wurde der eine und andere halt doch erwischt Die Strafen dafür waren unangemessen hart und oft sehr grausam. So ist beispielsweise überliefert, dass in Salzburg ein gewisser Hans Graf, der wegen Wilddiebstahls festgenommen wurde und im Zorn eine Hostie zertrümmerte, diese Vergehen mit dem Tod büßen musste. Es darf also nicht wundern, dass da über die Jahrhunderte hinweg eine erbitterte Gegnerschaft entstanden ist. Aber nicht nur in den Augen der Jagdinhaber, sondern auch in denen der Jäger waren die Schützen nur kriminelles Gesindel, vor dem man nicht genug auf der Hut sein konnte und gegen die mit unnachgiebiger Härte vorzugehen war. Für einen Akademiker wie den Kirchenprediger Dr. Schöpf, einen ebenfalls „Bessergestellten", ist die damalige Betrachtungsweise also irgendwie verständlich.

Anders sah das der bayerische Mundartdichter Karl Stieler. Er meinte: *„Es ist der Frage wert, worauf der Hang zum Wildern, der unserem Gebirgsvolk innewohnt, beruht. (...)*

Es steckt nämlich auch ein aristokratischer Zug im Charakter des Bergbewohners. Derselbe Zug ist es, der ihn auch zum Wildschützen macht. Er fühlt sich noch einmal so stolz, wenn er die Waffe über die Schulter trägt, er ist da kein Bauer mehr, sondern ein freier, selbstbestimmender Mann."

Auch wenn diese Verherrlichung etwas übertrieben klingt, Tatsache ist, dass die Schwarzschützen aufgrund ihrer Raffinesse, ihres Draufgängertums und Verwegenheit sowie ihrer körperlichen Kraft und Ausdauer beim Volk als aufmüpfige „Sozialrebellen" hoch im Ansehen standen.

Wie überhaupt viele Geistliche ergriff auch ein Pfarrvikar namens Josef Fleug für sie Partei. Als das Landgericht Großarl im Jahr 1784 einige des Wilddiebstahls verdächtige Personen in Haft hielt, predigte er während einer Heiligen Messe, *„...dass Gott das Wildbret für jeden Menschen zum allgemeinen Nutzen erschaffen hat, und deshalb das Schießen weder eine Sünd' noch strafbar ist."*

Damals, in Zeiten der lockeren Jagdsitten, war man sich offenbar dessen nicht bewusst, dass für ein funktionierendes Ökosystem eine kontrollierte Jagd sowie die Forsthege unverzichtbar sind. Denn ihnen obliegt das Regulieren der Wildpopulationen sowie die Pflege des Waldes. Diese Aufgaben wurden im Lauf der Zeit staatlichen und privaten Unternehmungen übertragen, - wie etwa den Bundesforsten.

Der verführerische Reiz der verbotenen Pirsch sitzt den „Schwarzgehern" aber bis heute im Blut. So gingen im „heiligen Land Tirol" vor nicht allzu langer Zeit zwei prominente „Schwarzl" der Polizei ins Netz. Die „Tiroler Tageszeitung" berichtete im Oktober 2018:

„Innsbruck - Eigentlich war es ein normales Training. Ein Training, das den Nachwuchs-Fußballern der Innsbrucker Union aber noch länger in Erinnerung bleiben wird. Weil das Spielfeld am Fennerareal plötzlich zum Landeplatz für den Polizeihubschrauber wurde. Vor den Augen der Jungkicker

stiegen schwer bewaffnete Cobra-Beamte mit zwei Männern in Handschellen aus dem Helikopter. Dann verschwand die Gruppe in Richtung Stadtpolizeikommando. Das vorläufige Ende eines Wilderer-Dramas, das am Abend des 5. Oktober nicht nur am Fenner-Areal für Aufsehen sorgte. Und das eine ebenso lange wie kuriose Vorgeschichte hat.“

Die kuriose Vorgeschichte: Einer der am Karwendel festgenommenen Wilderer war ein einheimischer Unternehmer. Ursprünglich hatte er das Jagdrevier, in dem man ihn geschnappt hatte, mit einem Partner von der Stadt Innsbruck gepachtet. Es kam aber zu Unstimmigkeiten mit dem Magistrat, sodass die Stadt seinen Vertrag nicht verlängerte. Die Pacht wurde neu ausgeschrieben, seinem ehemaligen Mitpächter wurde das Jagdrecht weiterhin eingeräumt, doch da besagter Gewerbetreibender die Möglichkeit einer Neubewerbung nicht nützte, wurde die Jagderlaubnis jemand anderem zugeteilt. Die Jagdleidenschaft hatte den Geschäftsmann aber derart in den Klauen, dass er sein ehemaliges Revier jetzt eben als Wildschütz geheim durchstreifte.

Am 5. Oktober, gegen 17 Uhr, war bei der Innsbrucker Polizei ein Anruf eingegangen. Er kam vom Handy des ehemaligen Jagdpartners des Unternehmers. Aufgeregt teilte dieser mit, dass er vorhin auf der Nordkette zwei mit Gewehren bewaffnete, unkenntliche Wilderer mit erlegten Gämsen beobachtet habe. Er wage es nicht die Schützen selber zu stellen, da er nicht wisse wie gefährlich sie sind und er ersuche deshalb um Hilfe. Sofort wurde eine Fahndung per Luft eingeleitet. Ein Polizeihubschrauber mit Cobra-Männern flog das Gebiet ab und entdeckte tatsächlich östlich des Hafelekars die Unbekannten. Sie ließen sich widerstandlos festnehmen. In den Rucksäcken der Männer fanden sich nicht nur zwei Gamshäupter und das Wildbret, sondern auch zwei zerlegbare Langwaffen.

Für den wildernden Unternehmer kam die Reue freilich zu spät. Bei der Einvernahme meinte er kleinlaut: „Ja, ich hab' einen Blödsinn gemacht!" Der andere „Schwarzl" war ein Geschäftsfreund des zum Wilderer gewordenen Jagdpächters. Er hatte sich von diesem zur unerlaubten Pirsch einladen lassen.

Bei uns do, wo sich die Tiroler und die Bayern vermischen, hot es bisch heit' so viele tragische Vorfälle zwischen Jaga und Wüdara geb'n wia sonst nirgends", stellt der pensionierte Oberförster Johann fest. Quer über seinen Handrücken, der leicht zittert, als er das Bierglas an den Mund führt, verläuft eine helle, wulstige Narbe. „Die isch von so an Hundling", sagt er, während seine Gedanken in die Vergangenheit abschweifen. Er stellt den Krug wieder auf den Tisch und reibt sich mit den Fingerknöcheln das Kinn. Durch die kleinen Fenster der verqualmten Gaststube des alten Wirtshauses unweit von Kundl fällt das Licht der Nachmittagssonne. „I red' nit gern drüber", meint der jetzt 86-Jährige, „weil des hot oan aus'm Bayerischen fast des Leben koscht' (gekostet)."

Neugierige Fragen würden wahrscheinlich alte Wunden aufreißen, aber seine Äußerungen bestätigen die Feststellung eines Tegernseer Landrichters, der da einmal meinte, dass „zwischen Österreich und dem ‚Boarischen' der Tod mit unfassbarer Hinterlist lauert". Und so ist es auch. Denn im Grenzgebiet beider Länder kam es viele Jahre lang immer wieder zu zahlreichen Feindseligkeiten mit tödlichem Ausgang. Und etliche dieser Untaten waren so ungezügelt, herzlos und brutal, dass das Volk von der „Hand des Teufels" sprach, die da jedes Mal mit im Spiel gewesen ist. Das wildreiche Gebiet wird nämlich von „Büxlern" (= Büchsenträgern) aus beiden Ländern lebhaft frequentiert. Unter ihnen waren (und sind) auch Jäger, die jenseits der Grenze auf Beutezug gehen und dann versuchen, das erlegte Wild mit großem Risiko zurück ins eigene Revier zu schaffen.

„Was mir do scho olles dalebt haben", sagt Altförster Johann kopfschüttelnd. „Aber nit nur wir, sondern a die Kollegen aus Bayern. Und wenn du sie g'stellt hascht, die Hallodri, dann hat's manchmal ganz schön haarig werden können. Denn an Reisgang (Angst) hot fascht koana g'habt."

Johann stützt die Ellbogen auf die hölzerne Tischplatte. Der Blick aus den von vielen kleinen Fältchen umgebenen Augen flieht in die Ferne, vielleicht zurück in jene Zeit, in der nie sicher war ob er von einem Dienstgang wieder heil und gesund nach Hause kommt. Vielleicht verlieren sich seine Gedanken aber auch hinauf in die Berge, zu den Almwiesen, zu den Misch- und Nadelwäldern, zu den Steinplatten, Felstrümmern und schroffen Felsen, die das Grenzgebiet bilden. Vermutlich hat er gar nicht gezählt wie oft er in diesem Niemandsland, in dem Bayern und Österreich sich überlappen, auf Kontrollgang gewesen ist.

Er betrachtet das Glas vor sich, als ob er eine Atempause von der Wirklichkeit brauche. Und es ist, als ob er zu sich selbst sagen würde: „Hosch (= hast) an Büxler dawischt, dann hosch eahm sofort auf die Pratzn (= Hände) schauen müssn. Reisst er den Stutzen hoch oder nit. Hasch des übersechn (= übersehen), dann warst scho der Zweite. Weil es jo hoaßt (= heißt): „Der G'schwinder is g'sünder" (= der Schnellere bleibt der Gesündere).

So simpel, wie es klingt, war das freilich nicht immer. Denn in Deutschland etwa gab es lange Zeit die Vorschrift, den „Gestellten" erst mal anzurufen und ihn aufzufordern, sich zu ergeben. Nur wenn er nicht reagierte und das Gewehr hob, durfte geschossen werden. Sehr oft hat da ein gutgläubiger Jäger dran glauben müssen, weil sein Gegenüber nicht lange gefackelt, sondern sofort gefeuert hat. Kam die Sache vor Gericht, wurde vom Überlebenden fast immer sogenannte Notwehr geltend gemacht. Eine Rechtfertigung, die nur schwer widerlegbar war, da der Getötete sich ja dazu nicht mehr äußern konnte.

In Österreich hingegen war man beim Ertappen eines Wildschützen schon in früheren Epochen nicht zimperlich. So finden sich in mehreren Erlässen des Erzbistums Salzburg, das ja zahlreiche Jagden betrieb, die Anweisung an die Jäger, *„dass man vermummten Wildbretschützen ohne Anschreien auf die Füße schießen solle, um sie zu lähmen oder zu zeichnen"*.

Der Altförster Johann aus dem Norden Tirols kennt natürlich auch die bayerische Wildsererszene. „Am g'fährlichsten war'n da die Isarwinkler. Die aus Jachenau, aus Lenggries oder Wackersberg."

Es heißt, die Mannsbilder dort seien überaus kräftige Burschen, die in altväterlicher Tracht gerne herumlaufen und das Schützenwesen wie ein Ritual zelebrieren. Doch im Gebirge, wenn sie verkleidet unterwegs sind, sollte man um sie lieber einen Bogen machen.

Weiter im Osten, zwischen Kufstein und Inzell, nahe der österreichischen Grenze, liegt das bayerische Schleching, von dem ebenfalls gesagt wird, es sei ein heimliches „Wilderer-Nest" und eine Drehscheibe für den illegalen „Wildbret-Grenzverkehr". Denn allein im Jahr 2016 wurden in Tirol sechzig Wildererdelikte registriert, wobei eine gewisse Anzahl auch in diese Region fiel. „Das Problem ist jedoch, dass wir die meisten Wilderer gar nicht erwischen", meinte der Landesjägermeister Anton Larcher bei einer Pressekonferenz. „Aber wir wissen, dass die Dunkelziffer weitaus höher ist."

Dazu tragen wohl auch etliche Schlechinger bei, die herüben in Österreich das Schussglück suchen und oft weite Wegstrecken auf sich nehmen, um im Fall einer Verfolgung leichter abtauchen zu können. „Oba drei von di Burschen hob i scho dawischt", sagt Oberjäger Robert Prem, ein sympathischer Mann mit kräftiger Statur, rundlichem Gesicht und einem sorgfältig fassonierten Kinnbart. Als er im Karwendel, im Raum Hinterriß, Dienst versah, ging er in regelmäßigen Abständen mit einem Kollegen und seinem Hund „Baron" auf Wilderersuche. Trotz moderner, zur Verfügung stehender Hilfsmittel wie versteckt angebrachte Infrarotkameras oder Nachtsichtgläser, ist das Aufspüren von Schwarzgehern auch heutzutage kein gefahrloses Unterfangen. Ein Berufskollege Prems aus der Steiermark: „Erstens musst' das Gelände ganz genau kennen. Jeden Stein, jeden Steig, jedes Kar und jeden Wildwechsel. Du musst unsichtbar unterwegs sein und dich in die Burschen hineinversetzen. Und hast einen erwischt, kommt's auf dein Gespür und deine schnelle Reaktion an. Was ist das für einer? Leistet er deiner Aufforderung Folge oder ist er ein Gewalttyp, der um jeden Preis seine Festnahme verhindern und dich niederpracken (= niederschießen) will, weil er zu viel zu verlieren hat? Das ist in Sekundenbruchteilen zu entscheiden."

Oberjäger Prem und seinem Kollegen Franz Scheiber sind solche und ähnliche Situationen nicht unbekannt. Gut ein Jahr vor der aufsehenerregenden Demonstration Hermann Walders bei dem Jägerbegräbnis in Innervillgraten hat sie ihre Spürnase auf einen Mann aufmerksam gemacht, den man für einen Naturfreund oder Freizeittourist hätte halten können. Es war im Karwendelgebirge, zwischen Vomp und Achenkirch. Das Karwendel ist eine Gebirgsgruppe gewaltigen Ausmaßes. Es erstreckt sich vom Osten Tirols nach West über 45 Kilometer, von Nord nach Süd über 30 Kilometer, wobei ein kleiner Teil in Bayern liegt. Man findet da zahlreiche Gamsrudel und im Sonnjochgebiet, auf der Nordkette, vermehren sich die dort vor längerer Zeit angesiedelten Steinböcke fleißig. Die Felsgipfel tragen das meiste Jahr über Schneehauben und sie sind auch das Domizil geschützter Populationen von Steinadlern. Die Einsamkeit dieser beeindruckenden alpinen Kulisse, die Abgeschiedenheit von der Hektik des Alltags, sie zieht seit jeher Wanderer, Bergsteiger, ja Naturfreunde überhaupt in diese Region.

Es ist ein Mittwoch, als Prem und Scheiber sich auf ins Revier machen. Auf einem etwas abseits gelegenen Weg fällt ihnen ein Auto mit deutschem Kennzeichen auf. Die beiden bleiben stehen und sehen wie ein älterer Mann aus dem Wagen steigt, den Kofferraum öffnet, ein Mountainbike und einen Rucksack herausnimmt und losradelt.

Mountainbiker sind ja nicht selten in dieser Gegend, aber irgendwas an dem Sportler irritiert die zwei.

Der Unbekannte merkt nicht, dass er beobachtet wird. Prem und Scheiber folgen ihm. Nach gut zwei Kilometern, kommt eine Almhütte ins Blickfeld. Der Oberjäger und sein Kollege stellen fest, dass er dort sein Bike versteckt und dann weitermarschiert. Sie hinterher, jedoch darauf bedacht, nicht gesehen zu werden.

Der Anstieg wird steiler. Die Weidmänner staunen über die Kondition des Seniors. Er geht so flott, dass es gar nicht so leicht ist ihm zu folgen. Schließlich kommen sie zum sogenannten Steinloch. Seehöhe etwa 1.600 Metern. Und hier wird das Gelände schwierig. Ein falscher Tritt kann verhängnisvoll sein. Auch etliche Gämsen lassen sich blicken. Doch dann ist der Mann auf einmal verschwunden. Als ob ihn das Gelände verschluckt hätte. Prem und Scheiber suchen Deckung, denn sie sind überzeugt, dass der eilige Ortsfremde was Unerlaubtes vorhat. Etwa wildern? Andererseits sieht er nicht wie ein Wildschütz aus. Er trägt normale Wanderkleidung und einen Rucksack, er ist weder vermummt noch im Gesicht geschwärzt. Während die beiden ihr weiteres Vorgehen überlegen, schreckt sie ein Geräusch auf. Ein seltsam lautes Zischen. Eigenartig. Es kommt aus der Richtung des jetzt unsichtbaren Ausflüglers.

Und noch einmal dieses Geräusch. „A Schuss aus an Schalldämpfer?“, überlegt Scheiber. Die Hunde der Jäger sind zum Glück so gut abgerichtet, dass sie keinen Laut geben. Die Gämsen allerdings sind in Panik davongestürmt. Da stupft Oberjäger Prem den Kollegen an. „Do, schau!“

Der Bergwanderer ist plötzlich wiederaufgetaucht, aber er ist jetzt etwas weiter weg. Die Jäger beobachten ihn durchs Fernglas. Sie sehen wie er etwas in den Rucksack packt. Daneben, am Boden, liegt eine Gams. Sie ist aber nicht tot, sie kauert verkrampft, mit eingezogenen Läufen.

„Vafluacht!“, entschlüpft es Scheiber. Als wäre das die Erlaubnis zum Bellen, fangen die Hunde zu kläffen an. Und jetzt erst merkt der Fremde, dass er nicht alleine ist. Er reißt den Rucksack an sich und sucht hastig das Weite. Die Gams lässt er liegen. Im felsigen Terrain ist er sofort wieder unsichtbar.

„Der kimmt uns nit aus, wir schneiden eahm den Weg ab!“, ruft Prem. Da er und Scheiber das Gelände so gut wie ihre Hosentasche kennen, wissen sie, dass es für den Kerl nur wenige Fluchtmöglichkeiten gibt. Doch nur kein vorschnelles Handeln jetzt, denn er hat eine Waffe. Mit dieser Waffe hat er eine Gams weidwund geschossen. Offenbar ist er kein guter Schütze, doch wer weiß, wozu der Typ sonst vielleicht fähig ist.

Prem und Scheiber bereiten dem Leiden des Tieres mit einem Fangschuss ein Ende. Es hat zwei Treffer in den Bauch abbekommen.

Die Hunde führen die Weidmänner nach einer längeren Wegstrecke zu einem etwa vier Meter hohen, eckigen Felsblock. Prem und Scheiber schieben sich langsam um die Kante und - da steht er, der dubiose Bergfex. Er hat versucht sich hier zu verstecken. Er gibt sich überrascht, kann seine Nervosität jedoch nicht verbergen. Was man von ihm wolle, fragt er dreist. Er habe nichts angestellt.

Prem und Scheiber wechseln Blicke. Schau an, einer aus Bayern! Und der Kerl will das Unschuldslamm spielen! Sie untersuchen den Rucksack. Doch der ist leer, obwohl der Mann vorhin etwas hineingetan hat. Sie warnen ihn sich ja nicht wegzurühren, dann suchen sie die Umgebung ab. Nicht weit entfernt erschnüffeln die Hunde im brüchigen Gestein schließlich die Waffe. Der Unbekannte hat sie dort versteckt. Es ist eine selbstgebaute, zerlegbare Kleinkaliberbüchse mit einklappbarer Schulterstütze und Schalldämpfer. Jetzt ist auch klar, warum die beiden Schüsse so merkwürdig gezischt haben.

Der Senior erkennt, dass Leugnen zwecklos ist. Ja, er war auf eine Gams aus. Und leider hat er schlecht getroffen. Per Handy verständigt Prem die Polizei in Achenkirch. Dann eskortieren sie den Wilderer dorthin.

Es stellt sich heraus, dass es sich bei dem illegalen Pirschgänger um einen 68-jährigen Pensionist aus Schleching handelt. Er gesteht, dass er sowie auch andere Kumpels aus seinem Bekanntenkreis seit langem in das von ihrem Heimatort weit entfernte Karwendelgebirge zum "Schwarzln" fahren. Für den auf frischer Tat ertappten Pensionisten ist das bisher allerdings gut gegangen. Er hat als vermeintlich harmloser Tourist die Beute jedes Mal unbemerkt in seinem PKW über die Grenze nach Hause schaffen können.

Das Gericht hat schließlich das letzte Wort. Es verurteilt ihn zu einer geschmalzenen Strafe.

Die gnadenlose Hinterlist - wie der Tegernseer Landrichter einst sagte - ließ einen „Schütz" im Grenzgebiet Bayern-Österreich posthum sogar zum Volkshelden werden. Bücher, Romane, Theaterstücke und

Filme haben ihn unsterblich gemacht.

Und so war das damals: Fassungslos starren die Mitglieder der Suchmannschaft auf den Toten. Er liegt rücklings neben einem abgesägten Baumstumpf auf dem lockeren, feuchten Waldboden. Das linke Bein halb aufgestellt, das rechte abgewinkelt. Schuh und Stutzen sind ausgezogen und liegen daneben. Die große Zehe klemmt im Abzugbügel der Büchse, deren Lauf gegen den Kopf gerichtet ist. Der Schuss hat den Unterkiefer zerschmettert und die Wange samt halbem Schnurrbart weggefetzt. Sie hängt oben, im Geäst einer Fichte. Ein grausiger Anblick.

Jemand muss ins Gebüsch kotzen, den anderen hat es die Stimme verschlagen. Schließlich sagt einer: „Er hat si daschossen!". „Na, des gibt's net!", widerspricht ein daneben Stehender. „Er hot do am Leb'n so vü Gaudi (= so viel Spaß) g'hobt."

Der Tote, der am 14. November 1877 auf einer Waldlichtung am Peißenberg nach einer längeren Suchaktion gefunden worden ist, ist der weitum als Wildschütz bekannte Georg „Girgl" Jennerwein aus dem südbayerischen Holzkirchen, etwa zwanzig Kilometer von Schliersee entfernt. Ein fescher Bursch, im Brotberuf Holzknecht und ein ausgefuchster Wilderer. Obendrein war er auch ein guter Zitherspieler, Gstanzlsänger, Schuhplattler und vor allem - ein Weiberheld. Ein Weiberheld, der in den Wirtshäusern gern mal eine Rauferei vom Zaun brach. Auch wenn er mit seinem Leben oft leichtfertig umging, - dass ausgerechnet er es jetzt selber beendet haben soll, das passt ganz und gar nicht ins Bild. Und noch dazu so aberwitzig: Büchse am Bauch, mit der Zehe den Abzug ausgelöst - und „bumm!"

Nachdem er tagelang in keinem Wirtshaus aufgetaucht war, hatte man voll Sorge nach ihm gesucht. Und nun dieser Anblick. Doch für einen Selbstmord spricht das Fehlen von Kampfspuren die es hätte geben müssen, wenn es zwischen dem „Girgl“ und einem seiner Erzfeinde, also mit jemandem aus der Jägerschaft oder der Forstverwaltung zu einem Zusammenstoß gekommen wäre. Wohlgesonnen war ihm ja keiner aus diesen Kreisen, zumal man ja seit Jahren hinter ihm her war, er aber nie zu fassen war. Außerdem hatte er immer wieder Grünröcken die Freundinnen ausgespannt und sich dadurch deren Zorn zugezogen.

Die Männer der Gruppe fertigen aus Ästen und Reisig eine provisorische Trage an, mit der man ihn ins Tal schaffen kann. Aber allen widerstrebt, den entstellten Leichnam anzufassen, zumal auch die Verwesung sich unangenehm bemerkbar macht. Doch es bleibt nichts übrig. Kräftige Hände packen zu. Als der Tote behutsam auf die Trage gewälzt wird, springt plötzlich jemand zur Seite und schreit: „Um Gott‘s Wuin, hoit!“ (= Um Gottes willen, halt.)

Erschrocken lassen die Männer los. Und jetzt sehen auch sie, dass der „Girgl“ einen Einschuss am Rücken hat. Ein kleines, dunkles Loch mit einem Rand aus verkrustetem Blut. Alle sind außer sich. Wie kann jemand sich selbst in den Rücken schießen? - Also nein, Selbstmord kann das nie und nimmer gewesen sein!

Zu diesem Zeitpunkt ist den Leuten noch nicht bekannt, was der Jagdgehilfe Simon Lerchenauer eine Woche zuvor, während eines Dienstganges auf dem Wallberg, kurz vor zehn Uhr vormittags wahrgenommen hat. Vom Peißenberg herüber hörte er nämlich einen Schuss. Was ihn wunderte. Er wusste zwar, dass sich sein Kollege Hans Pföderl zur selben Zeit dort aufhielt, doch zum Wildschießen hatte der keine Erlaubnis. Lerchenauer setzte seinen Dienstgang fort, und kurz vor ein Uhr machte er Brotzeit. Plötzlich „tuschte“ es erneut. Und wieder drüben am Peißenberg, anscheinend an der gleichen Stelle.

Als Lerchenauer am Abend seinem Vorgesetzten, dem Förster Mayr, darüber Meldung machen wollte, saß Pföderl unerwartet in dessen Kanzlei. Abrupt verstummte das Gespräch zwischen beiden, als Lerchenauer eintrat. Pföderl hielt den Kopf gesenkt. Er war bleich und wich Lerchenauers Blicken aus. Auch Mayr schien verstört zu sein.

Lerchenauer hatte seinen Bericht noch nicht beendet, da schnitt ihm sein Vorgesetzter barsch das Wort ab. Ungehalten stellte er fest, Lerchenauer müsse sich verhört haben, denn wer sollte am Peißenberg geschossen haben? Pföderl sei war zwar dort gewesen, doch dem sei nichts aufgefallen. Die Schüsse seien gewiss drüben im Schlierseer Revier gefallen. Ungläubig schaute Lerchenauer zu seinem Chef. Hielt der ihn für blöd? Und als Mayr davon nichts mehr wissen wollte, verließ er aufgebracht das Forstamt.

Verdammt noch einmal, warum hatte Pföderl nichts dazu gesagt? Es ist doch unbestritten, dass er zur fraglichen Zeit am Peißenberg war, da konnte ihm doch nicht entgangen sein, dass geschossen worden ist! Aber er hatte bloß dagesessen, den Blick starr gegen den Boden gerichtet und sich nicht geäußert. Das war schon mehr als merkwürdig.

Lerchenauer ließ das keine Ruhe. Sein Gefühl sagte ihm, dass da was faul war. Also beschloss er, Pföderl noch am selben Abend aufzusuchen, um mit ihm unter vier Augen zu reden. Denn das Verhalten seines Chefs war sehr sonderbar. Der war doch sonst recht umgänglich und keinesfalls aufbrausend.

Da es für den fast eineinhalb Jahrhunderte zurückliegenden Vorfall logischerweise keine Zeitzeugen mehr gibt, sind Zeitungsartikel, Gerichtsprotokolle sowie überlieferte Aufzeichnungen die einzigen Quellen, die Auskunft geben. So heißt es in dem Buch „Es war ein Schütz“ von Andreas Aberle (Verlag Rosenheimer) vom Gespräch Lerchenauers mit Pföderl, dass Pföderl ihm zuhause unter vier Augen gestanden habe, Jennerwein getötet zu haben Er habe den Wilderer entdeckt, als dieser auf einem Baumstumpf sitzend Brotzeit machte. Er habe sein Gewehr angelegt und ihm in den Rücken geschossen. Jennerwein war aber nicht tot. Er, Pföderl, sei dann ohne sich um den am Boden Liegenden zu kümmern, zum Forsthaus zurückgegangen, um den Vorfall zu melden. Der Förster Mayr sei sehr „ungnädig“ gewesen. Er habe ihm aufgetragen, wieder zum Ort des Geschehens zurückzukehren um nachzusehen, ob der „Lump“ überhaupt tot sei. Und ja, er war nicht mehr am Leben. Da sei ihm dann der Gedanke gekommen, die Spuren seiner Tat zu verwischen um es nach Selbstmord aussehen zu lassen. Denn dann würde man nach einem Mörder gar nicht erst suchen. Er nahm also Jennerweins Büchse, schoss ihm ins Gesicht und legte anschließend alles so zurecht, dass es nach einem Suizid aussah.

Als der Leichnam schließlich entdeckt und ins Tal gebracht worden war, behielt der Förster sein Wissen für sich. Er erstattete keine Anzeige gegen Pföderl, sondern er soll ihm - einer anderen Quelle zufolge - sogar befohlen haben, den Vorfall zu verschweigen und sich durch nichts zu verraten. Der Förster wollte seinen Dienstbereich nämlich um jeden Preis „sauber halten“.

Erst viel später kam alles ans Tageslicht. Und da der schon damals weitum bekannte „Girgl“ als verwegener Wildschütz ein heimlicher Volksheld war, berichteten die Medien ausführlich über ihn. Seine Geschichte war ja ein herzergreifender Lesestoff: Geboren in ärmlichen Verhältnissen als uneheliches Kind der Gütlerstochter Maria Jennerwein aus Miesbach und des Schuhmachergesellen Benno Sturm. Maria heiratete später jedoch einen Anderen. Als aufgeweckter Zwölfjähriger musste „Girgl“ miterleben, wie sein Stiefvater von Staatsjägern beim Wildern erschossen wurde. Und das dürfte den Ausschlag gegeben haben, die staatliche Obrigkeit, die damals die Kleinbürger niederhielt, als Feindbild zu betrachten und in die Fußstapfen des Stiefvaters zu treten.

Er wurde Holzfäller, arbeitete in der näheren und weiteren Umgebung von Schliersee. Er kannte dadurch die Gegend sowie das Gelände ganz genau. Und wenn die Arbeit vorbei war, die Abendsonne den Rücken wärmte und der Fallwind über die Gräser strich, saß er oft mit seinem gleichaltrigen Arbeitskollegen Hans Pföderl beisammen. Beide gingen in den königlichen Wäldern um den Schliersee, im Grenzgebiet Bayern und Tirol, auf unerlaubte Schwarzpirsch.

Auch in den Deutsch-Französischen Krieg 1870 rückten sie gemeinsam ein. Seite an Seite kämpften sie gegen die Truppen Napoleons. Nach Kriegsende aber trennten sich ihre Wege. Während der „Girgl" weiterhin Holzfäller und Wilderer blieb, wechselte sein Freund die Seite. Er wurde Jagdgehilfe in der Königlichen Forstverwaltung.

Im Lauf der Zeit aber keimte in Pföderl allmählich Neid, Missgunst und Eifersucht. Denn der „Girgl" war weiterhin ein „freier Mann" und im Gegensatz zu ihm ein strammer, fescher Bursch mit einem gepflegten, gezwirbelten Oberlippenbart. Er hatte graue Augen und einen schiefsitzenden Schneidezahn, über den er oft selber Witze riss. Es gab auch kein Mädchen, das nicht für ihn schwärmte, denn er war für sie nicht nur ein gutaussehender Kerl, sondern auch ein schneidiger Draufgänger. Und mit seinen Erfolgen als „Schütz" provozierte er bei jeder Gelegenheit die Jägerschaft. Dass er sie dadurch noch mehr gegen sich aufbrachte, gefiel ihm offenbar. So hatte er zum Beispiel in einem Wirtshaus vor einem Jäger seinen Hut abgenommen, ihn mit dem Ellbogen freundschaftlich angestupst, auf seinen prächtigen Gamsbart gedeutet und lachend gesagt: „Do schaust, wos für schene Buschen bei mir im Gortn (= Garten) wochsn!". Das Gesicht des Jägers bekam eine ungesunde Röte, seine Augen blitzten und er drohte: „Lach nua, mir dawischn di scho nu!" (= Lach nur, wir erwischen dich schon noch.) Schließlich ist der Gamsbart eine Art Trophäe, die zeigt, wie erfolgreich sein Besitzer bei der Jagd war. Und wenn ein Wildschütz so einen prächtigen „Buschen" aufgesteckt hatte, dann war das die pure Herausforderung.

Was Pföderl, der in den Augen Jennerweins ein „Überläufer" war, aber endgültig zu seinem Feind machte, das hing mit der hübschen Agathe zusammen, einer Sennerin auf der Baumgarten-Alm. Sie war einstmals Pföderls Freundin, doch der „Girgl" hatte sie ihm ausgespannt. Auch in Anwesenheit Pföderls hatte sie nur Augen für den stattlichen „Schütz". Und als sie vom „Girgl" schwanger wurde und eine Tochter namens Rosi bekam, dürfte das dessen Todesurteil bedeutet haben. Nach wie vor aber ist ungeklärt, ob Pföderl am 6. November seinem Rivalen „Girgl" heimlich auf den Peißenberg nachgeschlichen, oder ob das Zusammentreffen rein zufällig gewesen war; jedenfalls hat er ihn dort getötet. Das wussten jedoch nur der Jagdgehilfe Lerchenauer und der Förster Mayr.

Jennerwein wurde unter großer Anteilnahme zu Grabe getragen. Die Hintergründe seines Todes aber blieben im Dunkeln. Doch für die Öffentlichkeit stand fest, dass staatliche Jäger die Untat verübt hatten. Und da geriet der Jagdgehilfe Lerchenauer unschuldig ins Visier der grollenden Volksseele. Man feindete ihn an, mied seine Nähe und bedrohte ihn, sodass sein Chef ihn nach Fischbachau versetzte. Und das war für die Bevölkerung des Schlierseetals erst recht ein Eingeständnis seiner Schuld.

Zweimal sogar feuerten Unbekannte aus dem Hinterhalt auf ihn. Er wurde zum Glück nur verletzt. Jedenfalls glaubte niemand seinen Beteuerungen, er habe mit dem Tod Jennerweins nichts zu tun. Ein Gefühl der Ohnmacht und Verzweiflung erfasste ihn. Verflucht, warum hielt sein Vorgesetzter, der Förster Mayr, mit der Wahrheit hinter dem Berg? Der wusste doch, dass Pföderl der Täter war. Warum schwieg er, warum nahm er ihn in Schutz? Fragen, auf die Lerchenauer keine Antwort fand. Er sah keinen anderen Ausweg, als dem geliebten Jägerberuf ade zu sagen, obwohl er mit Leib und Seele Weidmann war.

Spät, aber doch machte die Justiz dann endlich Druck. Das mit dem Selbstmord schien nicht zu halten. Auch wenn Jennerwein ein aufmüpfiger Volksrebell und Wilddieb war, die Tat, sie durfte nicht ungesühnt bleiben. Als schließlich - viel zu lange nach dem Vorfall - zwei unbescholtene Zeugen glaubwürdig aussagten, Lerchenauer am Vormittag des 6. November am Wallberg gesehen zu haben, war er als Verdächtiger endlich entlastet. Die Zeugen waren der Bauer Josef Sumperer und die alte „Straucherin", der Lerchenauer begegnet war, als sie mit einem Obstkorb auf dem Weg nach Kreuth gewesen war. Es stand also fest, dass Lerchenauer keinesfalls der Täter gewesen sein konnte.

Daraufhin knöpfte sich die Behörde Pföderl vor, jenen Mann, auf den sein Kollege Lerchenauer von Anfang an hingewiesen hatte. Und tatsächlich gestand der, auf den „Girgl" geschossen zu haben. Jedoch nicht in Mordabsicht, sondern als „patscherte Reaktion auf eine Bedrohung." Der anschließend von ihm vorgetäuschte Selbstmord Jennerweins sei „eine unüberlegte Sach'" gewesen.

Das Königlich-Bayerische Amtsgericht ließ ungewöhnliche Milde walten. „Wegen seiner Tüchtigkeit, seines Eifers und der Gefährlichkeit seines Berufes" fasste Pföderl nur acht Monate Gefängnis aus. Dass er aus Rachsucht dem „Girgl" eine Kugel verpasst hatte, weil ihm der seine große Liebe, die „Agerl" ausgespannt hatte, das hatte er nämlich nur gegenüber Lerchenauer zugegeben. Und dieser erzählte das einem Freund namens Kirner, der das damals auch niederschrieb. Die Aufzeichnungen landeten schließlich als Nachlass bei seinem Enkel, dem heute über achtzigjährigen

Baldhamer Hobby-Historiker Schorsch Kirner.

Nach seiner Freilassung wurde Pföderl in die Valepp, unterhalb des Spitzingsees versetzt, doch die Bevölkerung verfolgte ihn auch dort mit Hass und Verachtung. Sie konnte nicht vergessen, was er einem der ihren, nämlich dem „Girgl", dem mutigen Kämpfer gegen Unterdrückung und Ausbeutung, angetan hatte. Pföderl suchte Trost im Alkohol und landete im Tegernseer Krankenhaus, wo er - fast zwölf Jahre nach der Untat - am 12. Juli 1889 starb. Und vor seinem Tod, so wird berichtet, habe er die Wahnvorstellung gehabt, dass ihn wegen des heimtückischen Mordes der Teufel hole.

Sein einstiger Wildererkomplize aber, der „Girgl", lebt bis heute in den Herzen der Leute. Noch immer werden an seinem Todestag gewilderte Gämsen heimlich auf sein Grabkreuz neben der St. Martinskirche gehängt, obwohl gar nicht sicher ist, dass seine Gebeine dort tatsächlich ruhen. Denn einige Schlierseer Gemeinderatsmitglieder haben vor langer Zeit sein Grabkreuz versetzen lassen, weil sie nicht wollten, dass ihre Angehörigen neben ihm beerdigt werden.

Trotzdem wird Georg „Girgl" Jennerwein Bayerns größter Volksheld bleiben.

Ein grauer, verwitterter Grabstein am Friedhof in Gmund, am nördlichen Ende des Schliersees. Er trägt keine Inschrift, Pflanzen wuchern wild rundum. Die Gebeine des Toten sind längst zerfallen, an ihn erinnern nur eine schauerliche Geschichte und das sogenannte Jagerhaus an der Mangfallbrücke, ein zweistöckiges Gebäude mit alten Holzbalkonen und grob gezimmerten Fensterläden. Der 1786 geborene Königlich-Bayerische Revierförster Johann Baptist Mayr, verheiratet und kinderlos, war nämlich der einstige Eigentümer. Er erwarb es 1822, war jedoch nicht identisch mit dem Förster Mayr, Pföderls Chef im Fall

Jennerwein. Johann Mayr lebte in Gmund, in einem idyllischen Taleinschnitt, inmitten von Wiesen, Äckern und Baumflächen, das ebenfalls zum sogenannten „Landkreis der Wildschützen“ nahe der bayerisch österreichischen Grenze gehört hat. Und er war der wahrscheinlich erbarmungsloseste und wohl auch gefürchtetste Wilderer-Schreck weitum.

Seine Erscheinung war außergewöhnlich. Groß, breite Schultern und überaus kräftig. Er hatte einen dichten schwarzen Bart, sein Blick ging „durch und durch“ wie die Leute sagten und seine herrische Art im Umgang mit anderen machte ihn nicht gerade beliebt. Außerdem hatte er keinen ausgebildeten Jagdhund, sondern eine riesige, furchterregende Dogge, die auf den seltsamen Namen „Donar“ hörte. Als Förster und Forstwart war er von seinem Dienstgeber geschätzt, was man von der Bevölkerung freilich nicht sagen konnte. Da ging man ihm lieber aus dem Weg, zumal er als „Büchslertod“ verschrieen war. Ein von ihm überlieferter Ausspruch: „Elf von die Misthund hab‘ i scho in die Höll g’schickt und den Zwölften dawisch i a no.“

Tatsächlich, elf Wildschützen hatte er bereits ins Jenseits befördert und sich dabei stets auf Notwehr ausreden können, aber bei seinem zwölften Opfer, einem jungen Mann, der eigentlich nur helfen wollte, da kehrte sich das Schicksal gegen ihn, und Mayr musste für seine Untaten Jahre später schrecklich büßen.

Besagter Bursch ist der „Mentenseppei“, der Sohn des Mentenbauern in Hausham, siebzehn Jahre alt. Er ist nett, hilfsbereit und gläubig, denn jeden Sonntag stellt er sich bei der Heiligen Messe um die Kommunion an. Weitum gibt es niemanden, der über ihn etwas Nachteiliges sagen könnte. Er ist mittelgroß, hat leicht gewelltes, in die Stirn fallendes Haar, sieht nicht sonderlich kräftig aus, doch das täuscht. Er ist ein zäher, sehniger Bursch, der sich auch schwere Lasten zumuten kann. Das kommt von der Arbeit am elterlichen Hof, denn man schreibt das Jahr 1826. Da muss man in der Landwirtschaft noch richtig hart zupakken. Und er ist auch ein fröhlicher Bursch, der „Seppei", wie ihn alle rufen. So heißt es in einer Pfarrmatrikel: *„ ... er hat allerwei die Sunn im G'sicht ...“* (= Er hat immer die Sonne im Gesicht.)

Diese Sonne hat er vermutlich auch im Gesicht, als er Anfang November in Gmund beim Gasthof Obermayr vorbeikommt. Am Rücken trägt er einen Korb mit Butter und Käse, eine Lieferung für den örtlichen Kramer. Kurz nach dem Gasthaus hört er hinter sich das heftige Atmen eines Mannes, der ihm offensichtlich nachläuft.

„He, Seppei!". Der Mentenbauerbub dreht sich um. „Jo, griaß di, Anderl!". Es ist der Mesner Anderl. Sein Atem wird in der kalten Novemberluft zu kleinen Wölkchen.

„Du, Seppei, i tat di brauchen.“ „Sog, wos is?“

Der Anderl zieht ihn zur gegenüberliegenden Straßenseite, wo keine Leute gehen und wo er auch nicht gehört werden kann. Dort fragt er den Seppei, ob es ihm möglich, sei einen Hirsch, den er geschossen habe, mit dem Schlitten zu holen. Er bezahle auch dafür. „Und wo is des?“ will der Seppei wissen. Das werde er ihm noch bekanntgeben, sagt Anderl. Der Seppei ist einverstanden, denn der Anderl ist nicht nur der allseits geschätzte örtliche Messdiener, er ist auch Jagdgehilfe im Schlierseerevier. Und da darf er einen Hirsch natürlich schießen.

Ob es am Abend geht, fragt der Anderl. Da würde er den Seppei bei der Wolfsmühle erwarten und mit ihm zum Hirsch hinauffahren. Der Seppei nickt. Er hat ja den „Braunen", ein starkes Pferd, da ist auch der steilste Weg kein Problem. Was er aber nicht weiß: Der Hirsch liegt eigentlich im Gmunder und nicht im Schlierseer Revier. In einem Revier, das dem verhassten Forstwart Mayr untersteht.

Es ist am gleichen Tag, jedoch zeitig am Morgen, als sich der Mesner Anderl hinauf ins Jagdgebiet begibt, in dem er schussberechtigt ist. Er trägt warme Kleidung, denn es liegt schon Schnee, ein kalter Wind streicht über die Bäume. Anderl hat die Büchse umgehängt und im vollgepackten Rucksack Futter, das er in den Einständen, in denen das Wild steht, verteilen will. Es gibt zahlreiche Spuren im Schnee und plötzlich, hinter einer buckligen Erhebung mit einer kleinen Schonung bläulicher Nadelbäume, steht ein Hirsch, ein Zwölfender, wie er erkennen kann. Der Anderl hält die Luft an. So ein kapitaler Bursch!

Schnell nimmt er das Gewehr von der Schulter und legt an. Doch der Hirsch hat ihn bemerkt. Er macht einen Satz um abzuhauen. Der Anderl schwenkt nach, schießt aus der Drehung. Nur dumpf ist der Knall zu hören, die Schneemulde schluckt ihn. Und obwohl er sonst kein schlechter Schütze ist, er hat den Hirsch bloß „angebleit", also „krankgeschossen", wie das heißt. Wankend zieht das Tier davon. Und zwar in Richtung Nachbarrevier.

Der Anderl steigt nach. Jahre später, als das Gericht die Geschehnisse noch einmal aufrollt, wird der Anderl behaupten, dass die Blutspur des angebleiten Wildes über die Reviergrenze hinüber zum Wallenburger Kogel geführt hat, in das „Herrschaftsgebiet" des damals vierzigjährigen Försters Mayr. Mayr wiederum wird sagen, der Anderl habe den Hirsch erst in seinem Revier erlegt.

Jedenfalls liegt der Kapitale dort. Verendet. Anderl „verblendet" ihn, das heißt, er deckt ihn mit Reisig, Ästen und Baumrinde zu. Aber, Himmelhergottsakrament! Er muss den Hirsch möglichst rasch von hier wegbringen! Zurück in sein Revier und von dort nach Gmund.

Denn würde Mayr den Hirsch hier entdecken, bekäme er einen Tobsuchtsanfall. Er würde alles daransetzen, den „Schütz" zu ermitteln, der ihm diese - wie er es sieht - persönliche Kränkung zugefügt hat. Und wehe dem, den dann sein Zorn trifft! Der Anderl verwischt alle Spuren, so gut es geht, und eilt hinunter in den Ort. Dort will er herausfinden, ob die Mayr'schen Leute im Forstamt oder auswärts sind. Sind sie im Forsthaus, werden sie am Nachmittag wohl kaum noch hinauf ins Revier gehen, sodass der erlegte Hirsch unentdeckt bliebe und er ihn heimlich wegschaffen könnte.

Anderl setzt sich im gegenüberliegenden Gasthof Obermayr mit einer Maß Bier ans Fenster. Ungefähr zwei Stunden lang beobachtet er das Kommen und Gehen im Forstamt. Und was er da sieht, das beruhigt ihn. Weder ein Jäger noch ein Jagdgehilfe macht sich auf den Weg ins Mayr'sche Territorium. Als dann der „Mentenseppei" vorbeikommt, eilt er ihm nach, um ihn wegen des Abtransportes zu fragen.

Doch Anderl ahnt nicht, dass einer von Mayrs Mitarbeitern an diesem Tag da oben halt doch auf Dienstgang ist. Und zwar der Jagdgehilfe Nikolaus Riesch. Wie der Zufall es will, entdeckt der den erlegten Zwölfender. Also nichts wie dem Chef schnellstens Meldung erstatten!

Der Förster tobt. Hat ihm schon wieder so ein Malefizbub einen Kapitalen weggeschossen! Grimmig knirscht er mit den Zähnen. Aber der Hirsch liegt noch da. Und irgendwann, wahrscheinlich nachts, wird der „Bazi" (= Gauner) auftauchen, um das Tier wegzubringen. Da aber wird er in die Falle gehen! „I bin net deppert", sagt Mayr zu Riesch. „I kann mir denken, dass uns der Schütz jetzt ausspekuliert. Also, mach ma uns erst kurz vor'm Abend auf'n Weg. Auf der Tegernseerstraße bis Quirin, dann auf der Rückseit'n auf den Ostiner Berg. Damit rechnet koana. Und da pass ma her!"

Stunden später. Die Nacht ist klar. Der Mond erhellt den Schnee, der neben den Felsbrocken brüchig ist, doch der

„Mentenseppei“ kennt das Gelände, er weicht mit dem Schlitten geschickt diesen Stellen aus. Der Mesner Anderl hat wie vereinbart bei der Wolfsmühle gewartet und dann dem Seppei den versprochenen Kronentaler bezahlt. Es geht steil bergan. Anderl sitzt hinter dem Seppei auf dem Schlitten, wo auch ein Seil und zwei Decken liegen. „Da, beim schiefen Stoa, umi zum Eckhardt-Kreitl“, sagt er über die Schulter zum Mentenbauerbuben.

Sie nähern sich der Stelle, an der der Hirsch liegen muss. Die eng stehenden Bäume verdunkeln den Platz, die Äste hängen fast bis zum Boden. Der Anderl strengt die Augen an. Vielleicht sechzig Meter sind sie noch entfernt, da bewegt sich etwas zwischen den Bäumen. Anderl glaubt eine dunkle Gestalt zu erkennen.

Viele Jahre danach, der Förster Mayr liegt längst schon im Grab, bekannte er: „I hob sofort g'sehn, Teifi, do is wer! Do hob i ma denkt, jetzt nix wia weg!“

Ein prüfender Blick auf den ahnunglosen Seppei, dann rutscht Anderl heimlich vom Schlitten. Lautlos verdrückt er sich ins Gebüsch. Als der Seppei ihn was fragen will, aber keine Antwort erhält, dreht er sich um. Der Anderl ist weg! Und dort vorne, wo der Hirsch eigentlich liegen soll, bemerkt nun auch er, dass da jemand steht. Dem Seppei wird mulmig. Da stimmt doch was nicht! Er stoppt den „Braunen“ und versucht zu wenden. Im selben Moment springt aus dem Dunkeln ein riesiges Etwas. Es sieht aus wie ein Hund. Der Seppei erstarrt, die Zügel entgleiten ihm. Mit weitaufgerissenen Augen sieht er das Tier auf sich zu hetzen. Die riesigen Pranken wirbeln den Schnee auf. Und dann erkennt er, dass das die Dogge vom Mayr ist. Von fern ist die Stimme des Försters zu hören: „Donar, fass den Lump! Fass ihn!“

Abwehrend streckt der Seppei die Arme vor, doch mit einem gewaltigen Sprung reißt Donar ihn nieder. Das Pferd

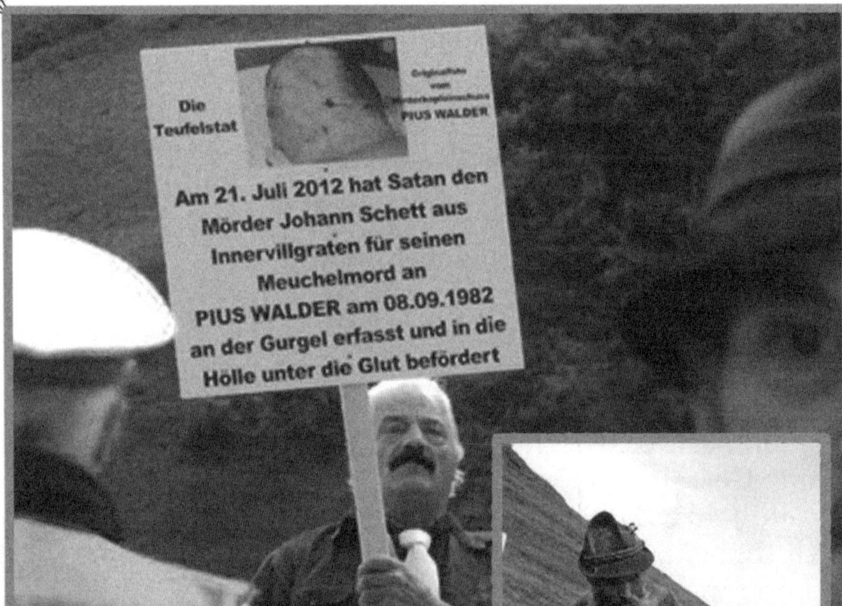

36 Jahre nach der Exekution meines Bruders

Wildschütz

Pius Walder

Geb. am 4. April 1952 - meuchlings erschossen am 8. September 1982.

Eine Freveltat im Heiligen Land Tirol, die bis heute nicht gesühnt ist!

© Privatarchiv Walder

Pius Walder wurde – so sagen es zumindest die Gerichtsakten – von zwei wegen Wilderei vorbestraften Jägern aus der Nachbarschaft in der Kalksteiner „Hölleit'n" auf bis heute umstrittene Weise aus dem Weg geräumt und mit einem gezielten Schuss mitten in den Hinterkopf **regelrecht hingerichtet.**

Für den Richter und die Geschworenen - allesamt fanatische Jäger – war das beim Innsbrucker Mordprozess allerdings nur

„Körperverletzung mit tödlichem Ausgang",

Ein Schandurteil der österreichischen Justiz!

Und sowas will ein Rechtsstaat sein!

Oben: *Johann Schett bekam für den Todesschuss eine überaus milde Strafe*

Links: *Auch mit Flugzetteln wie diesem will Hermann Walder an den Tod seines Bruders Pius erinnern*

Oben: *Das Grenzgebiet zwischen Bayern und Österreich ist ein Eldorado für Wilderer*

Foto: Barbara Schießling

Oberjäger Robert Prem ***(oben)*** *mit seinem Hund ‚Baron'. Als er in Hinterriß Dienst versah, ging er mit einem Kollegen regelmäßig auf Wilderersuche. Sie stellten tatsächlich mehrere ‚Schwarzl'. Für diese war Prem dann wohl nicht mehr der freundliche Weidmann mit dem sympathischen Lächeln ...*

scheut und geht hoch, kann aber nicht weg, weil der Schlitten zwischen Baumstümpfen klemmt. Der Seppei fällt runter in den Schnee. Er tritt gegen den Hund, strampelt und schlägt um sich, doch der beißt zu. Wieder und wieder. Wie im Blutrausch. Donars Zähne graben sich in Arme und Beine, ja in alles, was er zu fassen kriegt. Seppeis verzweifelte Schreie lassen den Förster nun den Hund zurückrufen, und Donar lässt vom Seppei ab. „Saukerl du!", brüllt Mayr ihn an. „Hast glaubt, du kannst mir an Hirsch wegstehl'n?"

Der Mentenbauerbub zittert am ganzen Leib, Schmerz und Angst verkrampfen ihn. Er blutet aus zahlreichen Bisswunden, die teilweise tief ins Fleisch gehen, sein Gewand ist zerfetzt. „I woas nix vo an Hirsch!", röchelt der Seppei, dem nun bewusst wird, dass der verschwundene Anderl ihn da in was Unrechtes hineingezogen hat. Der Förster glaubt ihm aber nicht. Er wird nur noch wütender. Er drischt auf den Wehrlosen mit dem Bergstock ein. Zweimal, fünfmal, zehnmal. Die Hiebe lassen die Haut aufplatzen. Doch der Seppei bleibt dabei: er ist kein „Büchsler", kein Wilddieb, und er stehle auch keinen Hirsch. Mehr sagt er nicht. Er erklärt auch nicht, warum er in der Dunkelheit mit Pferd und Schlitten hier aufgekreuzt ist, und über den Anderl, der den Hirsch ja geschossen hat, verliert er kein Wort. - Warum, das ist nie bekannt geworden.

„Saukerl du!", wiederholt Mayr verächtlich. Er sagt das, als spucke er einen schlechten Geschmack aus. Dann dreht er sich um zu seinem Jagdgehilfen, der sich mit dem Hirsch abmüht. Riesch hat sich bisher nicht bemerkbar gemacht, auch nichts gesagt, als Mayr die Dogge auf Seppei gehetzt hat. Er versucht den Zwölfender zum Schlitten zu schleppen. Doch alleine schafft er das nicht. Mayr reißt Seppei am Joppenkragen hoch und brüllt ihn an: „Pack zua! Hilf dem Riesch den Hirsch aufladen!" Der blutverschmierte Mentenbauerbub wankt zum Hirsch. Er ist kaum in der Lage, dem Riesch zu helfen, doch er versucht es.

Der weitere Ablauf dieses brutalen Geschehens ist durch die Aussagen Beteiligter und Augenzeugen sowie in Aufzeichnungen überliefert. Demnach ist noch in der gleichen Nacht - die genaue Zeit ist allerdings unbekannt - der Förster mit dem Seppei, dem Schlitten und dem Hirsch bei seinem Haus an der Mangfallbrücke eingetroffen. Das Pferd und den Schlitten mit dem erlegten Kapitalen stellt er im Schuppen ab, denn es liegt als Folge eines plötzlichen Wetterumsturzes, Schnee bis ins Tal herunter.

„Riesch, du kannst hoam gehen", sagt er zu seinem Jäger. Den blutverkrusteten, schmerzgepeinigten und vor Kälte schlotternden Mentenseppei aber schleppt er ins Haus. Dort bleibt die Ankunft nicht unbemerkt. Denn in dem großen, geräumigen Gebäude wohnen auch noch andere Leute. Der Lärm hat sie sie ins Stiegenhaus gelockt. Alle sehen, was nun passiert, doch nur eine einzige Frau wagt darüber zu reden. Und das erst nach Jahren. Ihrer Aussage zufolge hat der Förster den taumelnden Seppei mit Fußtritten zur Stiege getrieben. Dort bindet er ihn mit einem Strick am Geländer fest. Erneut versucht er vom vermeintlichen Wilderer herauszubekommen, wann er den Hirsch geschossen hat und wohin er ihn bringen wollte. Doch wieder verweigert der Seppei die Antwort. Da holt der Förster die Hundepeitsche. Der Mentenbauerbub wimmert unter den Schlägen, Tränen strömen über sein Gesicht, doch seine Lippen bleiben verschlossen, sie geben auch jetzt nichts preis. Die geschockten Mitbewohner verdrücken sich heimlich, schleichen in ihre Zimmer zurück. Keiner wagt dem irren Förster Einhalt zu gebieten.

Für den Mentenseppei ist das Martyrium aber noch nicht

Georg ‚Girgl' Jennerwein war schon zu Lebzeiten eine Legende. Und nach seiner Ermordung wurde er zu einem Volksheld

Links: *Ein seltenes Privatfoto. Der ‚Girgl' mit seiner Geliebten, der Sennerin Agathe, die er seinem späteren Mörder Pföderl ausgespannt hatte und der gemeinsamen Tochter Rosi*

Rechts: *Hans Pföderl beim Tanz mit einer Dorfschönheit. Erst spät wurde er als Mörder Jennerweins entlarvt. Er hatte ihn hinterrücks erschossen und wollte die Tat als Selbstmord tarnen*

Zahlreiche Filme, Bücher und Theaterstücke haben Bayerns bekanntesten Wilderer unsterblich gemacht. Hier eine Laienspielgruppe aus dem Jahr 1924

zu Ende. Am nächsten Morgen, es ist noch dunkel, poltert der Förster aus seiner Wohnung. Er werde jetzt den Wilddiebstahl der Gendarmerie melden, lässt er den Seppei wissen, den er die ganze Nacht am Stiegengeländer hat hängen lassen. Er bindet ihn los, treibt ihn in den Schuppen, wirft ihn neben den Hirsch auf die Ladefläche und fesselt ihn wieder. Dann lenkt er den vom Braunen gezogenen Schlitten Richtung Miesbach. Das Pferd aber will nicht richtig. Daraufhin löst Mayr die Fesseln vom Seppei. Entnervt befiehlt er: *„Fahr du, weil des damische Roß tuat net, wia i wü (= will). Aber merk dir: wannst abhau'n willst, tuscht's!"*

Im erwachenden Morgen gibt es irgendwo am Weg ein Hindernis. Das Pferd erschrickt und scheut. Fast kippt der Schlitten. Der entkräftete Seppei kann sich nicht halten, er fällt herunter. Und da macht der Förster seine Drohung wahr. Kaltblütig schießt er ihm eine Ladung Schrot in den Rücken. Dann klammert er sich an den „Starzbaum", also die hölzerne Lenkstange, denn der durch den Schuss erschrockene „Braune" geht durch. Mit geblähten Nüstern jagt er bis Miesbach. Vor dem Ortsgasthof bringt der Förster ihn schließlich zum Stehen. Der Hirsch ist bei der wilden Fahrt nicht verloren gegangen, doch der Seppei fehlt. Mayr hat ihn einfach liegen lassen. Und zwar dort, wo er auf ihn geschossen hat.

Und weil das alles halt doch sehr anstrengend war, gönnt sich der Königlich-Bayerische Forstbeamte nun einen Kaffee. Er macht das Pferd an einem der Eisenringe neben dem Eingang fest und geht in die Gaststube. Seinen dröhnenden Gruß erwidert keiner. Wortlos stehen ein paar Gäste auf und verlassen den Raum. Danach meldet Mayr den Vorfall bei der Gendarmerie und auch bei Gericht.

Der Mentenseppei wird oben im sogenannten Schweinetal gefunden. Er liegt im Schnee, viel Leben steckt aber nicht mehr in ihm. Er wird zu Dr. Schleicher gebracht, dem

Landarzt von Miesbach. Doch der sagt zu den herbeigeeilten Freunden und Eltern: „Ich kann nichts mehr machen. Holt's schnell den Pfarrer, damit er ihm die Sakramente spendet, denn recht lang wird er's nimmer packen."

Es war sowieso ein Wunder, dass der Seppei die schrecklichen Verletzungen, die Bisse, die Peitschenhiebe und den Schrotschuss überhaupt bis zu seiner Auffindung überlebt hat, heißt es. Bis zum Eintreffen des Pfarrers kann der Mentenbub zwar stockend und leise, aber bei klarem Verstand, den Ablauf des Geschehens erzählen. Den Namen des Anderl aber lässt er aus dem Spiel, auch wenn er für dessen unredliches Tun bitter hat büßen müssen. Entsetzt und fassungslos vernehmen Freunde und Eltern, was passiert ist. Sie verstehen aber nicht, dass der Seppei mit dem Förster, der ihm so Schlimmes angetan hat, trotzdem Frieden schließen will. Mit versagender Stimme sagt der fromme Bursch nämlich, dass ja auch Jesus dereinst seinen Peinigern vergeben hat!

Hochwürden kann ihm die Beichte noch abnehmen und die Sterbesakramente spenden, dann schließt der Seppei für immer die Augen. Johann Mayr, der „Büchslertod", hat somit das angekündigte „Dutzend" vollgemacht.

Die Zeit, in der sich dieses Drama abgespielt hat, war eine Zeit des allgemeinen Umbruchs. Endlich ermöglichten soziale Reformen den Bauern, Landeigentum zu erwerben und sich durch Ablösezahlungen von Arbeitsdiensten für die adeligen Grundherrn freizukaufen. Auch die Justiz wurde umgekrempelt. Der als gewalttätig bekannte Förster Mayr wurde damals zwar angeklagt, doch trotz eindeutiger Beweise freigesprochen. Geschah das aufgrund der noch lückenhaften neuen Rechtsordnung oder auf Druck einflussreicher Kreise aus der Königlichen Jagdverwaltung? Die Hintergründe dieses Justizskandals sind bis heute ungeklärt, fest steht nur, dass das Urteil die Bevölkerung schockiert hat. Denn es sah so aus, als hätten für den Königlich-Bayerischen Revierförster Mayr Recht und Gesetz keine Gültigkeit.

Der Mesner Anderl wurde im gesamten Verfahren mit keinem Wort erwähnt. Er sei zu feige gewesen, sich als Urheber des Geschehens zu erkennen zu geben, weil er seinen guten Ruf nicht aufs Spiel setzen wollte, gestand er reuevoll nach Jahren. Aber da hatte sich der Vorhang hinter dem letzten Akt des blutigen Dramas bereits gesenkt.

Zu der Betroffenheit über den Ausgang des Verfahrens gesellte sich ungläubiges Kopfschütteln, weil offenbar niemand Mayrs Bluttat zu rächen wagte, obwohl Seppeis Freunde an seinem Totenbett bittere Rache geschworen hatten. Fehlte der Mut dazu? War die Furcht vor dem Förster so groß, dass man ihn unbehelligt ließ?

Es verstrichen drei Jahre, doch dann passierte etwas.

Es ist dunkel. In den Häusern und Wohnungen ist längst Licht angemacht. Öllampen, Kerzen oder Kienspäne. Und auf der Straße zur Mangfallbrücke herrscht lauter Lärm. Es ist das jährliche Haberfeldtreiben zur Faschingszeit. Dutzende Männer haben Reh- und Hirschköpfe übergestülpt und führen im Schein von flackernden Fackeln schaurige Tänze auf. Zur Musik aus knöchernen Schwegelpfeifen tragen als Teufel verkleidete Burschen einen schwarzen Sarg, auf dem in großen Buchstaben der Name des Försters steht. Dahinter tanzt der Tod, eine Sanduhr am Kopf und eine Sense über der Schulter.

Der Zug kommt vor Mayrs Haus zum Stehen. Mayr geht ans Fenster. Er blinzelt, als hätte er Staub in den Augen, denn er weiß, was Haberfeldtreiben bedeutet. Es ist eine ländliche Zeremonie, in der jemand, der Schuld auf sich geladen hat, öffentlich angeprangert wird. Der Betreffende aber darf sich nicht rechtfertigen, ja er muss sogar mit einer

Bestrafung rechnen. Und Mayr sieht, die da draußen, die tragen einen Sarg mit seinem Namen! Er ahnt, dass es um den Mentenbauerseppei geht.

An diesem Tag hat er zufällig den Königlichen Revierjäger Karl Rupp aus Wiessee zu Besuch. Und der erinnerte sich, wie Mayr auf das Erscheinen der Haberfeldgespenster reagierte: „Er is richtig wüd (= wild) word'n. Die Hausleut' hat er ang'schrian, sie soll'n sich in ihre Zimmer z'ruckputz'n, dann hat er sein Stutz'n aus'm Schrank g'numma (= genommen), mi am Arm packt und g'sagt, i soll mit eam in Holzschupfen kumma."

Was sie durch die schmalen Spalten der zweiten, auf die Straße führenden Hüttentür sehen, ist bedrohlich. Das Tanzen und das Pfeifen aus den Schwegeln - Querflöten aus ausgehöhlten Schienbeinknochen - wird immer entfesselter. Der Tod mit seiner weißen Larve (= Gesichtsmaske) und der Sense springt wieder und wieder gegen die Tür. Als er erneut dagegen anrennt, reißt der Förster sie auf, und der „Tod" fällt herein. Gemeinsam mit Rupp - der später sagen wird, er habe nur mitgemacht, um Mayr vor Übergriffen zu schützen - verprügelt er den „Tod" mit Fäusten, Holzscheiten und dem Gewehrkolben. Grün und blau geschlagen gelingt dem schließlich die Flucht ins Freie. Sense und Larve bleiben zurück. Und da stellt sich heraus, wer der Bursche ist. Es ist der Finsterwalder-Hansl aus Gmund. Ein Zimmermann und Wildschütz. Man kennt ihn in der ganzen Gegend. Es heißt, er sei „hinterfotzig", also gemein und hinterhältig, außerdem wiegle er die Leute gegen die Jäger auf, denen er bislang stets entwischen konnte. Als er jetzt aus dem Schupfen wankt, beendet die Haberfeldgruppe ihr Treiben und haut ab.

Rupp: „Für den Mayr war des a Triumph. ‚Mich kann nix und niemand daschrecken', hat er gelacht, „als wir wieda auffi in sei Wohnung sind."

Doch sie kommt, die Stunde, in der dem verhassten Wilderer-Schreck alles erbarmungslos heimgezahlt wird.

Es ist der Martinstag 1833, genau sieben Jahre nach dem Tod des Seppei. Und ebenfalls sieben Personen sind es, die die Untat an ihrem Freund nicht vergessen haben. Jetzt endlich wollen sie ihren Racheschwur einlösen. Mayr, der „Büchslertod", soll in eine Falle gelockt werden. Wie, das hat der Finsterwald-Hansl ausgeheckt, denn auch er hat mit dem Mayr ja noch eine Rechnung offen, nämlich die Prügel, die er von ihm beim Haberfeldtreiben bezogen hat. Der Hansl hat also über vier Ecken, wie man so sagt, dem Mayr eine anonyme Botschaft zukommen lassen, wonach am 11. November einige Burschen in Grund, unweit von Miesbach, auf Rehwild gehen wollen. Und der Förster fällt darauf herein.

Das Gelände dort ist kein schwieriges. Vorwiegend Wiesen und kleinere aber auch größere Bestände an Nadel- und Mischwald, in denen sich Rot- und Rehwild recht wohl fühlen. Die Anmarschwege sind problemlos, da das Terrain nicht felsig, sondern nur steil hügelig ist und tausend Meter Seehöhe gar nicht erreicht.

Die Namen der sieben Burschen sind auf einer Gedenktafel angeführt, die heute noch am Ort des Geschehens an die „Jägerschlacht am Grund" erinnert. Es steht da: *„Beteiligt waren am Kampfe Waldhofer Hansl, Gießhofer Sepp, Höger Thomä, Sepp, Bauer am Rain, Hinterauer Hansl, Fraunhofer Hansl, Auer Irgl."* Aber auch die Überfallenen werden genannt: *„Johann Mayr, Königlicher Revierjäger von Gmund, Nikolaus Riesch und Johann Probst - Jagdgehilfen."*

Auf dem Bild, das der Gedenktafel beigefügt ist, ist eine Anzahl Männer zu sehen, die in schmucker bayerischer Tracht mit Gewehren aufeinander eindreschen. Die Wirklichkeit sah aber anders aus, wie aus alten Berichten hervorgeht. Tatsächlich tragen die sieben „Rächer“ bei ihrer Rache-Aktion weder hirschknopfgeschmückte Janker, noch Lederhosen, Stutzen und Trachtenhüte, sondern alte, gebrauchte Sachen, und ihre Gesichter sind geschwärzt. Denn es ist mit Sicherheit anzunehmen, dass der Förster gegen mehrere „Illegale“ nicht alleine vorgehen wird, sondern mit Verstärkung anrückt. Und keiner der Seppei-Freunde darf da zu erkennen sein.

Schon Wochen zuvor haben sich die Männer in verschiedenen Wirtshäusern zusammengesetzt, um über das Schicksal des Försters zu bestimmen. Und sie kommen zum Schluss, dass dem Tyrannen vom Schlierseerevier das Lebenslicht ausgeblasen werden muss, damit sein unheilvolles Treiben ein Ende findet. Denn auch nach dem Tod des Seppei hat er die von ihm gehassten „Büchsler“ mit gewalttätigen Strafaktionen verfolgt, wobei der eine und andere sogar zum körperlichen Krüppel wurde. Das Ende des Försters, so beschließen sie, soll kein schmerzloses, schnelles, sondern ein gnadenlos schmerzliches sein. Genauso schmerzlich wie das des Mentenbauersohnes Seppei.

„Sei Leben g‘hört jetzt nimma eahm, des is jetzt unser Sach‘.“ Diese Äußerung wird auf den Irgl Auer zurückgeführt. „Daschiassn is z‘ guat für eahm“, soll der Gießhofer Sepp gesagt haben. „Daschlogn (= erschlagen) wär‘ des Richtige“, meint der Finsterwald Hansl. Beim Haberfeldtreiben hatte er ja den Tod dargestellt, und wie das ist, geprügelt zu werden, das ist ihm noch in bester Erinnerung. In jedem der Männer hat sich derart viel Hass und Zorn aufgestaut, dass letztlich entschieden wird, Mayr nicht zu erschießen oder auf einen Baum zu knüpfen, sondern ihn zu erschlagen. Ihn zu erschlagen wie einen räudigen Hund. Nicht mit Holzprügeln oder Steinen, sondern mit den Kolben der Wildererstutzen. „Damit er a Erinnerung an die Jagerei mitnimmt, wann er obifahrt (= hinunterfährt) in die

Höll'", hat einer der Sieben angeblich grinsend hinzugefügt.

Am Tag, der zum Albtraum werden soll, ist Johann Mayr ganz scharf darauf, endlich wieder einige „Galgenstrick" dingfest zu machen. In letzter Zeit hat er da nicht viel Glück gehabt, obwohl er die Tricks und Gewohnheiten der „Schwarzl" ja bestens kennt. Er ist sich allerdings bewusst, dass es gefährlich werden kann, weil er ja nicht weiß, wie viele Geschwärzte sich oben am „Grund" herumtreiben. Zur Sicherheit hat er deshalb die Hilfsjäger Probst und Nikolaus Riesch an seiner Seite. Wobei Riesch jener Weidmann ist, der einst den Zwölfender des Mesner Anderl am Ostinerberg gefunden hat. Auch Donar, Mayrs gefürchtete Dogge, ist mit dabei, obwohl das Tier nun schon fast zehn Jahre auf dem Buckel hat, ein für Doggen recht hohes Alter.

An besagtem Tag schleichen Seppeis Rächer auf unterschiedlichen Wegen zum vereinbarten Treffpunkt. Der „Grund" ist eine schlecht einsehbare Stelle, umgeben von dichtem Baumbestand. Und der Plan ist wohldurchdacht. Der Finsterwald Hansl wird sich als „Späher" in Sichtweite seiner Freunde neben dem Weg verstecken, auf dem Mayr wahrscheinlich auftauchen wird. Mittels Handzeichen soll er den anderen dann den Anmarsch des Försters signalisieren.

Die Sonne steht schon tief, da bewegen sich Johann Mayr und seine zwei Jäger vorsichtig den Steig herauf. Jeder der drei hält sein Gewehr in der Hand. Manchmal knackt unter den genagelten Bergschuhen ein Ast, doch sonst ist nur das angestrengte Keuchen der Dogge zu hören, die so stark an der Leine zieht, als könne sie die Begegnung mit den Gegnern ihres Herrls gar nicht erwarten. Mayr bemerkt nicht, dass dort, wo der Wald zu linker Hand ansteigt, der Finsterwald Hansl hinter dem Stamm einer alten Fichte kauert und Handzeichen gibt. Mayr kneift die Augen zusammen. Angestrengt mustert er die Baumreihe hinter einer kleinen Lichtung. Bewegt sich da was oder täuscht er sich? Nein, es ist keine Täuschung. Es ist der Rücken eines Mannes. Für Mayr steht fest, dass das einer der Burschen ist, die hier auf Pirsch gehen. Er hat den Kopf gesenkt, als suche er etwas auf dem Waldboden. Mayr und seine Helfer halten kurz an. Ein böses Lächeln kommt auf sein Gesicht. Natürlich, der Bursch hat ja einen Stutzen! Und als er sich umdreht, gibt es keinen Zweifel: Ein alter Hut ist tief in die Stirn gezogen, das Gesicht ist schwarz angemalt.

Dann überschlagen sich die Ereignisse: Der Förster und seine zwei Gehilfen stürmen auf den Mann zu. Gleichzeitig lässt Mayr die Dogge los. Dass der schwarze Mann der Waldhofer Hansl ist und er sich nur zeigt, um ihn anzulokken, kann der Förster natürlich nicht wissen. Der Hund ist als Erster dort. Mit seinen gut siebzig Kilo Körpergewicht springt er den Hansl direkt an. Der versucht zwar, die Dogge durch einen Tritt abzublocken, doch die Wucht ist so groß, dass es ihn umhaut. Und ähnlich wie einst beim Mentenseppei verbeißt sich der Hund sofort in Brust und Gliedmaßen des Hansl. Obwohl der über ansehnliche Kräfte verfügt, kann er die Bestie nicht bändigen. Er brüllt vor Schmerzen, der Hund reißt Fleischstücke aus ihm heraus.

Mayr und seine Gehilfen sind inzwischen herbei. Der Förster ist selber ein riesiger Lackl mit breiten Schultern und gewaltigen Armen, aber jetzt steht er sechs „Geschwärzten“ gegenüber. Sie sind aus dem Dunkel der Bäume aufgetaucht, die Gewehre drohend erhoben. Und sie halten sie verkehrt: Lauf nach unten, Kolben oben.

Ehe sich Riesch, Probst und Mayr gegen die Burschen werfen können, versetzt der neben dem Waldhofer Hansl stehende Thomä Höger dem rasenden Hund einen gewaltigen Schlag. Das Tier lässt vom Hansl ab, taumelt, knickt ein und fällt zur Seite. Dann, so heißt es in einem alten Schriftsatz, habe ein Hieb von einem der Männer den Jagdgehilfen Probst zu Boden gestreckt. Er macht keinen Mucks, doch wie sich später erweist, hat er sich nur totgestellt.

Der Förster aber springt mitten unter die Männer, die ihn umringen. Diesen Gaunern und Falotten wird er es zeigen! Er gebraucht die Fäuste und seinen Bergstock, doch von allen Seiten dreschen Gewehrkolben auf ihn ein. Er versucht sich ihrer zu erwehren, aber kaum hat er einen zur Seite geschlagen, ist schon der Nächste da.

Der Jagdgehilfe Riesch hat sich natürlich auch ins Getümmel gestürzt, doch irgendwer schmettert ihm den Kolben so hart auf den Kopf, dass er neben Probst besinnungslos zu Boden geht. Wie sich später herausstellen wird, erleidet er dabei einen Schädelbruch. Aber auch die als Wilderer verkleideten Männer bekommen was ab. Der bärenstarke Förster hat ihnen brüllend vor Wut allerhand Verletzungen zugefügt. Etliche Gewehrkolben sind zersplittert, Bergstöcke abgebrochen.

Es ist eine Schlacht im buchstäblichen Sinn des Wortes.

Wie lange die hemmungslose Schlägerei anhält, kann später niemand genau sagen. Sie findet aber erst ein Ende, als der Förster und seine Gehilfen wehrlos auf dem Boden liegen. Probst stellt sich noch immer tot, Riesch stöhnt leise, doch Johann Mayr hat es schlimm erwischt. Er rührt sich nicht, Kopf, Janker und Hose sind blutverschmiert, die halbgeschlossenen Augen starren glasig ins Leere. Jemand beugt sich über ihn, hält die Hand vor den halb geöffneten Mund. Als er keinen Atem fühlt, soll er gesagt haben: „So, jetzt bist hin, du Saubazi! Und für'n Seppei ham ma guat g'macht, was du ihm antan hast!“

Was in der aufgeheizten Stimmung aber keiner bemerkt: Der Förster ist nicht tot. Er lebt. Er hat wie Riesch einen

Das Symbolbild ***(rechts)*** *soll zeigen wie die Dogge ‚Donar' auf Befehl ihres Herrchens Menschen anfiel*

Unten: *Diese Gedenktafel erinnert an die ‚Jägerschlacht' am Grund. Ein überaus blutiges Ereignis*

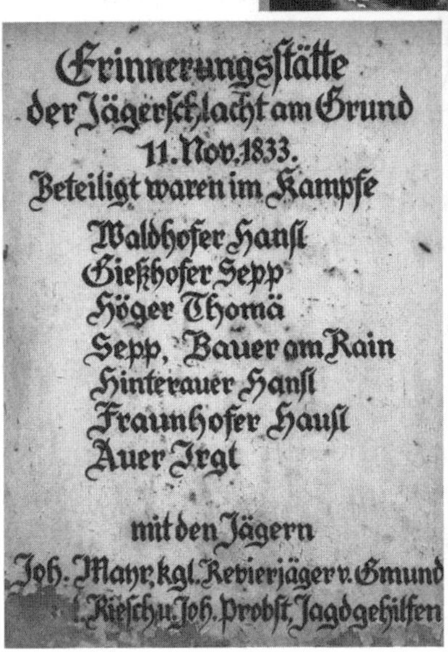

Erinnerungsstätte
der Jägerschlacht am Grund
11. Nov. 1833.
Beteiligt waren im Kampfe
Waldhofer Hansl
Gießhofer Sepp
Höger Thomä
Sepp, Bauer am Rain
Hinterauer Hansl
Fraunhofer Hausl
Auer Irgl

mit den Jägern
Joh. Mayr, kgl. Revierjäger v. Gmund
J. Kiesch u. Joh. Probst, Jagdgehilfen

Rechts: *Eine zeitgenössische Darstellung Mayrs mit seiner blutrünstigen Dogge ‚Donar'*

Schädelbruch. Auch seine Nase ist kaputt, ein Ohr halb abgerissen, Zähne sind ausgeschlagen, sein Atem ist schwach, aber nicht erloschen. Die Leute auf den nicht allzu weit entfernten Höfen Schmerold und Grund sind durch den Kampflärm alarmiert worden. Sie eilen herbei und bringen die Beteiligten, von denen bis auf den Finsterwald Hansl keiner unverletzt ist, zu ihren Höfen. Der Hansl, der Initiator und Zeichengeber, hat sich nämlich aus allem herausgehalten!

Donar, die Dogge, will niemanden zu ihrem Herrl lassen, doch Probst, der jetzt wieder auf den Beinen ist, kann sie einigermaßen beruhigen. Dann bewegt sich Mayr. Den „Rächern" fährt der Schreck in die Glieder. Verflucht, er lebt ja noch! Die Männer wissen nicht, was sie sagen sollen. Das ist ihnen unheimlich. Hat der Kerl vielleicht mehrere Leben? Ist er tatsächlich mit dem Teufel im Bund? Es ist jetzt freilich zu spät, ihm endgültig den Garaus zu machen, denn die herbeigeeilten Hofbewohner könnten das sehen.

Riesch und Mayr werden auf einem mit Bettwäsche gepolsterten Leiterwagen nach Gmund hinuntergebracht. Doch Nikolaus Riesch stirbt tags darauf. Die Trauer ist groß, denn er war - im Gegensatz zu seinem Chef - bei der Bevölkerung sehr beliebt. Das Ende des Königlich-Bayerischen Revierförsters Johann Mayr aber ist wahrscheinlich schlimmer als ein schneller Tod durch Erschlagen. Er hat einen mehrfach gebrochenen Schädel, an dem die Kunst der Ärzte versagt. Alles fängt zu eitern an, eine Heilung gibt es nicht. Vier Monate dämmert er im Bett unter qualvollen Schmerzen, bis ihn der Tod erlöst. An ihn erinnert ein Grabstein ohne Aufschrift am Friedhof in Gmund.

Doch mit Mayrs Ableben ist das Drama noch nicht beendet. Die Beteiligten an der „Jägerschlacht am Grund" sind zwar einvernommen worden, doch es kann ihnen nichts nachgewiesen werden. Die Verletzungen erklären sie mit

Unfällen zuhause oder bei der Arbeit. Nur einer kann nicht befragt werden, das ist der Waldhofer Hansl, jener Bursch, der von der Dogge angefallen wurde. Er ist nach Tirol geflüchtet, um dort seine Bissverletzungen auszuheilen.

Mangels Tatbestandes hat das Gericht kein Verfahren eingeleitet, doch als der Hansl zurückkehrt, werden er und seine Freunde überraschend verhaftet. Der Vorwurf jetzt: Gemeinschaftlicher Jägermord. Und nun bekommen sie die ganze Härte des Gesetzes zu spüren. Der Jagdgehilfe Probst bezeugt nämlich, dass der Hans einer der Angreifer gewesen und von der Dogge attackiert worden ist. Die anderen leugnen zwar, werden aber trotzdem in Haft gehalten. Einige kommen früher frei, doch der Hinterauer Hansl übersteht die Untersuchungshaft nicht. Er stirbt nach vier Jahren(!) hinter Gittern. Wie es heißt, an den Folgen eines Schlages, den er von Mayr erhalten hat.

Der Waldhofer Hansl aber, der mit den Hundebissen, muss den Kopf hinhalten. Er wird zu sechzehn Jahren Kerker verurteilt. Er kommt zwar nach langen zehn Jahren frei, hat davon aber nicht mehr viel. Das Leben im Gefängnis hat ihn zermürbt - er stirbt zwei Wochen nach seiner Heimkehr ins Tegernseer Land.

Bleibt also nur mehr der Mesner Anderl. Er gibt zwar nach vielen Jahren reuevoll zu, die Mentenseppei-Tragödie verursacht zu haben, da ihm aber an den nachfolgenden Ereignissen keine Mitschuld vorgeworfen werden kann, bleibt er ungeschoren. Allerdings ist er ein gebrochener Mann. Die Jägerei hat er Jahre zuvor schon an den Nagel gehängt, er widmet sich nur mehr der Messdienerei und wird ein Sonderling, der kaum mehr Kontakt zu anderen hat.

Der Titel dieser Geschichte über das Drama von Gmund müsste mit einem wichtigen Wort ergänzt werden: „Wo der **gnadenlose** Tod mit Hinterlist lauert!“

Ein Teufelskerl namens Plieseis

Die Jäger hefteten sich auf die Spur jenes Wilderers, der aufgrund seines nassen Gewandes leicht zu überführen sein musste. Als sie dann ins Tal kamen, vertraute ihnen ein Bauer an, dass ein angeschossener Wildbratler bei ihm in der Küche sei.

Helmut Koch lehnte mit dem Rücken an der Wand eines Hauses, das früher eine stattliche Finca war, jetzt aber nur mehr eine Ruine. Gegnerische Granaten hatten das Gebäude fast völlig zerstört. Koch streckte die Beine. Als das Zittern seines Körpers ein wenig nachließ, ergriff er die Hand des neben ihm kauernden Kameraden. „Danke, Sepp. Danke, dass du uns zurückgebracht hast. Ohne dich wären wir erledigt."

Der Angesprochene nickte nur. Er und vierzehn weitere Männer einer aufgeriebenen Kompanie des „Bataillons 12. Februar" waren noch vor eineinhalb Stunden dem Angriff der Franco-Armee an der Aragon-Front, im Norden Spaniens, wehrlos ausgeliefert gewesen. Die Munition war verbraucht und das einzige Geschütz, eine altersschwache russische Feldkanone, war ausgefallen. Der Feind aber rückte immer näher, unterstützt durch tief fliegende Flugzeuge. In der Nacht davor hatte die kleine Gruppe unter dem Kommando von Helmut Koch die Schanzanlage noch ausgebaut, in den Morgenstunden dann hatte der gegnerische Ansturm begonnen. Koch und seine Kameraden waren jedoch chancenlos, da sie dem Gegner auch zahlenmäßig weit unterlegen waren.

Es hatte Verwundete gegeben. Ihre Schmerzensschreie waren im Stakkato des infernalischen Feuers zu hören. Koch, der statt eines Helms eine Feldkappe trug, warf einen verzweifelten Blick zu einem am Bauch liegenden Flakhelfer, über dessen Ohr ein Delta von Blut zu sehen war. Doch er lebte. Ein zweiter hatte einen Schuss in das Bein abbekommen. Koch zog die beiden mithilfe anderer Kameraden hinter einen niederen Steinwall, dann schrie ihm jemand zu: „Weg von da! Alle mir nach!"

Es war der Sepp. Hektisch winkte Koch die Soldaten zu sich. Er wies sie an hinter ihm und dem Sepp zum nahen Wald zu robben. Verirrte Geschoße schlugen ringsum ein und ließen die trockene Erde aufspritzen, doch die Männer krochen unbeirrt weiter. Abwechselnd schleiften sie die zwei Verletzten mit. Der eine hatte die Augen geschlossen, der andere starrte teilnahmslos vor sich hin.

Das war im Herbst 1937 gewesen. Spanischer Bürgerkrieg. Faschisten gegen Republikaner. Beide politische Lager hatten bereits 1931 die Reformen zu verhindern versucht, die die damalige Regierung im Land durchsetzen wollte. Doch 1936 hatte die „Volksfront" dann bei Neuwahlen einen überlegenen Sieg errungen. Die „Volksfront" war ein Wahlbündnis aus Republikanern, Sozialisten und Kommunisten. Den Erfolg der „Linken" wollten die „Rechten" jedoch nicht akzeptieren. Große Teile des Militärs unter dem Kommando von General Franco, der vom spanischen Klerus, dem royalistischen Adel, der Bourgeoisie und der faschistischen Falange-Bewegung unterstützt wurde, planten den Umsturz. Franco, zurück aus der politischen Verbannung in Gran Canaria, strebte die totale Macht an. Also mobilisierten auch die Republikaner. Während die Franquisten - wie man sie nannte - zusätzlich vom nationalsozialistischen Deutschland und vom faschistischen Italien militärischen und finanziellen Beistand erhielten, kamen den Republikanern die Sowjetunion sowie zahlreiche Freiwillige aus vielen Ländern zu Hilfe. Vorwiegend Kommunisten. Auch 1.700 Mann aus Österreich. Sie schlossen sich zu den „Internationalen Brigaden“ zusammen.

Der aus Wien stammende Helmut Koch und seine Kameraden gehörten dazu. An ihrer Seite kämpften aber auch „Schutzbündler“, also Sozialdemokraten, die sich aus politischen Gründen aus ihrem Heimatland Österreich abgesetzt hatten. Viele dieser Landsleute befanden sich derzeit im Nordosten Spaniens, an der Aragonfront, wo sie die Franquisten zurückdrängen sollten. Doch jetzt, gegen Ende 1937, schien die Lange kritisch zu werden, denn fast überall waren die Nationalisten im Vormarsch. Die „Legion-Condor“, die gefürchteten Flugzeuggeschwader der deutschen Nationalsozialisten, legten Bombenteppiche über das Land, darüber hinaus verfügten die Bodentruppen des Generalissimo Franco über die allerneuesten Waffen, die den veralteten Kampfmitteln der „Interbrigadisten“ haushoch überlegen waren.

Und um ein Haar hätte es nun auch Helmut Koch und seine Leute erwischt. Bleich und erschöpft machten sie jetzt Rast bei der Finca, außerhalb des feindlichen Schussbereiches. Einheitliche Uniformen gab es nicht. Jeder hatte was anderes an, alles war verdreckt und zerrissen. Koch fischte aus dem Stoffbeutel, in dem sich seine Habseligkeiten befanden, ein zerknittertes Blatt Papier und einen Bleistift. Im Sitzen, an die Mauer gelehnt, notierte er in ungelenken Buchstaben, warum er dem Sepp so dankbar war:

„Ein schrecklicher Tag! Von unseren Stellungen aus mussten wir hilflos mitansehen, wie der Gegner näher rückt. Mit Artillerie und Sperrfeuer haben sie uns festgenagelt. Rundherum sind Kameraden gefallen. Wir hatten unsere Munition verschossen und es war wohl nur eine Frage der Zeit, bis auch wir ins Gras beißen müssen oder dem Feind in die Hände fal-

len. Aber da ist der Sepp gewesen. Er hat uns zurück geführt durch die unwegsame, felsige Bergwildnis, in der wir uns Flachländler kaum zurechtgefunden hätten. Nur dadurch, so glaube ich, sind wir dem Schlamassel entkommen, denn der Gegner hat mit Sicherheit unsere Schanzanlage überrollt. Deshalb noch einmal, danke Sepp! Du bist wirklich mit allen Wassern gewaschen. Und irgendwann werden wir von dir wohl erfahren, warum du so ein Teufelskerl bist. Vor allem wären wir ohne deine Hilfe an der hohen Felswand gescheitert. Und jetzt sind wir vorläufig in Sicherheit. Auch wenn es schmerzt, dass wir den Franco-Banditen ein weiteres Stück Land überlassen mussten."

Das Schriftstück befand sich im Nachlass Kochs, der 1978 in Niederösterreich verstorben ist.

Wie der „Sepp" es schaffte, sie heil und unbeschadet durch das unwegsame Gelände ins Hinterland zu bringen, das erstaunte damals seine Kameraden. Anscheinend verfügte er über außergewöhnliche Fähigkeiten, offenbar sah und hörte er Dinge, die anderen verborgen blieben. Mit schlafwandlerischer Sicherheit spürte er kaum sichtbare Steige auf, er umging gefährliche Abbrüche, heimtückische Rinnen sowie pflanzenüberwucherte dolinenartige Löcher, in die man auf der hastigen Flucht nur allzu leicht stürzen konnte. War von Ferne das Pfeifen von Granaten zu hören, drängte er die Genossen in Deckung. Und als sie zu einer steil abfallenden Felswand kamen, wies er die Kameraden an, wie sie hinunter klettern mussten. Dann ließ er sich den verletzten Flakhelfer auf den Rücken binden und machte sich mit ihm an den gefahrvollen Abstieg. Anschließend kraxelte er gleich wieder hoch, um den zweiten Verwundeten herunter zu bringen. Danach ging's weiter, zurück durch das unwegsame Hinterland. Und jetzt, als sie erschöpft, aber ungemein erleichtert bei der zerbombten Finca waren, fragte sich der eine und andere, was für einer der Sepp wohl ist? Der Genosse aus Österreich erzählte ja kaum etwas über sich. Man wusste nur, dass er aus einem Landesteil namens Salzkammergut kam und sich bis nach Spanien durchgeschlagen hatte, um mit den Internationalen Brigaden gegen Franco zu kämpfen.

In Österreich war der Sepp allerdings kein Unbekannter. In den Archiven der Staatspolizei war er als Sepp Plieseis registriert. Ein rotes Tuch für die autoritären Austrofaschisten, ein Anarchist, der auf keinen Fall unterschätzt werden durfte. In seiner Akte war penibel vermerkt:

- Geboren am 29. Dezember 1913 in Lauffen bei Bad Ischl.
- Besuch der Volks- und Bürgerschule, keine berufsausbildende Lehre.
- Vater: Johann Plieseis, Schuster und Maurer, geboren 1877 in St. Agatha bei Goisern. Ehelichte 1904 in Lauffen Josefine Danzer, 22, Tochter eines Tagelöhners in Pinsdorf. Die ersten drei Kinder im Kleinkindalter verstorben, Josef Plieseis ist das vierte Kind.
- Ist seit frühester Jugend in der sozialistischen Bewegung tätig, dann im Österreichischen Schutzbund.
- Politisch sehr aktiv und unbelehrbar. Teilnahme an Kämpfen gegen die Heimwehr.

Geprägt vom sozialdemokratischen Elternhaus und materieller Not in den Jugendjahren, war Plieseis schon bald der ‚roten' Ideologie zugetan. Dann, am 1. August 1934, ein Schicksalsschlag: Sein Vater erhängte sich. Das Motiv unbekannt. War es wirtschaftliche Not? Oder Verzweiflung über die vergeblichen Anstrengungen der „Sozis", die Arbeiterklasse besser zu stellen? Neben der Trauer um seinen Vater war der Sepp enttäuscht und verbittert. Er wechselte deshalb von den Sozialisten zu den Kommunisten. Die schienen radikaler zu sein. Noch im gleichen Jahr ließ er sich in die Partei einschreiben. Und knapp 21 war er erst, als er die Leitung der illegalen KPÖ-Lokalorganisation in Ischl übernehmen durfte.

Im Untergrund organisierte er Aktionen gegen den von ihm so gehassten Austrofaschismus. Jedoch derart raffiniert, dass man ihm bis zum 22. März 1937 nichts anhaben konnte. Besagter Märztag wurde für ihn aber dann zum Fiasko. - Allerdings zu keinem politischen.

In der Zeitschrift „Österreichischer Jagdschutz" wird darüber berichtet. Der damals arbeitslose Plieseis und sein 32-jähriger Freund Karl Gitzoller aus Strobl am Wolfgangsee waren da in Kösslbach bei Ischl auf Schwarzpirsch. Das Fachmagazin widmet dem Vorfall einen ausführlichen Artikel:

„Am 22. März mittags, um 13,30, hörte der Jäger Josef Bawaronschütz anlässlich eines Dienstganges zwei Schüsse im Revier. Da dort seit längerem Wilderer ihr Unwesen trieben, verständigte er sofort den Jäger des Nachbarreviers, Johann Schwaiger. Gemeinsam nahmen die beiden die Nachforschungen auf. Als sie auf einem steilen Rücken bereits wieder abstiegen, bemerkten sie plötzlich zwei Wilderer, die das Gelände zirka 200 Schritt unter ihnen überquerten. Hierauf pirschten die Jäger unter Deckung näher und sahen dann die beiden Wilderer etwa 50 Schritte unter sich. Der eine Wilderer rastete, während der zweite eine Abstiegsmöglichkeit ausspähte. Sie hatten vollbepackte Rucksäcke, wobei der eine die Decke eines gestohlenen Kälbertieres auf dem Rucksack befestigt hatte. Die beiden hatten Masken umgebunden und waren mit umgearbeiteten Militärgewehren ausgerüstet. Das erkannte der Jäger Bawaronschütz durch sein Fernglas am Verschluss. Als die Jäger die Wilderer angehen wollten, pack-

ten diese zusammen, stiegen weiter ab und kamen außer Sicht. Daraufhin stiegen auch die Jäger weiter im Graben ab und hier kam es zum Zusammenstoß. Der vorangehende Jäger Schwaiger rief die beiden an: „Hier Jagdschutzwache, Gewehr nieder!", worauf die beiden ihre Rucksäcke abwarfen, und der eine (Plieseis) legte sofort auf Schwaiger an. In dem Moment bekam auch der nachkommende Bawaronschütz den Wilderer zu Gesicht und rief ihn ebenfalls an. Da ergriffen die zwei die Flucht unter Hinterlassung ihrer Mäntel. Einer ließ auch seinen Rucksack zurück, die Gewehre hielten sie in den Händen."

Die Jäger verfolgten die Wildbratler. Laut riefen sie ihnen nach, sich zu ergeben und die Waffen wegzuwerfen. Doch Plieseis und Gitzoller stürmten weiter. Sie liefen in Richtung eines bewaldeten Hanges.

Keuchend blieb Bawaronschütz stehen, um einen Warnschuss Richtung Gitzoller abzufeuern. Im gleichen Moment stolperte Plieseis. Er überschlug sich und kollerte über einen Steilhang in einen Bach. Dabei entfiel ihm die Waffe.

Gitzoller aber flüchtete weiter, Bawaronschütz feuerte erneut. Einer der Schüsse traf einen Stein. Winzige Splitter sprangen ab und bohrten sich in das Gesicht des fliehenden Wilderers.

Unterdessen krabbelte Plieseis aus dem Bach, schnappte sein am Abhang liegendes Gewehr und legte gegen Schwaiger an. Bawaronschütz bemerkte das und warnte laut seinen Kollegen: „Pass auf, der schiasst auf dich!" Schwaiger warf sich blitzschnell zu Boden und Plieseis ging hinter einem Felsblock in Deckung. Bawaronschütz zielte und schoss. Das Projektil sprengte ein scharfkantiges Steinplättchen ab, das - wie sich später herausstellte - Plieseis in den Körper drang. Doch als der Jäger sich näher wagte und vorsichtig hinter den Felsblock spähte, war der maskierte Wildschütz verschwunden.

Aber auch sein Kumpan schien sich in Luft aufgelöst zu haben. Im „Österreichischen Jagdschutz" war darüber zu lesen:

„Die Jäger nahmen unter äußerster Vorsicht die Verfolgung auf. Sie hefteten sich auf die Spur jenes Wilderers, der aufgrund seines nassen Gewandes und des weggeworfenen Mantels leichter zu überführen sein musste, als der andere. Als sie ins Tal kamen, wurden sie von einem Bauern verständigt, dass ein angeschossener Wilderer bei ihm in der Küche sei."

Und tatsächlich, da saß er. Seine Büchse aber hatte Plieseis zuvor noch in der Nähe des Hofes versteckt. So gut, dass man sie auch später nicht finden sollte. Es kam zu einem heftigen Wortwechsel. Als sich Jäger und Schütz einigermaßen beruhigt hatten, filzten die Weidmänner Plieseis' Rock. Zutage kamen 4 Patronen à 8 Millimeter, wovon 3 abgeplattete Bleispitzen hatten und eine mit einer Rundkugel versehen war. Weiters fanden sich eine ausgeschossene Patronenhülse und ein „Gucker" (= Feldstecher).

Über seinen Komplizen schwieg Plieseis sich aus. Er kenne ihn nicht, behauptete er. Er sei ihm zufällig im Wald begegnet. Für Gitzoller war nämlich wichtig, unerkannt zu bleiben, da er als Wildschütz bereits vorbestraft war. Er war gelernter Maschinenschlosser, hatte in verschiedenen Betrieben gearbeitet, 1931 geheiratet und war dann Vater von zwei Töchtern geworden. Das Wildern aber war seine Leidenschaft von Jugend an. Er konnte einfach nicht davon ablassen. Und deswegen hatte er auch für nichts Interesse, was sich sonst so tat in der Welt.

Das änderte sich allerdings, als 1934 der Österreichische Bürgerkrieg das Land spaltete, die schwarze Heimwehr und der rote Schutzbund sich blutig bekämpften. Hunderte Tote gab es zu beklagen. Am 12. Februar mussten sogar aus Sicherheitsgründen die Haustüren landesweit geschlossen bleiben. Zahlreiche Sozialisten und Kommunisten wurden verhaftet, viele ihrer Anführer standrechtlich erschossen. Die Heimwehr beschlagnahmte tausende Gewehre sowie Kriegsausrüstungsgegenstände, die dem Schutzbund gehörten. Auch in Ischl herrschte Ausnahmezustand. Die Führer der sozialdemokratischen Ortsgruppe wurden arretiert, das Arbeiterheim durch staatliche Organe in Besitz genommen. Nur der junge Sepp Plieseis, Chef der illegalen Lokal-KPÖ, blieb von den Säuberungen verschont. Es gab nämlich keinen, der ihn an die „Hahnenschwänzler", also die Heimwehr, verriet.

Der bislang politisch desinteressierte Karl Gitzoller wurde aufgrund dieser Ereignisse jetzt aber auch zu einem Gegner des Christlichen Ständestaates. Er nahm an kommunistischen Schulungen des späteren Spanienkämpfers Franz Jaritsch teil. Und da lernte er Sepp Plieseis kennen. Der verstand es, ihn endgültig zum fanatischen Verfechter eines Arbeiterstaates und zu einem Anhänger der von Stalin regierten Sowjetunion zu machen.

Der politische Funke war übergesprungen. Gitzoller war jetzt nicht nur überzeugter Kommunist, er war nun auch ein enger Freund des ultralinken Plieseis Sepp.

In der darauffolgenden Zeit stürzten die zwei sich in allerlei Abenteuer, wozu auch das verbotene Wildern zählte. Die Schwarzpirsch lag den beiden aber nicht nur im Blut, sie war auch eine Kampfansage gegen das herrschende Establishment. Was war schon dabei, den betuchten Jagdeigentümern mal da und dort ein „Stückl" für den hauseigenen Kochtopf wegzuschießen?

Karl und Sepp bevorzugten die Reviere rund um Ischl. Da kannten sie das Gelände. Man gelangte da schnell und ohne Umstände hin und auch das Wegschaffen des erlegten Wildes ließ sich ohne großes Risiko bewerkstelligen.

Glaubten sie.

Denn am 22. März 1937 hatte - wie erwähnt - das Glück sie im Stich gelassen, weil da im Kösslgraben das Verhängnis in Gestalt der Jäger Schwaiger und Bawaronschütz lauerte.

Der ‚Geller' den Plieseis' abbekommen hatte, erforderte seine Einlieferung ins Spital. Streng bewacht von der Exekutive lag er in einem Zimmer im zweiten Stock. Der Gendarmerie-Revierinspektor Franz Loidl setzte sich zu ihm ans Krankenbett. Er wusste, dass der junge Patient ein gefinkelter Bursch war. Angeblich auch KPÖ-Mitglied. Und vor solchen Typen musste man auf der Hut sein. Er strich mit der Hand gedankenvoll über die goldene Borte, die den Ärmel seiner Dienstjacke schmückte. Der einbandagierte Plieseis grinste: „Steht ihnen gut, das Rangabzeichen." Loidl fand das nicht amüsant. „Plieseis, dir wird das Lachen schon noch vergehen!"

„Na ja, so schlimm wird's wohl nicht werden."

Der Inspektor ließ sich auf keine Diskussion ein, er richtete an Plieseis direkt die Frage: „Also wer war der Zweite, der mit dir auf Schwarzpirsch war?" Plieseis tat so, als denke er nach. „Keine Ahnung, Inspektor. Ich kenn' den nicht. Wir sind uns zufällig im Wald begegnet."

„Red' keinen Scheiß, Plieseis. Ganz bestimmt hast du ihn gekannt. Ihr seid ja auch miteinander geflüchtet."

Der junge Mann im Krankenbett setzte eine Unschuldsmiene auf. „Es war wirklich ein Zufall. Alle zwei war'n wir erschrocken, als wir uns auf einmal gegenüber g'standen sind. Er war angerußt und ich hab' mei' Maskn g'habt. Auch seine Stimm' war mir nicht bekannt. Er hat nur g'sagt, er kommt aus Ebensee, und wir sollen halt zu zweit auf a Viecherl gehen." Loidl blickte ihn aus zusammengekniffenen Augen an. „Haltst mich für blöd, Plieseis? Aber wir finden das schon noch heraus!"

Und sie fanden es auch heraus. Da der einschlägig vorbestrafte und amtsbekannte Gitzoller zum engen Kreis der Verdächtigen zählte, nahm man auch ihn sich vor. Und als er befragt wurde, fielen seine Gesichtsverletzungen auf. Es waren kleine Steinsplitter, die unter der Haut steckten und zu eitern begannen. „Wie ist das passiert?“ wollte derselbe Loidl wissen, der auch schon Plieseis vernommen hatte.

Gitzoller zuckte mit den Schultern. „Beim Radfahren. Hing'fallen bin ich.“ „Na, sowas Deppertes hab ich auch noch nicht g'hört“, entgegnete Loidl. „Wenn's dich hintuscht mit dem Radl, hast höchstens Abschürfungen im Gesicht, aber keine Steinsplitter unter der Haut. Die Splitter sind vom Schuß des Bawaronschütz, gibs zu! Da ist was vom Felsen weggespritzt und hat dich getroffen.“

Gitzoller schüttelte den Kopf.

„Und wo ist dein Wetterfleck? Du hast ihn ja genau wie der Plieseis bei der Flucht weggeschmissen.“

Gitzoller entspannte sich: „Wann ich net dort war, hab‘ ich auch nix wegschmeißen können. Warten'S, ich hol‘ ihn.“ Er ging in ein Nebenzimmer und kam mit dem Wetterfleck zurück. „Bittschön, da ist er.“

Loidl war jetzt etwas irritiert. „Und einen Rucksack hast auch gehabt!“

„Na, wirklich net. Ich war ja, wie gesagt, überhaupt net dort.“

„Aber die Jäger haben's g‘sehn.“

Als der Inspektor ging, glaubte Gitzoller er wäre aus dem Schneider. Doch seine Redefreudigkeit gegenüber Freunden, wurde ihm dann halt doch zum Verhängnis. Denn ein paar Tage später meldete sich bei der Gendarmerie ein Mann namens Reitböck. Der behauptete, Gitzoller habe ihm bei einem gemütlichen Beisammensein den Vorfall in Kösslbach haargenau geschildert. Unter anderem sagte er, dass er sich nachher bei einem befreundeten Schmiedemeister in Reiterndorf vorübergehend einen Wetterfleck ausgeborgt habe, der dem seinen ganz ähnlich war. „Für Alibizwecke“, soll die Begründung gewesen sein. Und der Mann wusste den Beamten auch zu berichten, dass der verschwundene Rucksack mit dem Fleisch und der Decke des gewilderten Hirschkalbs von Gitzoller während der Flucht in der Nähe des Kalkwerks im Wald versteckt worden ist. Bei einer Suche wurde dann der Rucksack auch tatsächlich gefunden. Da es in jener Zeit natürlich keine DNA-Analysen oder Ähnliches gab, konnte allerdings nicht bewiesen werden, dass Gitzoller ihn benutzt hatte.

Dann aber kam den ermittelnden Beamten ein weiterer unerwarteter Zufall zu Hilfe. Es meldete sich nämlich ein anderer Spezi des verdächtigten Gitzoller. Er gab an, von der ‚Wildererg'schicht‘ und dem mysteriösen Rucksack gehört zu haben und er wolle mitteilen, dass er dem Gitzoller seinen, schon mehrere Jahre alten Rucksack, geschenkt habe, weil dieser vorgab, ihn für einen größeren Fleischeinkauf zu brauchen, sich aber keinen neuen leisten konnte.

Der Mann identifizierte den „Bucklsack“ aus dem Kalkwerkwald eindeutig als sein einstiges Eigentum.

Das genügte, um Gitzoller in Haft zu nehmen. Er musste im Bezirksgericht Ischl Quartier beziehen.

Gitzoller war vor nicht allzu langer Zeit wegen einschlägiger Wildererdelikte schon zu drei Jahren schweren, verschärften Kerkers verurteilt worden, ein Jahr davon wurde bedingt ausgesprochen. Deshalb war es jetzt enorm wichtig, der Mittäterschaft nicht überführt zu werden, da bei einer neuerlichen Verurteilung auch die bedingte Strafnachsicht fällig wäre. Da sein Zellengenosse am kommenden Tag entlassen werden sollte überredete er ihn, Plieseis im Krankenhaus aufzusuchen und diesen inständig zu bitten, ihn nicht als seinen Komplizen zu verraten. Plieseis sei als Wildschütz ja unbescholten, doch ihn, den einschlägig Vorbestraften, würde bei erwiesener Wilderei das Gesetz mit ganzer Härte treffen.

Für Plieseis war dieser Freundschaftsdienst selbstverständlich. Gegenüber dem Gendarmerieinspektor Loidl hatte er ja ohnehin behauptet, den anderen Schütz nicht gekannt zu haben. Und dabei würde er auch bleiben ...

Erst Anfang Mai durfte Plieseis das Krankenhaus verlassen. Freilich entließ man ihn nicht in die Freiheit, sondern in eine wenig komfortable Bezirksgerichtszelle. Dort wurde er vom Untersuchungsrichter Dr. Klimesch einvernommen. Da der autoritäre Ständestaat gegen „kriminelle Elemente" - und dazu zählten auch Wildschützen - mit großer Härte vorging, musste Plieseis sich auf ein schonungsloses Verhör gefasst machen. Um halbwegs gut mit Dr. Klimesch über die Runden zu kommen, ließ er sich ein Zugeständnis abringen. Der Untersuchungsrichter wollte von ihm nämlich auch eine genaue Beschreibung der Bekleidung, die der Komplize getragen hatte, weil das ein wichtiges Indiz für die Anklage gegen den inhaftierten Gitzoller sein konnte. Plieseis tat so, als denke er nach, um seine Erinnerung aufzufrischen. Dann, ganz plötzlich, konnte er, im Gegensatz zu früher, sehr genau sagen, was sein angeblich unbekannter Kumpel damals angehabt hatte. Dr. Klimesch lächelte zufrieden, denn die Beschreibung war identisch mit jener der Jäger. Plieseis aber schwächte gleich wieder ab: „Ich kenn den Gitzoller natürlich. In so einer kleinen Stadt wie Ischl lauft man sich ja über den Weg. Und ich hab' auch oft mit ihm g'sprochen. Trotzdem, Herr Doktor, kann er der vom Kösslgraben net g'wesen sein. Er hätt' sich ja an der Stimm' verraten."

Der Untersuchungsrichter verdrehte die Augen: „Also, Plieseis, was soll ich nun von dem, was Sie sagen, glauben?"

Plieseis und Gitzoller wurden schließlich noch in der gleichen Woche in das Kreisgericht Wels überstellt, wo ihnen der Prozess gemacht werden sollte. Und der fand am

12. Juni 1937 statt. Ein Schöffensenat unter Oberlandesgerichtsrat Dr. Steinhuber saß über die Ischler zu Gericht.

Als der Vorsitzende im dunklen Talar den Gerichtsaal betrat, wurde es mucksmäuschenstill. Alle Sitzreihen waren besetzt. Das Interesse der Leute war ungemein groß, da die Medien im Vorfeld ausführlich darüber berichtet hatten.

Die *„Ischler Nachrichten“* schrieben am 17. Juni über die Verhandlung:

„Die zwei Wilderer hatten ein Hirschtier im Wert von 60 Schilling erlegt. Es kam zu einem Zusammenstoß, wobei der Jäger Bawaronschütz einige Schüsse abgab, deren Geller Plieseis getroffen hatten. Plieseis leugnete, sein Gewehr zuerst gegen den Jäger in Anschlag gebracht zu haben. Seine Waffe wurde bisher auch nicht gefunden.

Der Beschuldigte Gitzoller stellte seine Mittäterschaft in Abrede. Es sei auch nicht richtig, dass er dem Zeugen Reitböck (der, der ihn bei der Gendarmerie vernadert hat. Anm.) *alles vom Wildern an besagtem Tag mitteilte, und ein Alibi habe er sich auch nicht besorgt. Man fand jedoch sein Gewehr und den Mantel in einem Versteck.“*

Plieseis blieb bei seiner Version vom Hergang des Vorfalls. Allerdings habe nicht er die Waffe zuerst gegen den Jäger gerichtet - es sei umgekehrt gewesen.

Am darauffolgenden Verhandlungstag kam's dann zum Eklat. Der Belastungszeuge Reitböck, ein Kesselschmied aus Ischl, konnte sich plötzlich nicht mehr erinnern, dass er der Gendarmerie dereinst gesteckt hatte, dass Gitzoller ihm gestanden habe, der zweite Kösslgraben-Täter zu sein. Dem Richter schwoll da die Zornesader. „Wieso leiden Sie plötzlich an Gedächtnisschwund? Wollen Sie uns zum Narren halten?“ Wegen Verdachtes der Falschaussage ließ er Reitböck auf der Stelle verhaften. Als dem die Handfesseln angelegt wurden, starrte er ungläubig zum Richter. Blass stützte er sich auf die Lehne der Zeugenbank, dann wandte er sich einem ebenfalls im Publikum sitzenden Mann namens Josef Thallinger zu. Thallinger war als Zuhörer anwesend. Als der aber keine Reaktion zeigte, drehte Reitböck sich wieder um.

„Herr Rat“, stammelte er mit heiserer Stimme, „Sie dürfen mich net einsperren! Ich hab‘ mich nämlich net getraut, die Wahrheit zu sagen. Der Thallinger dort“ - er wies auf den Mann, - „der hat mir gedroht, wenn ich hier was über den Gitzoller sag‘, dann macht der mich auf der Stelle kalt.“

Im Saal wurde es laut, OLGR Dr. Steinhuber forderte Ruhe. Als es wieder einigermaßen still war, entschied er, dass nun Thallinger festgenommen und Reitböck wieder freigelassen werde. Er entschied aber auch, das Verfahren gegen Gitzoller auszuscheiden. Es sollte extra verhandelt werden. Das Urteil über Plieseis: Sechs Monate schweren Kerker wegen Wilddiebstahls und Bedrohung eines Jagdorgans. Sein Verteidiger Dr. Eiselsberg meldete Berufung und Nichtigkeitsbeschwerde an.

Da Plieseis unbescholten war, wurde er bis zur Verhandlung in zweiter Instanz auf freien Fuß gesetzt. Gitzoller dagegen musste weiterhin mit einer Zelle des Gefangenenhauses Vorlieb nehmen.

Plieseis fuhr mit der Bahn nach Hause. Der Tag neigte sich dem Abend zu. Es war noch warm. Er hatte das Waggonfenster heruntergelassen. Der Fahrtwind wirbelte sein dunkles, leicht gewelltes Haar durcheinander. Ja, er war frei bis zur Berufungsverhandlung, doch es stand für ihn fest, eine eventuelle Haftstrafe auf keinen Fall anzutreten. Sechs Monate zu „sitzen“, das kam nicht in Frage. Er blickte auf die vorbeiziehende Landschaft. „Und da“, so erklärte er später Freunden, „ist mir wieder die G’schicht mit Spanien eingefallen. Der Widerstand der spanischen Arbeiter gegen den Faschismus. Das hat mich ja in letzter Zeit sehr beschäftigt. Die Republikanische Volksarmee wird da von den

Internationalen Brigaden im Kampf gegen die Franco-Banditen unterstützt. Und warum sollt' ich da nicht auch dabei sein? Ist doch viel sinnvoller, als so eine beschissene Haft abzusitzen …"

Die „Internationalen Brigaden" kämpften zusammen mit der Republikanischen Volksarmee seit einem Jahr gegen die Nationalisten. Freiwillige aus vielen Ländern hatten sich zu diesen Brigaden gemeldet. Auch Österreicher. Und einer davon wollte nun auch er sein. Als er in Ischl aus dem Zug stieg, stand sein Entschluss fest: „Auf nach Spanien!"

Plieseis wusste, dass seine Partei hierfür „stille" Transportwege eingerichtet hatte. Der Genosse Franz Storkan aus Wien organisierte das. Er plante die Ausreisen, versorgte die Leute mit Bahnkarten und Geld. Zuerst ging es von Österreich in die Schweiz, von dort per Schleusung weiter nach Frankreich. In Paris existierte eine Art Meldestelle, die den Kontakt zum „Internationalen Spanienkomitee" herstellte. Anschließend wurden die zukünftigen Milizionäre zu verschiedenen Bahnhöfen gebracht, von wo sie im Zug zu den französischen Pyrenäen reisten. Zu Fuß mussten sie dann das mächtige Gebirgsmassiv überqueren, bis sie im vom Bürgerkrieg zersplitterten Spanien waren.

Schon kurz nach der Rückfahrt von Wels setzte Plieseis seinen Entschluß in die Tat um, aber er wollte sich dem Genossen Storkan nicht anvertrauen. Was, wenn es eine undichte Stelle gab, heimliche Spitzel, die „Spanienfreiwillige" auffliegen ließen? Die österreichische Justiz stellte solche „Landesverräter" ohne viel Federlesens „wegen Eintritts in den Militärdienst einer fremden Macht" sofort vor Gericht. Und das hätte ihm, als verurteiltem Wilderer, gerade noch gefehlt!

Als Karl Gitzoller am 29. Juli wegen der Kösslgraben-Geschichte zum zweiten Mal vor Gericht stand, war sein Freund und Genosse Plieseis schon außer Landes. Er hatte sich auf eigene Faust auf den langen Weg Richtung Westen gemacht.

Gitzollers psychische Verfassung war am Verhandlungstag nicht unbedingt die Beste, denn vier Tage zuvor war durch sein Zellenfenster ein stundenlanger Tumult zu hören gewesen. Tausende Mitglieder und Anhänger der „Vaterländischen Front“ hatten in Wels ihr fünfundzwanzigstes Treffen abgehalten. Die Kundgebung der 1933 vom mittlerweile ermordeten Bundeskanzler Engelbert Dollfuß gegründeten rechtsgerichteten Einheitspartei war lautstark und turbulent abgelaufen. Bei den Parolen und Gesängen hatte sich Gitzoller die Ohren zu.

Jetzt, vor Gericht, schien der stets hartnäckig leugnende Wildschütz aber zur Erkenntnis gelangt zu sein, dass ein Geständnis das Klügste sei. Gitzoller war blass, von seiner hohen Stirn war das Haar glatt zurückgekämmt, der Mund, der sonst so gern lächelte, war zu einem Strich gepresst. Er gab nun ohne Umschweife zu, am 24. März mit Plieseis auf Schwarzpirsch gewesen zu sein und ein Hirschkalb erlegt zu haben. Auf die Frage des Richters, was sie damit anfangen wollten: „Na, nach Hause bringen, wir haben ja nix zum Essen g'habt.“ Und warum habe er seinerzeit bei der Plieseis-Verhandlung von einem Mann namens Thallinger den Zeugen Reitböck unter Druck setzen lassen, sodass dieser es nicht gewagt habee, die belastenden Angaben zu wiederholen? Die Sache sei nach wie vor ungeklärt, und da Thallinger vehement bestritten hat, in Gitzollers Auftrag sowas gesagt zu haben, müsse er wieder enthaftet werden, erklärte der Vorsitzende. Gitzoller schüttelte den Kopf: „Nein, Herr Rat, da ist wirklich nix dran. Ich weiß nicht, was dem Reitböck da eing'fallen ist, dass er vom Thallinger sowas behauptet. Ich lass doch niemand mit dem Umbringen bedrohen.“

In der vorletzten Reihe des Verhandlungssaales saß auch

eine Frau. Sie war fünfunddreißig und brünett, trug einen modischen Glockenhut, ein Sommerkleid mit hoher Taille und Volantärmeln. Gespannt verfolgte sie, was Vorsitzender, Staatsanwalt und Angeklagter vorbrachten.

Die Frau hieß Resi Pesendorfer. Und sie war - so wie Gitzoller und Plieseis - überzeugte Kommunistin. Sie hatte einen illegalen Widerstand gegen den Austrofaschismus organisiert und eine Frauengruppe gegründet, die geheime Kurierdienste von Goisern bis Ebensee unterhielt. Doch außer den Parteifreunden wusste das niemand. Getarnt als neugieriger Gerichtssaalkiebitz wollte sich die Resi jetzt über das Prozessgeschehen informieren. Der Angeklagte Gitzoller war ja nicht nur ein Genosse, sondern auch ein guter Bekannter.

Dass die unauffällige Frau, Tochter einer Ischler Arbeiterfamilie und Mutter eines zehnjährigen Sohnes, für Gitzoller und Plieseis einmal sehr wichtig werden sollte, das ahnte damals freilich niemand.

Aber jetzt wartete sie den Ausgang der Verhandlung ab. Das Urteil: Fünf Monate schwerer Kerker. Und da er ein Rückfalltäter war, wurde auch die Reststrafe von früher fällig. „Gitzi" atmete trotzdem auf, denn das Gericht gab seinem Ansuchen statt, den Strafantritt wegen wichtiger familiärer Angelegenheiten bis 1. September aufzuschieben.

Als Gitzoller jetzt wieder ungesiebte Luft atmen konnte und von Wels auf dem Rückweg nach Ischl war, befand sich Plieseis schon auf der Iberischen Halbinsel. Nicht länger als drei Wochen hatte es gedauert, bis er an seinem Einsatzort, dem Bataillon „12. Februar", eingetroffen war. Das Bataillon bestand fast ausschließlich aus Österreichern und war an der Aragonfront eingesetzt. Die Truppe war ein zusammengewürfelter Haufen meist völlig kampfunerfahrener Männer, und sie waren auch zahlenmäßig den Franquisten unterlegen. Diese verfügten darüber hinaus über fast 950 Flugzeuge, 200 Panzer und mehrere tausend Lastwagen. Die Republikaner konnten anfangs zwar mit sowjetischen 600 T-25 Kampfpanzern und I-16-Jagdflugzeugen dagegenhalten, das restliche Kriegsgerät bestand aber aus einem Sammelsurium ausgemusterter Waffen.

Sepp, der Wildschütz aus dem Salzkammergut, fügte sich in die kleine Gruppe gut ein. Und in längeren Kampfpausen überdachte er vieles. Mit wachem Verstand erkannte er, dass die aktuelle Situation nichts Gutes verhieß, denn Truppenteile der Republikaner hatten sich von einzelnen Frontabschnitten zurückziehen müssen. Nicht nur wegen ihrer veralteten Kampfmittel, sondern auch wegen strategischer Fehler der Kommandanten. Es war kein Geheimnis, dass diese zerstritten waren und sich am Versagen gegenseitig die Schuld zuschoben. Überflüssigerweise mischten sich auch sowjetische Berater ein, da die ja ebenfalls ein gewichtiges Wort mitzureden hatten. Schließlich war von ihrem Land ja ein erheblicher Teil der militärischen Ausrüstung beigestellt worden. Auch wenn das eine Ausrüstung war, die dem neuen Standard längst nicht mehr entsprach.

Plieseis war als Sprengexperte eingesetzt. Bei einem dieser Einsätze war er verwundet worden. Durch einen Splitter - wie damals in Ischl, im Kösslgraben. Die Verletzung war noch nicht ausgeheilt, doch tüftelte er an einem Plan, der verlorenes Terrain wieder zurückzugewinnen helfen sollte. Für das unbrauchbare Geschütz gab es noch immer keinen Ersatz, also wollte er sich im Alleingang durch die feindlichen Linien schwindeln und hinter der Front eine Sprengladung zünden. In der entstehenden Verwirrung sollten dann weitere Sprengsätze die Artillerie der Nationalisten unbrauchbar machen. Dadurch wäre wenigstens in diesem Abschnitt ein gewisses militärisches Gleichgewicht wiederhergestellt. Er versuchte das seinem Gruppenchef klarzumachen, doch der winkte ab: „Plieseis, das ist ein

Selbstmordkommando. Wir brauchen dich noch. Lass dir was anderes einfallen."

„Für mich ist das net unmöglich", erwiderte der Freiwillige aus Lauffen bei Ischl. „Ich wett', ich komm' da unbemerkt rüber. Und dann werd's ihr sehen, wie alles hochgeht!"

„Wieso bist du so sicher, Plieseis?" Sein militärischer Vorgesetzter war aus dem flachen Burgenland. Ein schwieriges, unübersichtliches Gelände wie dieses war nicht unbedingt das Seine.

Der 25-jährige Plieseis grinste. Er fuhr mit der Hand in eine erloschene Feuerstelle, dann wischte er sich den Ruß ins Gesicht. „Schau her", sagte er, „wie schau' ich aus? Na, spannst was? Ich bin nämlich zuhaus' ein Wildschütz gewesen. Und ein Wildschütz weiß, wie er unsichtbar bleibt und die Gegner austricksen muss."

Es blieb dennoch bei dem Verbot, obwohl Plieseis erst ein paar Wochen zuvor seine Kameraden bei einem Überraschungsangriff der Franquisten durch einen von ihm geführten Rückzug in Sicherheit gebracht hatte. Dass er diese Fertigkeit seiner Wildererfahrung verdankte, darüber hatte er kein Wort verloren. Jetzt aber wussten es die Kameraden. Und wie einer späteren Aufzeichnung zu entnehmen ist, soll der Kommandant ihn nun aufgefordert haben, seine Fähigkeiten auch für die Beschaffung von Wildfleisch einzusetzen. Angeblich sagte er: „Wenn es so weitergeht, werden wir keinen Heldentod, sondern einen Hungertod sterben. Aber als Wilderer weißt du ja, wie man sich unbemerkt an die Viecher heranpirscht. Denn aus der Entfernung triffst ja mit unseren Waffen nix."

Plieseis, so heißt es, habe daraufhin zustimmend gegrinst. Das weitläufige Hochplateau, auf dem die Gruppe sich befand, bestand aus Heideflächen, Weiden, Trockensteppen, unterbrochen von Waldabschnitten und felsigen

Geländeformationen. Erstaunlicherweise tauchten trotz heftiger und lautstarker Kampfhandlungen Bären, Wölfe, Wildschweine Rehe sowie Bergziegen vereinzelt immer wieder auf. Auch Raubvögel wie Bartgeier, Habichtsadler oder die eigenartigen Schwarzstirnwürger kurvten angstfrei in der bleihaltigen Luft.

Na ja - und da knallte es halt hin und wieder, das Militärgewehr des Plieseis Sepp, zur Freude der Inter-Brigadisten, die nun dank seiner weidmännischen Fähigkeiten Kalorienreserven aufbauen konnten, was im darauffolgenden Winter wahrscheinlich so manchem das Leben gerettet hat. Denn die Wende zu 1938 war tödlich kalt. Der Nachschub stockte, dann kam die Froststarre, die den Aragon-Winter für unterernährte und körperlich geschwächte Militaristen zum bitteren Kältegrab werden ließ. Doch Plieseis, der Naturbursch aus den Alpen, überstand die Strapazen der arktischen Verhältnisse und rettete sich ins darauffolgende Jahr. Das Ende des Bürgerkrieges war da schon abzusehen.

Die republikanische Angriffstaktik war, wie erwähnt, uneffektiv und wirkungslos aufgrund der zerstrittenen Kommandanten und auch wegen der Einmischung der sowjetischen Berater. Im April 1938 konnten deshalb die Nationalisten endgültig zum Mittelmeer durchbrechen. Sie spalteten Spanien in zwei Teile. Die Republikaner versuchten zwar eine Gegenoffensive, doch die war von Beginn an zum Scheitern verurteilt.

Anfang 1939 eroberten die Franquisten schließlich auch Katalonien, worauf am 27. Februar die Regierungen von England und Frankreich das Franco-Regime offiziell anerkannten. Es war vorbei. Die Nationalisten hatten in dem mehrjährigen Gemetzel 20.000 Mann verloren, die Republikaner doppelt so viele.

Plieseis floh mit seinem einstigen kommunistischen Gewährsmann Franz Jaritsch über die Grenze zurück nach

Frankreich. Wie viele andere republikanische Kriegsrückkehrer aus dem Nachbarland Spanien wurden auch die beiden Österreicher von den Franzosen geschnappt und in verschiedenen Anhaltelagern wie Gurs, St. Cyprienne und Argeles interniert. Doch der junge Mann aus dem Salzkammergut war von der kommunistischen Idee derart besessen, dass Resignieren für ihn nicht in Frage kam. Frei nach dem Motto „Wenn einem das Wasser bis zum Hals steht, darf man erst recht nicht den Kopf hängen lassen“, würde er auch in Zukunft Leben und Gesundheit für die Sache des Kommunismus aufs Spiel setzen.

Aber im Heimatland Österreich war inzwischen nichts mehr so wie früher. Aus und vorbei mit dem Ständestaat. Bereits am 12. März 1938 war das Land zwischen Donau und Bodensee dem nationalsozialistischen Deutschland angeschlossen worden. Am 15. März hatte „Dolfi“ Hitler - wie die Kommunisten ihn hämisch nannten - vom Balkon der Wiener Hofburg mit stolz geschwellter Brust „die Heimkehr Österreichs ins deutsche Reich“ verkündet. Hunderttausende jubelten ihm zu, die „Roten“ jedoch ballten die Fäuste. Auch Resi Pesendorfer war verbittert. Sie wurde nun im Untergrund noch aktiver als die Jahre zuvor.

Man schrieb bereits 1941, und vom „Seppl“ aus Lauffen gab es noch immer kein Lebenszeichen. Doch Plieseis konnte sich nicht melden. Man hatte ihn von Jaritsch getrennt und er saß nun im Internierungslager Argeles. Bei jeder sich bietenden Gelegenheit kundschaftete er Fluchtmöglichkeiten aus. Immer wieder wanderten seine Blicke forschend umher und bald wusste er, wie er wegkommen konnte. Er versuchte es bei Nacht und Nebel - und der Sprung in die Freiheit gelang tatsächlich.

Gleich hinter der Demarkationslinie in Toulouse gab es eine deutsche Rückführungskommission. Sie wurde von der

Gestapo geleitet. Dort meldete er sich. „Juck mal, schon wieder ein Rotspanier!“ schnarrte der diensthabende Hauptsturmführer, offensichtlich ein Mann aus Berlin. Jahre später erinnerte Plieseis sich: „Das war ein richtiger Naziknochen. Mein Glück aber war, dass es damals eine kurzfristige Entspannung zwischen den Nationalsozialisten und den Kommunisten gegeben hat, deshalb waren sie mir gegenüber nicht allzu grob.“

Seine Rückkehr nach Österreich unterschied sich von der Ausreise im Jahr 1937 aber dann doch sehr wesentlich. Per Bahn und LKW und in Handfesseln wurde er in das Polizeigefängnis nach Linz überstellt. Linz, das gehörte jetzt zum deutschen „Gau Oberdonau“. Da der Schwarzgeher und Freiheitskämpfer aus dem Salzkammergut noch eine mehrmonatige Strafe wegen Wilderei offen hatte, wanderte er sofort hinter Gitter. Aber dann bekam er ein Angebot. „Plieseis“, sagte ein Verwaltungsbeamter, „Sie haben die Chance, hier rauszukommen, wenn Sie sich freiwillig zur Wehrmacht melden.“ Der Sepp wurde steif und kniff die Augen zusammen. „Ich pfeif‘ auf euren Blut-und-Ehre-Kodex! Ich halt‘ für den Hitler meinen Kopf nicht hin!“ Womit sein nächster Lebensabschnitt eine beschlossene Sache war: Das Konzentrationslager Dachau, nordwestlich von München.

„Die Bewacher sind mit uns nicht fein umgegangen“, erinnerte sich Plieseis nach Ende des Krieges. „Ich hab‘ jedoch nie den Kopf hängen lassen und viel an den Gitzoller Karl gedacht. Ich war überzeugt, wir werden uns wiedersehen.“

Und diese Ahnung sollte ihn nicht trügen; denn auch Gitzoller, sein Wildererkomplize vom Kösslgraben, ließ sich von den Hakenkreuzlern nicht unterkriegen. Gleich nach dem Anschluss Österreichs an das Deutsche Reich hätte er, anstatt ins Gefängnis zu gehen, zur Wehrmacht einrücken und den geliebten Wildererstutzen gegen ein Militärgewehr tauschen sollen, aber dieser Kelch ging an ihm vorüber. Er galt nämlich als politisch unzuverlässig. Das KZ wurde ihm gottlob erspart, doch er wurde den Steyr-Werken zugewiesen, wo er in der Rüstungsproduktion arbeiten musste. Der eigensinnige Gitzoller aber fügte sich nicht in das von ihm gehasste System, er nahm in Steyr nämlich recht bald mit den dortigen Widerstandsgruppen Kontakt auf, wobei ein gewisser Albert Schwarz der Verbindungsmann war. Quasi unter den Augen der Naziherren führte er heimlich auch Sammlungen für die „Rote Hilfe" durch. Die „Rote Hilfe" unterstützte in Not geratene Familien verfolgter Kommunisten. Dass das nicht lange gutgehen konnte, war jedoch vorauszusehen. Im Oktober 1942 wurde er von der OrPO, der Ordungsplolizei, direkt am Arbeitsplatz verhaftet.

Zusammen mit fünf weiteren Genossen überstellte man ihn von Steyr in das Kreisgericht nach Wels. Doch während der Fahrt vom Welser Bahnhof zum Gerichtsgebäude stieß er die rückwärtige Tür des Transportfahrzeugs auf und hechtete vor den Augen der überraschten Bewacher hinaus auf die Straße. Die Uniformierten rissen ihre Gewehre hoch und feuerten ein paar Salven hinterher, doch der Karl als gewandter Wildbratler war da schon um die nächste Ecke. Der Fahrer des Transportfahrzeugs trat hart auf die Bremse. Die Uniformierten sprangen auf die Straße, stürmten durch die erschrockenen Passanten - doch der Karl war entfleucht.

Trotz sofort eingeleiteter Suche gelang es ihm, sich bis Attnang Puchheim durchzuschlagen. Das war ja nicht weit von Wels. Dort versteckte er sich acht Tage lang. Da das Salzkammergut von den Kriegshandlungen nicht unmittelbar betroffen war, wagte er es nach Ischl zu radeln. Und wo da die Pesendorfer Resi wohnte, das wusste er.

„Na sowas!" rief sie und schloss ihn die Arme. „Ich hab' geglaubt, du bist in Steyr!" Er setzte sich hin, legte die Hände auf den Tisch und schenkte ihr ein Lächeln. „Wir san aufg'flogen in Steyr. Irgendwer hat uns verpfiffen. Dann ham's uns nach Wels gebracht, aber ich hab' abhau'n können. Weißt eh ..."

„Mein Gott, Karl, das bist halt du! Du bist genau so einer wie der Sepp und mein Mann. Wissen deine Frau und deine Töchter, dass du da bist?" Er kippte den Schnaps, den sie ihm hingestellt hatte, in einem Zug. „Nein, zu gefährlich. Aber was ist mit dem Sepp? Hast was g'hört von ihm?" „Es wird erzählt, er ist im KZ, weil er nicht hat einrücken wollen."

Gitzollers gute Laune schwand. „Und der Ferdl? Ist wenigstens er wieder heraußen?" Ferdinand Pesendorfer, Resis Mann, war Monate zuvor im Zuge einer Verhaftungswelle als mutmaßlicher Angehöriger der Widerstandsbewegung mit ein paar anderen Männern festgenommen und in die Justizanstalt nach Linz gebracht worden.

„Er ist wieder da", beruhigte die Resi. „Sie haben ihn auslassen, weil sie ihm nichts haben nachweisen können. Er hat sogar eine Arbeit jetzt."

„Aber dich haben die Nazis ja auch einkassiert."

Resi Pesendorfer lachte. „Ja, das war im heurigen Jahr. Da haben's mich verhört, ein paar Mal gleich. Wegen Aufhetzung und staatsfeindlicher Umtriebe. Aber sie haben keine Beweise gehabt und ich hab' konsequent alles bestritten, da haben's mich wieder auslassen müssen."

Gitzoller wurde nachdenklich. „Du, Resi, ich kann net zurück in mei Wohnung, weil, die werden mich dort suchen. Kannst mich irgendwo verstecken?"

Resi brauchte nicht lange überlegen. „Ich hab' da was; die „Villa Waldhütte" in Ischl. Da kannst eine Zeitlang unterkommen. Die Villa ist unbewohnt, aber ich putz' dort und hab deshalb den Schlüssel."

Karl Gitzoller fand in der Villa bis ins Frühjahr 1943 sicheren Unterschlupf. Anschließend verdrückte er sich in die Berge. Es gab da auf der Schöffau-Alm, unterhalb des Rettenkogels, eine kleine, unauffällige Höhle. Seinen Wildererstutzen nahm er mit. Gut, dass diesen die Gendarmerie nicht gefunden hatte.

Als routinierter Wildschütz musste er sich wegen der Verpflegung keine Sorgen machen. Er musste nur darauf achten, dass ihn der Rauch des Holzfeuers nicht verriet. Es konnte ja jemand in der Nähe sein. Wanderer wahrscheinlich nicht, doch mit Jägern und Forstleuten musste er rechnen. Trotz Wehrpflicht waren diese zur Revieraufsicht freigestellt. Wo genau sein Versteck war, das wusste allerdings nur die Resi.

Die „Schutzhaft" im KZ Dachau war menschenverachtend. Plieseis' Kopf war kahlrasiert, auf seine gestreifte Lagerjacke war ein rotes Stoffdreieck genäht. Es war das Erkennungszeichen für politische Gefangene. Weil die „Politischen" als „unberechenbare Kriminelle, Aufwiegler und Unruhestifter" galten, hatte man auf sie ein besonderes Augenmerk. Aber da gab es ja das KZ-Außenlager Vigaun bei Hallein, unweit von Salzburg. Es war grau wie der Tod und ein Umerziehungslager für fanatische Gegner des Naziregimes, also für Kommunisten, Sozialisten, Freidenker und „republikanische Österreicher", die im Spanischen Bürgerkrieg gegen den Faschismus gekämpft hatten.

Vigaun war eher klein und überschaubar. Es bestand aus insgesamt sechs Holzbaracken in einem ehemaligen Steinbruch, etwa drei Kilometer außerhalb der Stadt, an der Landstraße nach Adnet. Die Unterkünfte waren von stufenförmigen Felsen umgeben und durch Stacheldrahtzäune gesichert.

Dort also landete nun der Sepp.

Der Alltag in Vigaun unterschied sich kaum von dem in Dachau. Es gab bloß weniger Häftlinge hier, meistens so zwischen siebzig und neunzig. Sie verrichteten vorwiegend Außenarbeiten, waren als Handwerker und Hilfsarbeiter beim Bau einer SS-Kaserne, eines Schießplatzes und eines Nahkampfgeländes eingesetzt. Die Verpflegung war kümmerlich, denn das meiste von Brot, Fleisch und Suppe staubte das Lagerpersonal für sich selber ab.

Für Plieseis stand fest, er musste möglichst bald weg von hier. Aus dem Lager in Frankreich war ihm die Flucht gelungen, doch aus Vigaun, wie konnte er sich da auf und davon machen? So einfach war das nämlich nicht, denn das Lager war hermetisch abgesperrt und bewacht. Es gab nicht das kleinste Schlupfloch nach draußen. Jeden Tag zermarterte er sich deswegen den Kopf.

Es war jetzt schon 1943. Hitlers Krieg hatte sich mittlerweile zum Weltenbrand entwickelt. Wie viele andere Nazigegner saß auch im nahen Städtchen Hallein eine gewisse Agnes Primocic nahezu täglich vor dem Volksempfänger. Die Wohnungstür war abgeschlossen, das Radio auf leise gestellt. BBC-London strahlte in deutscher Sprache antinationalsozialistische Propaganda aus.

Das Abhören ausländischer Sender war streng verboten, doch um Verbote kümmerte sich Agnes nicht. Sie war 38, verheiratet und Mutter dreier Kinder. Mit sechzehn hatte sie als „Tschickweib“ zu arbeiten begonnen. „Tschickweiber“ stellten in der Halleiner Zigarren- und Tabakfabrik Rauchwaren her. Agnes tat aber nicht nur das, sie war seit ihrer Jugendzeit auch im kommunistischen Untergrund tätig. Dabei aber doch etwas unvorsichtig, sodass sie schon vor dem Anschluss Österreichs mehrmals von den Austrofaschisten verhaftet und für knapp ein Jahr in verschiedene Gefängnisse gesteckt worden war.

Doch der Aufenthalt hinter Gittern entfachte erst recht ihren Widerstandswillen. Wieder in Freiheit, organisierte sie ein konspiratives Nachrichtennetz. Es reichte vom Raum

Salzburg bis Tirol und ins Salzkammergut und es diente der geheimen Beschaffung sowie der Weitergabe von Informationen.

Agnes, die erst am 14. April 2007 im Alter von 102 Jahren verstorben ist, war auch mit der Pesendorfer Resi aus Ischl in Kontakt. Und im Sommer 1943 informierte sie diese, man habe ihr zugetragen, dass einer der kommunistischen Vigaun-Häftlinge der Spanienkämpfer Sepp Plieseis sei.

Dort hatte man den Sepp mit mehreren Schicksalsgenossen zum Bauernhof Rabenmühle abkommandiert. Die Häftlinge mussten Feld- und Waldarbeiten verrichten. „Das war“, berichtete Plieseis später, „eine eher lockere Partie. Wir haben einen zivilen Vorarbeiter namens Hofer gehabt und nur zwei SS-Bewacher.“ Was die SS-ler freilich nicht wussten: die dortige Bäuerin Theresia Weiss steckte mit Agnes Primocic unter einer Decke. Und die „Reserl“, wie sie von Freunden gerufen wurde, suchte bei jeder Gelegenheit das Gespräch mit den Häftlingen, um an Informationen aus dem Lager zu kommen. Außerdem versorgte sie die KZ-ler mit Lebensmitteln. Die wiederum gaben einen Teil davon an die Aufseher weiter, wodurch diese ihre Aufsichtspflicht nicht allzu genau nahmen.

Plieseis nützte das, um der Rabenmühlen-Bäuerin etwas anzuvertrauen. „Ich muss unbedingt abhauen“, sagte er. „Nur wenn ich frei bin, kann ich für unsere Sach‘ was tun.“ Theresia Weiss informierte Agnes Primocic und diese spann sofort ihre Fäden.

Es war ein riskantes Unterfangen, das der Sepp da vorhatte. Allerdings drängte die Zeit, denn es war Herbstbeginn und der Arbeitseinsatz am Rabenmühlen-Hof würde bald beendet sein. Plieseis‘ Flucht aber ließ sich - wenn überhaupt - nur oben am Hof bewerkstelligen.

Als Resi Pesendorfer von Plieseis‘ Vorhaben erfuhr, informierte sie sofort Karl Gitzoller in seinem Höhlenversteck im Toten Gebirge. Mit Agnes aus Hallein wurde dann abgesprochen, wie und wann der Ausbruch vonstattengehen sollte.

Auf einen genauen Termin konnte man sich jedoch noch nicht festlegen, vereinbart wurde nur, dass Plieseis' Fluchthelfer sein alter Wildererfreund Karl Gitzoller sei. Er sollte an einem noch zu bestimmenden Tag an einer vereinbarten Stelle warten. In einem Rucksack sollte er einen Schlosseranzug, eine Mütze sowie ein Gewehr mitnehmen. Der Sepp musste ja seine Häftlingskleidung möglichst schnell gegen was Normales tauschen. Die Mütze würde zudem seinen verräterischen Kahlkopf verbergen. Und das Gewehr - na ja ...

Zweite Oktoberhälfte 1943. Die Landschaft war jetzt herbstlich bunt. Die kleine Häftlingskolonne grub am Waldrand, oberhalb des Rabenmühlen-Hofes, Baumwurzeln aus. Die Wiese davor fiel gut hundertfünfzig Meter schräg zu einem schmalen Bach ab. Der Partieführer Hofer stand bei den Wachleuten. Er hob den Kopf. „Schaut aus, als kummat da was. Da hinten ist der Himmel schon schwarz." Die Aufpasser blickten hoch, dann kurz zu den Gefangenen. Sie schulterten die Gewehre und dannschlenderten sie gemütlich Richtung Bauernhof. „Setz' ma uns in die Stuben, bis das Wetter vorbei ist", meinte der eine, ein Österreicher. Der andere nickte. „Die Resi wird wohl 'ne Jause haben." Es war nicht zu überhören, dass er ein Preusse war.

Den Mann, der sich zur gleichen Zeit etwa dreihundert Schritt talwärts hinter den Stamm einer Esche drückte, bemerkte keiner. Er trug eine Kappe, die tief in die Stirn gezogen war. Neben ihm stand ein vollgepackter Rucksack. Als die ersten schweren Regentropfen auf die oberen Baumäste fielen, spähte er misstrauisch Richtung Himmel. Dunkle

Wolken hatten sich zusammengebraut. Und plötzlich war da eine beklemmende Stille. Es gab nicht einmal ein Vogelgezwitscher; kein Summen, kein Zirpen, ja nicht einmal das Rascheln einer herumhuschenden Waldmaus. Alles war still und tot, wie in reglose Erstarrung verfallen. Dann ein Donner. Und noch einer. Der Mann hinter dem Baum versuchte sich klein zu machen. Er wusste, wie gefährlich sein Standort war, da Blitze ja oft in Bäume einschlagen. Doch er hatte keine Wahl. Würde er den Standort wechseln, könnte man auf ihn aufmerksam werden. Er presste sich fester an die Esche dann setzte der Regen ein.

Oben, wo sie arbeiteten, ließen die Häftlinge die Werkzeuge fallen. Der Himmel öffnete jetzt die Schleusen. So schnell sie ihre Beine trugen, eilten sie hinunter zur Rabenmühle. Dort durften sie sich unterstellen. Es war ja ohnehin Mittagszeit. Ein paar Minuten ausruhen war da erlaubt. Ihre Bewacher saßen unterdessen in der Stube bei der Reserl. Sie hatte ihnen zu essen und zu trinken gebracht. Sie ließen es sich schmecken und hoben das Glas auf sie. Dass sie nervös wirkte, fiel keinem auf.

Auch den Männern der Häftlingsgruppe war vorerst nicht aufgefallen, dass einer fehlte; nämlich der Sepp. Als das jemand merkte, meinte ein anderer: „Der ist sicher scheißen. Der hat ja in der Früh schon über Bauchweh gejammert.“ Sepp Plieseis hatte jedoch kein Bauchweh. Er war mit Absicht zurückgeblieben, als die anderen zur Rabenmühle gelaufen waren. Unauffällig verdrückte er sich zu einem nicht weit entfernten Stadel. Schon am Vortag hatte er ausgekundschaftet, ob das Tor dort versperrt oder offen war. Es war unverschlossen. Behutsam öffnete er es jetzt. Er schlüpfte hindurch und zog wieder zu. Es roch nach Heu, durch die Ritzen der Bretterwand drang schwach das Tageslicht. Das Heu war hoch aufgetürmt. Sepps Atem ging schnell. Er wusste, was jetzt für ihn auf dem Spiel stand. Auf

Lagerflucht stand nämlich die Todesstrafe, - oder man wurde schon vorher auf der Flucht erschossen.

Der Mann hinterm Baum, unten am Ende des Abhanges, blickte auf seine Taschenuhr, dann wieder hinauf zum Rabenmühlen-Hof. Irgendwann zwischen 12 und 15 Uhr sollte es passieren. Der Regen war unterdessen noch stärker geworden. Er tropfte jetzt durch die dichten Äste. „Verflucht", murrte er leise, „das hat grad' noch gefehlt!" Karl Gitzoller zog den Rucksack näher heran.

Obwohl der Stadel ein Stück weit entfernt vom Bauernhof war und der Regen laut prasselte, bemühte sich Plieseis geräuschlos zu sein. Er grub sich durch das Heu bis zur Rückseite. Auf seinem kahlrasierten Kopf klebten gelblicher Staub und Heuhalme. Er wischte das weg, dann tastete er die hölzerne Hinterwand ab. Zwei der Bretter mussten lose sein. Er selbst hatte sie vor drei Tagen gelockert. Er hatte da vorgegeben, die große Notdurft verrichten zu müssen, und war dann hinter dem Stadel verschwunden.

Ja, da war die Stelle! Er hob die Bretter aus der Halterung und legte sie hinter sich. Der Wind blies den Regen durch die Öffnung. Langsam zwängte er sich hinaus. Jetzt nur keine Hektik. Hektik konnte alles zunichtemachen.

Er lehnte sich kurz an die Stadelwand. Vom Rabenmühlen-Hof aus war er nicht zu sehen. Seine Mithäftlinge standen dort im Flur, wahrscheinlich zusammengedrängt wie ängstliche Schafe. Von ihnen hatte er nichts zu befürchten. Eine Gefahr waren nur die zwei Bewacher. Denn einer von ihnen hatte ihm unlängst in einem Anfall von kumpelhafter Geselligkeit anvertraut, dass sein Offizier gesagt habe, wenn ein Aufseher einen Häftling erschieße, bekäme der eine Woche Sonderurlaub.

Plieseis starrte in den Regen und überlegte: eigentlich war der Wolkenbruch günstig, denn dadurch war die Fernsicht behindert. Ein letzter Blick nach beiden Seiten, dann stieß er sich ab. Irgendwo da unten, am Ende des Hanges, musste sein Freund Gitzoller warten. Die schon im Sommer gemähte Wiese war uneben und rutschig. Mit weitausholenden Schritten stürmte Plieseis hinunter Richtung Bach. Schon nach Sekunden war er vom starken Regen durchnässt. Es war auch zu merken, dass die Entbehrungen der vergangenen Monate an seinen Kräften gezehrt hatten. Aber bis zum Bach musste er das Tempo unbedingt halten.

Sein Blick war auf den Boden gerichtet. Es gab da vereinzelt Maulwurfshügel, die er übersprang. Er drehte sich auch nicht um, um zurück zu schauen, ob da nicht schon irgendwo die Aufseher standen und mit den Karabinern auf ihn zielten. - Nein. Nichts wie weiter, nichts wie weg, denn da unten, da wartete die Freiheit ...

Gitzoller erinnerte sich nach Ende des Krieges, als wieder normale Verhältnisse herrschten: „Es hat geschüttet wie aus Kübeln und ich hab‘ mir gedacht, „des wird heut nix mehr!“ Da hab‘ ich den Sepp die Wies’n herunterlaufen g’sehn.“ Gitzoller sprang hinter dem Baum hervor und gestikulierte wild mit den Armen. Trotz des dichten Regens wurde er von Plieseis sofort bemerkt. Er war jetzt am Bach und änderte die Richtung. Dann stand er vor ihm. „Servus Karl!“, keuchte er. Über diese Begrüßung amüsierten die beiden sich noch lange nach Kriegsende. Gitzoller: „Das war so, als hätten wir zwei uns zu einem gemütlichen Treffen verabredet. Dabei ist es um Freiheit oder Tod gegangen.“

Es blieb keine Zeit für kameradschaftliches Schulterklopfen. Alles musste jetzt blitzschnell gehen. Gitzoller ergriff Plieseis am Arm. „Komm, weg von da!“ Sie hasteten zur Esche. Gitzoller schnappte im Vorbeigehen den Rucksack, dann eilten sie weiter zu einem Strauch, der seine Blätter noch nicht ganz verloren hatte. Da waren sie sichtgeschützt. Gitzoller öffnete den Rucksack. Während Plieseis seine Häftlingskluft abstreifte und in den mitgebrachten

Schlosseranzug schlüpfte, schob Gitzoller den Kopf vorsichtig durch den Strauch. Er ließ die Blicke umherwandern. Doch da war nichts. Auch oben am Rabenmühlen-Hof, den man durch den Regen nur schemenhaft sah, keine Bewegung.

„Na, wie schau' ich aus?" Gitzoller zog den Kopf zurück und drehte sich um. Plieseis hatte die Mütze aufgesetzt. Der blaue, gebrauchte Schlosseroverall war mindestens eine Nummer zu groß, doch er erfüllte den Zweck. „Jetzt bist a richtiger Handwerker", ätzte Gitzoller. „Könntest ins Führerhauptquartier gehen, weil dort sind bei einem Herrn ein paar Schrauben locker ..."

Plieseis hatte im Sack auch den Stutzen gesehen. „Ist das deiner?" Gitzoller nickte. Plieseis' Augen wurden kalt. „Ich hoff' nur, dass wir ihn nicht brauchen. - Ich dank' dir Karl, dass du das alles für mich riskierst."

Der Regen ließ jetzt ein wenig nach. Eine schmale, langgezogene Nebelschwade lag über der Wiese und verdeckte vorübergehend die Sicht auf den Hof. Etwas entfernt säumten Bäume und Buschwerk beide Ufer des Baches. Sie rannten dorthin und erst, als sie wieder Sichtschutz hatten, wurden sie langsamer. Gitzoller merkte, dass sein Freund heftig atmete. „Is was, Sepp?" Doch Plieseis beruhigte: „Na, na, es passt schon. Ich bin nur ein bissl aus der Übung. Als KZ-ler machst ja net so viel Sport ..." Er grinste. Nach ein paar weiteren Metern hielt Gitzoller unvermittelt an. „Da!", sagte er und deutete auf ein Gewirr abgebrochener Äste. „Da steck' ma's drunter, deine Klamotten." Er stieg über den Stamm eines umgestürzten Baumes, dessen Rinde abgeplatzt war. Er lockerte die verkeilten Äste, schob Plieseis' Häftlingskleider darunter und legte die Äste so darauf, dass nichts zu sehen war. Als er über den Baumstamm zurück stieg, wischte er die Hände an seiner Hose ab. „So, jetzt ist sie begraben, deine Vergangenheit. Kumm, wir dürfen koa

Zeit verlieren!“

Und das durften sie auch nicht, denn in der Ferne war aufgeregtes Rufen zu hören. Es kam ganz schwach aus Richtung Rabenmühlen-Hof. „Jetzt haben's bemerkt, dass du nimmer da bist“, stellte Gitzoller fest. „Alsdann, mach‘ ma uns unsichtbar.“

Der Regen hatte fast aufgehört, die dunklen Gewitterwolken entluden jetzt weiter nördlich ihre nasse Last. Plieseis deutete zum Bach. Gitzoller kapierte. Sie stiegen in die kaum kniehohe Strömung. Nach hundert Metern verließen sie ihn wieder. „Wann‘s die Hund‘ einsetzen, haben die erst einmal unsere Spur verloren“, hoffte Gitzoller. Sie schüttelten das Wasser aus den Hosenbeinen und Plieseis konnte sich die Bemerkung nicht verkneifen: „Ist ja fast wie beim Schwarzgehen. Da haben wir die Jäger ja auch mit alle möglichen Tricks abgehängt.“

„Nur im Kösslgraben net“, ätzte Gitzoller. „Und mich allein haben's halt leider schon ein paar Mal erwischt.“ Sie blickten sich um, dann eilten sie einen Abhang hinauf. Es galt jetzt möglichst schnell Abstand zu gewinnen. Gitzoller trug das Gewehr auf dem Rücken. Was nun am Rabenmühlen-Hof los war, konnten sie sich vorstellen.

Im Berggehen waren sie geübt. Auch wenn Plieseis die letzte Zeit keine Gelegenheit dazu gehabt hatte, hielt er das Tempo seines Freundes. Unangenehm waren nur die nassen Hosenbeine. Doch die spürten sie bald nicht mehr. Der vorwiegend aus Nadelbäumen bestehende Wald führte steil aufwärts. Nach etwa einer halben Stunde lichteten sich die Bäume und sie gelangten auf eine plateauähnliche Wiese, die auf der Gegenseite wieder von einem Wald begrenzt wurde. Es war die Hochfläche des Walpenhorns. Mißtrauisch prüften Plieseis und Gitzoller das Gelände. Nichts war zu sehen, doch von irgendwo her kam Hundegebell. Allerdings war es weit entfernt. „Verflucht!“, entfuhr es Gitzoller.

„Die werden doch nicht schon da heroben sein!"

„Komm!", sagte Plieseis. Er stieß ihn an. Sofort machten sie kehrt und stapften zurück. Nach kaum zwanzig Schritten blieb Plieseis jedoch stehen und blickte nach oben. „Da!", sagte er. Er hielt Gitzoller zurück. „Das ist a Fichten mit dichte Äst'. Da steigen wir rauf." Die Fichte hatte einen glatten, dicken Stamm. Plieseis machte Gitzoller die Räuberleiter und als der dann sicher auf einem Ast saß, zog er Plieseis zu sich hoch. Sie hantelten sich hinauf bis fast ganz nach oben. Als sie feststellten, dass sie hier, in luftiger Höhe, von unten wahrscheinlich nicht zu sehen waren, machten sie es sich bequem.

Es hatte nun erneut zu regnen begonnen. Geduldig kauerten sie auf den dicken Ästen, die Sinne angespannt. Keiner dachte mehr an das Hundegebell, als Plieseis Gitzoller an der Jacke zupfte und zur Wiese hindeutete, die durch das Geäst teilweise zu sehen war. „Schau ...", flüsterte er. Ein berittener SS-Mann war aufgetaucht. Und neben ihm lief ein Hund. Der schnüffelte am Boden, sprang mal da und mal dort hin. Reiter und Hund bewegten sich in Richtung der Gesuchten, ja sie kamen sogar ein Stück in den Wald.

Gitzoller griff nach seinem Gewehr. Soldat und Hund waren jetzt verdammt nahe. Nur ein paar Meter noch, und sie wären bei der Fichte, auf der sie saßen. Der Hund würde schnuppern, zu ihnen hochschauen und zu bellen beginnen. Doch er schlug nicht an. Er gab bloß einen kurzen Laut von sich, drehte sich um, hob den Hinterlauf und markierte den Baum. Sein stramm reitendes Herrl in SS-Uniform schaute durch das Fernglas in verschiedene Richtungen, dann ritt er weiter - und bald waren er und der Hund verschwunden.

Die zwei Männer auf der Fichte atmeten auf. Gitzoller hängte das Gewehr wieder zurück auf einen Ast. „Einerseits hat der Regen unsere Witterung verwässert, andererseits ist der Hund ein Trottel", meinte Plieseis. Beide mussten lachen.

Doch wie zu befürchten war, tauchten im Lauf der nächsten Stunden noch weitere Suchtrupps auf. Aber auch sie verabsäumten es, die Bäume genauer zu inspizieren, das heißt, die Blicke auch nach oben zu richten.

Es war schon dunkel, als die beiden von ihrem luftigen Ansitz herunterstiegen. Das lange Warten hatte sich ausgezahlt. Doch vor ihnen lag jetzt ein langer, beschwerlicher - und auch gefährlicher Weg zurück in die Heimat, ins Salzkammergut.

Ohne die Hilfe der Agnes hätten wir uns sehr schwergetan bis hinüber zum Attersee", gestand Sepp Plieseis in einem Interview Ende der Vierzigerjahre. Aber nicht nur für diese Hilfeleistung wurde Agnes - spät aber doch - großer Dank zuteil, sondern auch für ihr selbstloses politisches sowie soziales Engagement während der Kriegszeit überhaupt. 1999 ernannte man sie zur Ehrenbürgerin der Stadt Hallein. 2002 verlieh man ihr den Kulturpreis für Menschenrechte und Integration und 2005 würdigte man ihre Tätigkeit mit dem „Goldenen Verdienstzeichen" des Landes Salzburg.

Als Plieseis und Gitzoller sich aber damals, im Oktober 1943, auf den Weg über die Berge machten, hatte Agnes Primocic wichtige Vorkehrungen getroffen. Sie hatte nicht nur an Landkarten, sondern auch an Verpflegung gedacht. Einen Tag, bevor Plieseis' sich quasi in Luft auflöste, ließ sie an einem vorher bestimmten Treffpunkt von einem ihrer Helfer an Gitzoller Speck, Käse und Brot sowie Wegkarten übergeben. Um Trinkbares brauchte sie sich nicht zu kümmern, da es im Gebirge genug kleine Quellen gab. Gitzoller Jahre später: „Ich hab' mei Büchsen ja mitg'habt, aber auf a Wild zu gehen, das wär' wegen dem Schussknall zu verwegen gewesen. Außerdem hätt' ma a Feuer machen müssen, weil roh ist das Fleisch ja nicht zu essen."

Gut, dass die beiden auch körperlich keine Weicheier waren, denn Ende Oktober konnten die Nächte in den Bergen schon unangenehm kühl sein. Vielfach gab es Frost - und natürlich auch Schnee. Der Schlosseranzug, den Plieseis trug, der schützte nur unzureichend, vor allem wenn, der Gebirgswind schneefrisch aus den Felsscharten wehte. Doch für sie stand außer Frage, dass sie als erprobte Schwarzgeher den mühevollen und kräftezehrenden Fußmarsch von Hallein bis ins Salzkammergut schaffen würden. Die Tourenkarten von Agnes waren eigentlich nur zur Bestimmung der Fluchtrichtung wichtig, denn Forststraßen und Ausflugswegen wichen sie aus. Es hätte da ja zu ungewollten Begegnungen kommen können. Sich auf ihren Instinkt und die Erfahrungen im Durchwandern unwegsamen Geländes verlassend, schlichen sie in Richtung Osten. Mit ihren Spürnasen entdeckten sie verborgene Jägersteige und Wildwechsel, denen sie folgen konnten. So kamen sie auf einsame Höhen und von dort wieder hinunter zu verschiedenen Almen.

Die zweiwöchige Fluchtroute verlief über den Trattberg und den Dürlstein bis zur Genneralm. Dort gab es die Möglichkeit, die Nacht in einer Hütte bei einem Senner zu verbringen. Allerdings durfte Plieseis die Mütze nicht abnehmen, damit die Glatze ihn nicht als politischen Häftling verriet. Es konnte ja sein, dass der Senner mit den Nazis sympathisierte - oder vielleicht sogar Parteimitglied war.

Anschließend ging es weiter über den Hohen Zinken, das Osterhorn und den Pitschenberg bis zur Postalm bei Strobl. Da sie von einem unterwegs zu ihnen gestoßenen Kontaktmann erfuhren, dass berittene SS-Mannschaften mit Hunden und auf Motorrädern nach Plieseis suchten, durchquerten sie nachts das Wolfgangseetal, um im Schutz der

Dunkelheit hinüber zum Attersee zu gelangen. Über das Weißenbachtal - die Verbindung herüber vom Attersee - wollten sie sich dann nach Ischl schwindeln.

Unweit von Mitterweißenbach war ein Kriegsgefangenenlager. Und es gab keine andere Möglichkeit, als sich nahe an der Anlage vorbeizustehlen. Pech für Gitzoller, dass die Wachmannschaft ihn entdeckte. Man schoss auf ihn, er schoss zurück - und bekam einen Treffer in den Unterschenkel. Plieseis band die Wunde notdürftig ab. Mit viel Glück entkamen sie den Männern der Wachmannschaft, die natürlich hinter ihnen her waren, und Gitzoller schaffte es mit Plieseis' Hilfe gerade noch bis Ischl. In Aigen-Voglhub fand er Unterschlupf und medizinische Versorgung beim kommunistischen Kampfgefährten Raimund Zimpernik.

Plieseis hingegen versteckte sich in der Wohnung einer Widerstandsgenossin namens Maria Humer. Deren Tochter Maria Ganhör war erst 21, doch bereits Witwe. Ihr Mann war an der Front gefallen. Aus persönlichem Leid und Zorn gegen das faschistische System war dann auch sie zur kommunistischen Aktivistin geworden. Sie sah gut aus und zählte ebenso wie ihre Mutter zum Kreis von Resi Pesendorfer. Der ‚Sepp', das gestand sie gleich nach dem Krieg, sei ihr sofort sympathisch gewesen. Dass sie mal seine Frau werden würde, das hätten sich beide aber damals nicht träumen lassen.

Im darauffolgenden Winter wurde Hitlers Mehrfrontenkrieg noch rücksichtsloser. Der Tod hielt auf den Schlachtfeldern schreckliche Ernte. Das Salzkammergut dagegen bot ein Bild scheinbarer Ruhe und des Friedens. Der Krieg schien von hier weit entfernt zu sein. Das Bild war allerdings trügerisch, denn die Nationalsozialisten duldeten auch hier keine politischen Widersacher. Wer gegen das Regime aufbegehrte, der musste jederzeit mit Festnahme wegen staatsfeindlicher Umtriebe und Wehrkraftzersetzung rechnen. Ischl war mittlerweile auch von Juden „gesäubert". Wer sich nicht bald genug ins Ausland abgesetzt hatte, der war von der Gestapo verhaftet worden. Einer, der in weiser Voraussicht der Kurstadt rechtzeitig den Rücken kehrte, war der weltbekannte Tenor Richard Tauber. Er floh nach London.

Die im Untergrund tätigen Kommunisten ließen sich dagegen nicht einschüchtern. Sie sagten dem monströsen Nazisystem jetzt erst recht den Kampf an. Auch andere Gegner, etwa Angehörige konservativer und christlicher Kreise, sollten mit eingebunden werden. Ihr Aktivismus musste sich aber vorläufig auf harmlose Operationen im Untergrund beschränken, zum Beispiel auf Verteilung von Flugzetteln etc.

Gitzollers Schusswunde war verheilt, als Plieseis ihn zu einer Zusammenkunft bat. Er traf sich an einem Mittwochabend mit ihm und Resi Pesendorfer in einer konspirativen Wohnung, gleich neben der Perneckerstraße. Resi stand am Fenster. Sie spähte durch den Spalt eines Vorhangs ins Freie, aber alles war ruhig. Trotz der Spannung, die im Raum lag, versuchte Plieseis ruhig zu wirken. Er legte die Fingerspitzen aneinander, sodass die Hände ein Dach bildeten. „So darf's net weitergehen", sagte er. „Wir dürfen uns den Nazis net ausliefern. Wir müssen Druck machen, aber dazu brauchen wir einen sicheren Rückzugsort. Ich hab' da so eine Idee ..."

Das Massiv des Toten Gebirges östlich von Ischl hat eine Fläche von unfassbaren 50.000 Hektar. Der riesige Gebirgsstock ist im Norden schroff abgegrenzt. Die Felsen steigen an wie mächtige Zinnen und die Gipfel ragen in den Himmel wie riesige Zacken. Dolinen, Felsspalten und Löcher die weit in die Tiefe reichen, erfordern von

Wanderern große Vorsicht und Aufmerksamkeit. Ein falscher Tritt, und man kann für immer verschwunden sein.

Unterhalb des mächtigen und oft recht zerklüfteten Kalkgesteins wachsen Fichten, die in größeren Höhen noch zottig wie Bären sind. Dann sind da auch viele Zirbelkiefern mit ihren ausladend buschigen Zweigen. Und für das Überqueren dieser mystischen, mit Hindernissen übersäten Bergwelt sind nicht Stunden, sondern Tage erforderlich. Wobei im Winter, also bei Schnee, so ein Vorhaben überhaupt unmöglich scheint.

Im Frühjahr 1944, als die stärker werdende Sonne der weißen Pracht schon erheblich zugesetzt hatte und geübte Berggeher über teilweise apere Bereiche in alpine Regionen gelangen konnten, waren drei Männer Richtung Schwarzenbergalm unterwegs. Noch in der Dunkelheit hatten sie sich mit Fahrrädern von Ischl aus Richtung Rettenbachalm auf den Weg gemacht. Die drei waren Plieseis, Gitzoller und ein junger Mann namens Alois Straubinger aus Goisern, ebenfalls ein Genosse aus dem kommunistischen Lager. Als Frontsoldat hatte er unter Kameraden antifaschistische Propaganda verbreitet, worauf man ihn hopps genommen und zurück in die Heimat, ins kreisgerichtliche Gefangenenhaus Wels, überstellt hatte. Das war bereits 1942 gewesen. Auf abenteuerliche Weise war aber auch ihm die Flucht von dort gelungen. Mit einem zum Tod verurteilten Mithäftling war er durch das Zellenfenster und über die Gefängnismauer in die Freiheit geflohen. Dann hatte er sich durch bis ins Salzkammergut durchgeschlagen, und da er nun auf der Fahndungsliste der Nazis ganz oben stand, war er froh, sich dem Sepp anschließen zu dürfen.

Die drei waren so zeitig aufgebrochen, um etwaigen Patrouillen der NSDAP-Männer zu entgehen. Die Räder hatten sie am Talschluss im Wald versteckt. Als sie bergwärts stapften, schickte die Morgensonne schon erste Strahlen über die bewaldeten Anhöhen. Doch viele Worte wurden während des Aufstiegs vermutlich nicht gewechselt. Die Begleiter wussten nur, dass Plieseis irgendwo da oben ein geheimes Widerstandsnest errichten wollte. Einen Zufluchtsort für Deserteure und Gegner des NS-Regimes.

Den Tipp für einen geeigneten Platz hatte interessanterweise ein Revierjäger gegeben. Der Mann stand zwar den Nazis nahe, war sogar bei einem nationalsozialistischen Jagdherrn angestellt, doch seine Gesinnung hatte sich durch ein Schockerlebnis den Widerstandskämpfern zugewendet. Sein Sohn hätte nämlich bei der Reise vom Heimaturlaub an die Front am Bahnhof Attnang Puchheim in einen anderen Zug umsteigen sollen. Den Vater erreichte dann aber die Meldung, dass es ungefähr zur selben Zeit einen alliierten Bombenangriff auf die Station gegeben habe und sein Sohn als vermisst gelte. Nach bangen Stunden der Ungewissheit erhielt er die erlösende Nachricht, dass der Junior am Leben, aber geflüchtet sei. Die Nachricht überbrachte ihm einer der Ischler Kommunisten.

Zwei Tage später klopfte es an Resi Pesendorfers Tür. „Du?“, entschlüpfte es ihr erstaunt. Weil es im Salzkammergut üblich ist, miteinander per Du zu sein, klang die Begrüßung zwar vertraulich, was sie aber keinesfalls sein sollte. Resi kannte den Jäger als Nazifreund und sie fragte sich, was er bei ihr wolle.

„Kann ich reinkommen?“, bat der Mann.

„Wenn's sein muss ...“, erwiderte sie zögernd.

„Du wirst dich jetzt wundern, aber ich bitt‘ euch um Hilfe.“

„Uns um Hilfe?“ Die Resi war verblüfft - und auch irritiert.

„Mei Bua muss untertauchen“, sagte der Jäger. „Er ist desertiert, und wenn's ihn schnappen ...“

„Ich versteh‘. Aber wie stellst dir das vor? Wir sind Kommunisten. Von der SS und der Gestapo überwacht.“

„Weiß ich. Weiß auch, dass der Plieseis euer Chef ist. Er ist mir ja nicht nur als Wilderer bekannt. Ich hab' damals ja die G'schicht vom Kösslgraben in den Zeitungen mitverfolgt. Ich kenn' mein Revier bis weit in die Berg' so gut wie meine Westentasch'n. Und ich wüsst' eine Stell', wo die Nazis nie hinfinden, wo man garantiert sicher ist. Ihr könntet da einen Unterschlupf bauen - und dann auch meinen Buam dorthin mitnehmen", hatte er der Resi angeboten. Danach beschrieb er die Örtlichkeit ganz genau. Als der Jäger namens Mittendorfer nervös um sich blickend eine halbe Stunde später Resi Pesendorfers Wohnung verließ, war etwas Entscheidendes geschehen.

Kurz nachdem der Weidmann ihre Wohnung verlassen hatte, schlüpfte auch die Resi ins Freie hinaus. Sie eilte zu Plieseis, um ihm die Nachricht zu überbringen. Und nun wollte der Sepp sich überzeugen, ob der Platz auch wirklich geeignet sei.

Vor der Schwarzenbergalm änderten sie die Richtung. Besagte Stelle sollte sich abseits frequentierter Wege, hoch über dem Tal befinden und einen großartigen Ausblick bieten. Um dort hin zu kommen, mussten sie über den sogenannten Naglsteig. Er ist schmal und führt an einer steil abfallenden Felswand nach oben.

„Da könnt' ma schon richtig sein", meinte Plieseis, als sie eine kleine, baumbestandene Hochfläche erreicht hatten.

„Und da ist auch die Lärch'n, die der Jager beschrieben hat." Karl Gitzoller wies auf den hohen, uralten Baum, der in der Weidmannssprache auch „Hahnenbaum" heißt, weil sich im Frühjahr in seinen mächtigen Ästen Auerhähne niederlassen, ehe sie mit ihren Balzkunststücken beginnen.

Sie sahen sich um. Plieseis nickte bedächtig. „Das g'fallt mir da. Man überblickt das ganze Tal und kann nur über den Naglsteig herauf. Außerdem ist's hinüber zu Blaa-Alm und nach Altaussee net weit. Da können wir Kontakt mit den Genossen von drüben halten. - Ist gar net so deppert, der Hinweis vom Jäger ..."

Die Stelle war leicht abgeschrägt und ähnelte durch vereinzelt umgestürzte Bäume einem Windbruch. Kleinere und größere Felsbrocken lagen herum. Auf der Rückseite stieg es steil an und die Vorderseite endete mit einer abfallenden Kante. Dazwischen war eine Mulde erkennbar. „Da könnt' ma einen Unterstand machen. A bissl mit Bäumen, Steinen und Erde tarnen, dann ist er so gut wie unsichtbar." Plieseis rieb sich die Hände. Ja, das gefiel ihm. Und es stand für ihn fest, dass hier der Widerstandsstützpunkt errichtet werden sollte.

Dafür aber war viel Arbeit erforderlich. Unbemerkt schafften die Genossen allerlei Werkzeug und Material zum Fällen und Bewegen von Bäumen sowie für Erdarbeiten über den Naglsteig hinauf. Und da die Helfer verschwiegen waren wie ein Grab, erfuhr die Öffentlichkeit vom „Unternehmen Igel" bis Kriegsende nichts. Manche fragten sich später, warum Plieseis diesen sonderbaren Namen gewählt hatte, und der erklärte dann verschmitzt, dass während der Arbeiten eine Igelfamilie anwesend war, die sich nicht stören ließ und auch nicht daran dachte, irgendwo anders hin zu übersiedeln.

Schließlich war es soweit. Der „Igel" konnte bezogen werden. Er war eine durch Erdreich und darüber gelegte Baumstämme perfekt getarnte höhlenartige Hütte, die man erst erkannte, wenn man unmittelbar davor stand. Eine Türe, ein Fenster, ein Ofen, etwas Geschirr und einfache hölzerne Liegen boten bescheidene Bequemlichkeit. Zuvor noch hatte Plieseis sich vergewissert, dass der Rauch ihrer Feuerstelle von gegenüberliegenden Almen nicht gesehen werden konnte. Es war Platz für etwa dreißig bis maximal vierzig Personen, die hier das Kriegsende abwarten und die lokale Naziszene durch Störaktionen unterminieren wollten. Ein batteriebetriebenes Radio ermöglichte das Abhören von Frontnachrichten.

Wichtig war in dieser ersten Phase das Aufrechterhalten der Kontakte zu Verbindungsleuten nach Ischl, nach Goisern und ins Auseerland. Denn Plieseis und seine Mitstreiter mussten in der Abgeschiedenheit ihres Verstecks über das Geschehen im Tal auf dem Laufenden sein, und Lebensmittel brauchten sie ja schließlich auch. Vor allem aber mussten sie unentdeckt bleiben. Man erfand deshalb den Tarnnamen „Willi", womit Außenstehende nichts anfangen konnten.

Nachdem die besonders gefährdeten Nazigegner sowie auch desertierte Landser heimlich in den „Igel" übersiedelt waren, wurde die Genossin Pesendorfer zu einer wichtigen Schlüsselfigur. Denn ihr und ihrem Netzwerk oblag ab nun auch die Versorgung der „Bergpartisanen". Nahrung, Waffen und Munition mussten unbemerkt hinaufgeschafft werden. Was gar nicht so einfach war. Offiziell konnten die Lebensmittel ja nicht organisiert werden, da die NSDAP peinlich genau kontrollierte. Also mussten Genossen eigenes Vieh unauffällig schlachten und andere wiederum von ihren Vorräten an Kartoffeln, Brot und Mehl etwas abgeben. Diese Methode funktionierte, die NS-Leute bekamen nichts davon mit.

Das war auch bei der Altausseerin Marianne Feldhammer so. Sie wurde durch die Kontrollen gewunken, wenn sie mit der Bahn von Aussee nach Bad Ischl fuhr. Auf Fragen über den Grund ihrer Reise gab sie stets an, sie sei von Beruf Wäscherin und müsse von der Putzerei Wäsche holen. Sie war bei diesen Fahrten hübsch herausgeputzt, trug meist Tracht, versteckte auch ihr Dekolletè nicht schamhaft und wenn sie den Uniformierten dann noch ein bezauberndes Lächeln schenkte, war der Weg frei!

Auch sie gehörte zu Resi Pesendorfers Untergrundzelle. Ihr Haus in Altaussee war Anlaufstelle für verfolgte Männer aus dem kommunistischen Widerstand sowie für Deserteure. „War ich in Ischl", ließ sie 1951 einen Reporter mit hintergründigem Lächeln wissen, „hab' ich in der Putzerei die Mitzi Ganhör getroffen, die spätere Frau vom Plieseis Sepp. Die hat mir den Schlüssel zu ihrer Wohnung gegeben, wo sie das, was im „Igel" benötigt worden ist, schon in Säcke gepackt gehabt hat. Unter der geputzten sauberen Wäsch' hab' ich die Sachen dann nach Aussee gebracht."

Und auch der Weitertransport war genau abgesprochen. Marianne fuhr mit den jeweiligen Lieferungen in die Ramsau bei Altaussee, wo sie sie in einer Heuhütte versteckte. Von dort wurden sie bei Nacht und Nebel von Plieseis' „Igel"-Kameraden geholt.

Auffallend viele Frauen wanderten aber auch auf der Ischler Seite zu den diversen Almen hinauf. Angeblich waren sie dort Sennerinnen. Sie wirkten harmlos, sodass sie von den Nazis nicht behelligt wurden, in Wirklichkeit aber schmuggelten sie Essen und Material über Umwege zur Gruppe „Willi". Es wurde jedoch immer schwieriger, die etwa vierzig Männer zu versorgen, die sich im „Igel" aufhielten, sodass Plieseis, Gitzoller und Straubinger sich etwas einfallen lassen mussten. „Unsere Leut' schaffen das nicht mehr", meinte Straubinger. „Die können ja nicht ihre ganzen Viecher schlachten. Irgendwann tät' das auffallen."

Der größte Teil der „Willi"-Mitglieder bestand aus einheimischen Deserteuren. Aus Männern, die nach dem Heimaturlaub oder einem Lazarettaufenthalt die Rückkehr an die Front verweigert hatten. Ihre Uniformen hatten sie zum Großteil gegen Privatbekleidung gewechselt, die Militärgewehre allerdings hatten sie bei sich. Diese Leute im räumlich begrenzten Versteck ruhig zu halten, das war für Plieseis nicht ganz einfach. Denn immer wieder gelangten durch Kontaktpersonen aktuelle Nachrichten nach oben, die die Männer in Rage brachten. So wurde beispielsweise die schon im März 1944 vom Reichsministerium eingeleitete Verschleppung von 30.000 Jugendlichen aus den besetzten Ostgebieten publik. Sie sollten als „Fremdarbeiter" eingesetzt werden und in deutschen Rüstungsbetrieben bei der Herstellung von Kriegsmaterial mithelfen. Zahlreiche Transporte waren bereits im Reichsgebiet eingetroffen, etliche Burschen und Mädels sollten auch nach Ebensee gebracht werden, wo der Stollenbau für die unterirdische Produktion von V2-Raketen schon weit fortgeschritten war.

„Das ist net zu fassen!" Der 29-jährige Hermann Niedereder saß mit ein paar anderen Widerständlern Plieseis und Gitzoller gegenüber. „Die Nazis, die machen, was sie wollen. Wär' an der Zeit, dass auch wir was unternehmen. Ich schlag' vor, wir sprengen die Soleleitung oder meinetwegen die Salzkammergutbahn. Dann wissen's, dass auch wir noch da sind!"

Plieseis schüttelte den Kopf. „Ist nicht sinnvoll. Damit schaden wir uns nur selber, denn über kurz oder lang ist der Krieg vorbei und unsere Freunde, die Sowjets, errichten dann sowieso eine neue Ordnung. Wenn wir aber unsere Sachen vorher selber zerstören, haben wir nachher die Schererei. Außerdem dürfen wir die Nazis net auf unsere Spur locken. Die wollen uns ja ständig ausheben. Bis jetzt aber wissen's nichts von uns da heroben."

Niedereder schwieg. Plieseis war der Chef - und nach all dem, was der bereits erlebt hatte, waren seine Entscheidungen wohl gut überlegt. In das vom faschistischen Klassenfeind unentdeckte Widerstandsnest, im Vorhof des mächtigen Toten Gebirges, drangen aber manchmal auch amüsante Nachrichten. So berichtete ein heimlicher Besucher den Männern von der unfreiwilligen „Glockenspende" der evangelischen und auch der katholischen Kirche. Das

Reich benötigte das wertvolle Metall für die Waffenerzeugung. Als die größte Glocke vom Turm der katholischen Kirche in Ischl vorsichtig herabgelassen wurde, riss das Seil, und das mächtige Läutinstrument zerschellte zwischen Kirchturm, Sparkasse und Mesnerhaus.

Die Menschen auf der Straße stoben auseinander. Glücklicherweise war niemand verletzt worden, doch nach dem ersten Schock riss ein Arbeiter der Firma Brandl den Arm hoch zum Hitlergruß. Nicht weniger als dreimal rief er laut „Sieg Heil!" Und etwas gedämpft fügte er hinzu: „Jetzt ist alles hin. Und wann, mein Führer, liegt endlich auch das Reich in Scherben?" Zum Glück hatte das keine Folgen für ihn.

Oder der Vorfall mit dem Bruchpiloten, der sich schon am 25. Februar ereignet hatte. Wann immer alliierte Verbände das Salzkammergut überflogen, versuchten deutsche Flugzeuge einzugreifen. Eine Me-109 wurde dabei von den Amis abgeschossen, der Pilot sprang mit dem Fallschirm ab. Nach seiner Landung auf den Lindaufeldern eilte ein dortiger Landwirt herbei. „I am happy to see you gesund!" rief er ihm im besten Schulenglisch zu. „Haben die verdammten Nazis your Flugzeug getroffen?" Der Pilot streifte den Fallschirm ab. „Irrtum", sagte er. „Ich bin kein Ami, ich bin Feldwebel Gustav Sturm aus Linz. Und ich habe den Eindruck, Sie kollaborieren mit dem Feind!" Der Landwirt zog daraufhin den Kopf ein, aber glücklicherweise blieb auch für ihn das ohne Konsequenzen.

In Ischl ging mittlerweile alles drunter und drüber. Die Einwohnerzahl hatte sich aufgrund der von überall herbeiströmenden Menschen von ursprünglich 11.000 auf über 30.000 erhöht. Wohin mit ihnen? Wo konnten sie unterkommen, wer gab ihnen zu essen?

Der Revierjäger Mittendorfer, dessen Sohn sich ebenfalls im „Igel" aufhielt, tauchte im Juni überraschend auf. Sein zweiter Sohn, der Jüngere der beiden, hatte sich mit ihm mühsam herauf geschleppt. Sein Bein war eingegipst. Mitterndorfer senior: „Auch er hätt‘ nach dem Heimaturlaub wieder an die Front müssen. „Nein“, hat er gesagt, „um keinen Preis“. Also hat er den Fuß auf ein niederes Mäuerl gestreckt, dann haben's ihm einen Baum drüber g'legt und ein paar Männer sind drauf gesprungen. Knacks, und ab war er, der Knochen. Damit der Bua aber nachher nicht wieder ins Feld muss, bring‘ ich ihn zu euch.“ Dann saß der Jäger etwas abseits mit Plieseis, Gitzoller und Straubinger zusammen. Er kratzte sich unterm Hut am Kopf und stellte nachdenklich fest: „Ich glaub‘, jetzt wird's kritisch. Mich wundert, dass ihr überhaupt noch was zum Essen habt‘s.“ „Soviel, wia ma brauchen, können unsere Leut‘ jetzt nimmer beschaffen“, räumte Plieseis ein. „Die Rationen sind bei uns wahrscheinlich noch knapper als die an der Front.“

Der Jäger blickte in die Runde. „Mir fallt's net leicht“, sagte er, „weil es gegen meine Berufsehre ist, aber ihr solltet's euch das Fleisch selber schiassn.“ Erstaunt zogen die Genossen die Brauen hoch. Mittendorfer: „Die meisten eurer Deserteure haben ja ihre Waffen mit. Sturmgewehre und Karabiner. Damit kann ma auch a Wild erlegen. Man müsste den Burschen nur beibringen, wie. A Reh oder ein Mensch, das ist ja nicht dasselbe.“

Noch immer sagte keiner was, deshalb der Weidmann: „Ich teil‘ euch die Striche zu, wo ihr jagen könnt's, damit ihr net in ein Fremdrevier pirscht‘s und die ganze G'schicht womöglich auffliegt.“ Dann zu Plieseis: „Du könntest die Leut‘ doch einweisen. Bist ja selber ein alter Wildschütz. Wirst doch nicht schon alles verlernt haben?“ Plieseis schmunzelte. „Dank dir, Mittendorfer. Hätt‘ ich nie von dir erwartet. Aber wir sollten einen Teil unserer Leut‘ auch anderswo unterbringen. Das wär‘ taktisch g'scheiter.“
Eine Anzahl Genossen in umliegende Almen „auslagern“?

Dieser Vorschlag fand Zustimmung. Vom Großraum Rettenbach bis zur Blaa-Alm gab es etliche geräumige Hütten. Nachts, im Dunkeln, könnte man ja die Leute dort kontaktieren. Und sie könnten in ihrem Umfeld auch Wild erlegen. Käme es dennoch zu einem unerwarteten Zugriff durch die SS oder Gestapo, so würden nicht alle, sondern nur ein paar der Widerstandsmitglieder einkassiert werden. Dass ein derartiges Netzwerk sinnvoll war, erwies sich später, im September 1944. Da führten im Hinterland des „Igels", auf der Schoberwies- und Wildenseealm, Gestapo, SS und Gendarmerie eine überfallsartige Razzia durch. Jedoch ohne Ergebnis, da Verbindungsleute aus dem Widerstand die Gesuchten rechtzeitig gewarnt hatten. Dem erweiterten Kreis der Nazigegner gehörten nämlich mittlerweile etwa sechshundert Personen an. Dazu zählten Verwandte, enge Angehörige, Freunde und verschwiegene Nachbarn, die mit dem Widerstand sympathisierten. Sie wohnten im Tal und hielten Kontakt zur „Igel"-Gruppe, die ihren Tarnnamen mittlerweile auf „Willi-Fred" geändert hatte.

Es war einer jener Tage, die in den Bergen an alles andere, nur nicht an den Krieg denken ließen. Die Gipfel waren schneefrei, in schattigen Spalten und Abbrüchen lagen noch funkelnde Reste von Firn. Die Spuren des Winters und des Frühlings waren von der Sonne längst getilgt, ja sogar das Moos auf den grauen Steinen hatte eine frische, satte Farbe. Es war, als würde die Natur die Prunkstücke der Gebirgsschönheit in einem Schaufenster präsentieren.

Plieseis und Gitzoller hatten die zur „Igel"-Belegschaft gehörenden Deserteure um sich versammelt. Sie saßen im Schatten, ihre Waffen neben sich. Ein frontverweigernder Infanterist, der damals ebenfalls dabei war, erinnerte sich in den Fünfzigerjahren: „Der Sepp ist sich durch die Haare gefahren und hat dann in die Runde geschaut. Man hat erkennen können, dass er entspannt war. Dann hat er uns eröffnet, dass wir Wildschützen werden sollen!" Und so hörte sich das an: „Wir müssen uns ab jetzt die Verpflegung selber schießen. Das hab‘ ich als Spanienkämpfer auch schon gemacht. Auf gut Deutsch - wir gehen wildern. Das wird dem Herrn Reichsjägermeister Göring natürlich nicht passen, doch der kann uns am Arsch lecken."

Lautes Lachen. „Wir müssen aber vorsichtig sein. Nicht, weil wir uns fürchten, dass wir angezeigt werden, sondern weil wir net entdeckt werden dürfen."

Die nächsten Lacher. „Und deshalb", unterbrach Gitzoller, „ein paar grundlegende Regeln, die ihr beachten müsst. Der Sepp und ich, wir sprechen aus Erfahrung, uns haben's nämlich beim Wüdeln schon erwischt. Mich sogar etliche Male öfter als ihn." „Ich gestehe", sagte Sepp, „ich hab‘ noch sechs Monat‘ Häfen offen. Aber dass ich das absitz‘, darauf warten's umsonst. - Doch jetzt zur Sache."

Und daraufhin fand im „Igel" der wahrscheinlich kurioseste „Jagdunterricht" statt, den es je gegeben hat. Zuerst ging es um den Unterschied zwischen Jagd- und Militärwaffen. Die hier untergetauchten Soldaten hatten Sturmgewehre oder Karabiner. Auch Munition war noch ausreichend da. Gitzoller, der vor seiner Festnahme in den Steyrer Rüstungswerken arbeiten müssen hatte, konnte sein Wissen nun weitergeben. In Schulsprache referierte er: „Die deutschen Sturmgewehre der Baureihe MP sind zuverlässig. Bei Einzelfeuer kann bis zu 400 Meter weit geschossen werden. Es ist auch möglich, Zielfernrohre zu montieren." Von den „Igel"-Bewohnern hatte jedoch keiner ein solches. Das Ziel musste, wie üblich, über Kimme und Korn anvisiert werden. Wiederum andere Wehrmachtsflüchtlinge benützten Gewehre des Typs G43. Diese hatten ein relativ niedriges Gewicht, doch unter der zwingend erforderlichen

Produktionsvereinfachung hatte die Fertigungsqualität gelitten, sodass die Schussgenauigkeit nur auf kurze Entfernung gegeben war.

Plieseis: „Ein Wildbratler hat meistens a umgebaute Waffe. Kann auch ein Militärgewehr sein. Wenn möglich, mit einem Schalldämpfer. Den kann man auch selber basteln. Und in den meisten Fällen ist der Stutzen zerlegbar, also zum Auseinanderschrauben, damit man ihn unauffällig mitnehmen kann. - Aber das spielt für uns jetzt keine Rolle." Alles hörte gebannt zu.

„Was aber am wichtigsten ist, ihr müsst unsichtbar bleiben. Ihr müsst euch möglichst nah' an das Wild pirschen. Und schauen, wie der Wind steht, damit die Viecher keine Witterung kriegen, weil die dann sofort abhauen und euch den Arsch zeigen. Ihr dürft's euch auch nicht wie an der Front verhalten. Abzug drücken und „rattata". Nur vereinzelte Schüsse. Genau ins Blatt. Das Blatt ist das Herz. Ein Punkt zwischen Hals und Schulterblatt. Ist aber nicht leicht, dass man immer dort trifft. Und ein weiterer Nachteil ist eure Munition. Vollmantelgeschosse, „bumm" - die gehen durch den Körper. Da kann das Wild oft sogar noch wegrennen. „Angeschweißt" nennt man das. Es läuft so weit, dass ihr es vielleicht gar nicht mehr findet, wenn es verendet ist. Teilmantelgeschosse, wie Jäger sie verwenden, die zerreißt es dagegen direkt im Leib, und das Tier bricht nieder. "

Die Männer versuchten sich das zu merken. Doch Teilmantelgeschosse, woher sollten sie die nehmen?" Der „Chef" aber begann mit der nächsten Lektion: „Am häufigsten haben wir da heroben Reh- und Rotwild. Rotwild sind Hirsche. Ab und zu steht auf'm Felsen vielleicht auch ein Gamserl. Obwohl wir ganz notwendig a Fleisch brauchen, müsst ihr drauf achten, dass die Tiere g'sund sind. Ein krankes Viech kann auch uns krank machen." Hermann Niedereder, der eigentlich lieber die Soleleitung oder die Eisenbahn in die Luft gesprengt hätte, meinte humorvoll: „Und wie erkennt ma ein krankes Wildbrat? Muss es drei Haxen haben?“

„Sei net so deppert!“ Gitzoller fand das gar nicht spaßig, aber Plieseis ging auf die Frage ein. „Wann sich das Wild nicht normal verhalt‘, also net flüchtet, wann jemand näherkommt, dann stimmt was nicht. Und wann’s nicht wegrennen kann, könnt‘ an den Knochen was nicht in Ordnung sein oder es gibt andere Ursachen; Abszesse, Entzündungen - halt so irgendwas, was auf innere Erkrankung schließen lasst. Schaut das Fell schiach aus, hat’s Tier vielleicht einen Durchfall beim Scheissen, dann sowieso die Finger weg! Wenn wir sowas essen, könnten wir uns ganz schön was einfangen.“

Irgendwie faszinierte dieser Vortrag die Leute. In der Monotonie des „Igel“-Alltags war das eine willkommene Abwechslung.

Und weil Plieseis sowie auch Gitzoller als alterprobte Wildschützen wissen mussten, was nach dem Erlegen wichtig ist, kam auch das „Aufbrechen“ zur Sprache. „Das Tier soll man gleich danach ausnehmen. Also aufschneiden und die Innereien herausholen. Wenn das nicht sofort geht, weil da jemand kommen könnt‘, so macht’s das bei nächster Gelegenheit. Am besten, Bauchdecke bis zum Brustbein öffnen, das Zwerchfell, das Geschlecht und die Gedärme herausholen. Und damit keine Spuren zurückbleiben, alles an Ort und Stell‘ oder in der Nähe vergraben, aber so, dass nichts mehr zu sehen ist. Auch kein Blut.“

Es gab dann viele Fragen, sodass der Nachmittag wie im Flug verging. Anhand einer Karte zeigte Plieseis schließlich die Abschnitte, wo gejagt werden durfte. „Aber merkt euch“, mahnte er, „es gibt keine wirkliche Sicherheit. Ihr müsst immer damit rechnen, dass die Burschen von der SS wie aus dem Nichts vor euch auftauchen."

Wären sie nicht politischen Erzfeinde gewesen, dann hätten die nunmehrigen „Igel"-Wilderer von den Nazis wohl nicht allzu viel befürchten müssen. Bei der Wehrmacht gab es nämlich die „SS-Wilddieb-Kompanie Oranienburg". Sie war auf Initiative des Reichsführers SS, Heinrich Luitpold Himmler, gegründet worden, weil man davon ausging, dass die Wildschützen im Anschleichen und Schießen besonders gut sind. Meldeten sich ertappte Wildbratler zu dieser Kompanie freiwillig, so wurde nicht nur Strafaufschub, sondern auch eine Amnestie, also Aufhebung einer allfällig verhängten Kerkerhaft gewährt.

Die im Umgang mit Schusswaffen versierten Deserteure bewährten sich tatsächlich als gelehrige Wildschützen. Bis zum Winter erlegten sie zahlreiche Rehe und Gämsen, ja sogar zwei junge Hirsche. Auch ein paar Raubvögel, die „rein zufällig" ihre Schussbahnen querten, bereicherten die „Igel"-Küche. Und damit das auch auf Vorrat gehaltene Wildbret nicht verdarb, wurde es mit Viehsalz eingepökelt. Das Salz brachten Frauen des weiblichen Widerstandes auf Schleichwegen hinauf zum Stützpunkt. Die Schüsse, die immer wieder über die Almen hallten, kamen also in den wenigsten Fällen aus der Büchse des Revierjägers Mitterlehner.

Der Winter von 1944 auf 1945 war dann nicht nur im „Igel" eisig. Auf dem Feuerkogel bei Ebensee lag sogar noch am 2. April 1945 der Schnee fünfeinhalb Meter hoch. Und auch im Tal war das Leben nahezu eingefroren. Im Widerstandsnest der kommunistischen „Partisanen" saß man dichtgedrängt um das wärmende Feuer. Auf Wild zu pirschen ließ man jetzt sein. Nicht nur wegen der hohen Schneelage, sondern auch wegen der Gefahr verräterischer Fußspuren. Zum Glück waren Lebensmittel noch ausreichend da. Und wenn die Wolken sehr tief hingen, das Tageslicht grau und die Sicht gleich null war, wenn sich die beklemmende Winterstille in den Klüften, Flanken und Scharten der Umgebung verlor, war die einzige Abwechslung das Abhören ausländischer Nachrichten am batteriebetriebenen Kleinradio. Da der „Igel" auch eine Art Kommandozentrale für den Widerstand von Ebensee bis Bad Aussee war, hatte Plieseis bereits im Spätherbst an die Mitstreiter im Tal Anweisungen erteilt. Diese beschränkten sich jedoch auf relativ harmlose Aktivitäten. Auf das Verteilen von Flugzetteln oder das Unterbrechen von Telefonleitungen. Sabotage oder Zerstörung kriegswichtiger Einrichtungen sollten jedoch vermieden werden. Man wollte den NS-Apparat so kurz vor Zusammenbruch des Deutschen Reiches nicht unnötig auf sich aufmerksam machen.

Etwa zur gleichen Zeit, als Plieseis und Genossen in der Abgeschiedenheit ihres hochgelegenen Widerstandsnestes vom Schnee noch eingeschlossen waren, kam es im Raum Wolfgangsee ebenfalls zu einer „Bergflucht". Auch dort war im Tal noch alles weiß, lediglich der Gleiskörper der Salzkammergutbahn hob sich wie ein dunkler Strich von der spätwinterlichen Landschaft ab.

Es war Mitte Februar, als der Zug auf der Fahrt nach Gmunden in der Haltestelle Weissenbach hielt, unweit von Ischl. Auf einer der Holzbänke im dritten Waggon dämmerten zwei Volkssturmmänner vor sich hin. Die Gewehre hatten sie auf das Gepäcksnetz gelegt. Obwohl sie den Transport wiedergenesener Soldaten zurück an die Front überwachen sollten, waren ihnen die Augen zugefallen. Erst als der Zug wieder anfuhr und sie aus dem Schlaf riss, stellten sie fest, dass der Platz leer war, auf dem einige Reihen vor ihnen ein junger Soldat gesessen hatte. Die Volkssturmleute sprangen auf und liefen den Gang entlang bis zum nächsten Waggon. Doch nichts. Keine Spur von dem Kerl - auch die Toiletten waren unbesetzt.

Der Kerl war der erst 18-jährige Sepp Rieger vom Migl-Gut, der heutigen Jausenstation Mostbauer in Schwarzenbach bei St. Wolfgang. Der „Seppi", wie ihn seine Angehörigen nannten, war an der Ostfront durch Granatsplitter im Hals- und Nackenbereich schwer verletzt worden. Man hatte ihn ins Lazarett nach Ebensee gebracht, danach zur Kurzerholung nach St. Wolfgang. Und nun hätte er an die Front zurücksollen. Ing. Josef Rieger, Inhaber der „Jagd-Akademie Salzkammergut" in Strobl und des Jagdgeschäftes „Ischler Waffen", ist der Enkel des „Seppi". „Mein Großvater war damals ja noch ein ganz junger Bursch. Er hat aber einrücken müssen, und weil ihm da klar geworden ist, dass es über kurz oder lang vorbei sein würde mit dem Tausendjährigen Reich, wollte nicht auch er sein Leben noch opfern und deshalb auch nicht zurück an die Front."

Mit dem Gewehr in der Hand hatte sich der Sepp vorsichtig erhoben, als der Zug die Station anbremste. Er schlich zur Waggontür, und noch ehe die Garnitur zum Stillstand gekommen war, sprang er auf den Gleiskörper. Von dort rannte er in den neben dem Bahndamm verlaufenden Wald. Sekunden später war er nicht mehr zu sehen. Es war, als hätte er sich in Luft aufgelöst. Er schlug sich zu Fuß unbemerkt bis nach St. Wolfgang durch. Sein Enkel heute: „Und dort hat er als Bauernbub natürlich jeden Stein und jeden Baum gekannt. In den sogenannten „Beinsteinwänden", im Vormauergebiet, gibt es eine unauffällige Höhle, in der hat er dann Zuflucht vor den Nazis gefunden."

Kurz darauf tauchte dort auch sein Freund und Kamerad Silvester Hinterberger, vulgo „Bachmanngut" (das heutige Tennishotel Hinterberger in St. Wolfgang) auf. Beide verkrochen sich in dem Unterschlupf zwischen den Felsen bis Mai 1945.

Und so begann es: Der Jäger Josef Bawaronschütz hörte Schüsse im Revier. Mit einem Kollegen nahm er Nachforschungen auf. Als sie bereits wieder absteigen wollten, entdeckten sie durchs Glas zwei Wilderer. Die beiden hatten umgearbeitete Militärgewehre und vollgepackte Rucksäcke. Es kam zu einem Schusswechsel. Wie sich später herausstellte, war einer von ihnen der Sepp Plieseis.

Oben: *Der junge Sepp Plieseis. Man sah ihm an, dass er ein Draufgänger war. Er setzte sich nach Spanien ab, um gegen General Franco (links) zu kämpfen*

Nicht ausgebildet und schlecht ausgerüstet waren Francos Gegner

Knapp fünfundzwanzig Kilometer voneinander entfernt gab es jetzt Deserteure, die sich versteckt hielten. Die politisch engagierten Plieseis-Leute im Toten Gebirge und die zwei fahnenflüchtigen Jungsoldaten in den Wolfganger Bergen. Auch sie wurden nun gezwungenermaßen zu Wilderern. Ing. Rieger: „Mit ihren Wehrmachtskarabinern Modell K98 machten sie hauptsächlich auf Rot- und Gamswild Jagd. Aus den Ställen umliegender Bauern stahlen sie Viehsalz, um das Wildbret durch Pökeln haltbar zu machen. Hin und wieder gelang es ihnen auch an Brot zu kommen. Wolldekken, mit denen sie sich warmhalten konnten, steckte ihnen eine Bäuerin zu."

Und was überaus wichtig war: Informationen über die aktuelle Kriegslage erhielten sie von einem französischen Zwangsarbeiter, mit dem sie sich an gewissen Tagen an vereinbarten Plätzen trafen. Der Mann war von den Deutschen zum Arbeitsdienst in einer Landwirtschaft eingeteilt. „Der Großvater erzählte später nur selten und ungern von dieser nervenzermürbenden Zeit in der Höhle, wo die Angst, entdeckt und exekutiert zu werden, sehr groß war", so der Enkel.

Aber es hatte offenbar auch sein Gutes. Denn aus dem „Migl-Sepp", dem einstigen Wilderer in Not, wurde nach dem Krieg ein Berufsjäger, der unter dem damaligen Jagdherrn Wedekind in Winkl bei St. Gilgen seinen Dienst versah. Und er wurde sogar eine Art Legende. In Jäger- sowie auch in Wildererkreisen respektierte man ihn nämlich wegen seiner Kraft und Verwegenheit. Auch bei Raufereien war er gefürchtet. Bloß die Sennerinnen auf den Hoch- und Niederalmen rund um das Wolfgangtal, die hatten vor ihm alles andere als Angst. Im Gegenteil. Ihre Augen begannen zu leuchten, sobald der „Migl-Sepp" mit seinem unwiderstehlichen Lächeln auf sie zukam.

Von „Migl-Sepp's" wagemutiger Desertion in die St. Wolfganger Berge hatte Plieseis wahrscheinlich keine Kenntnis, denn auf ihn warteten Anfang 1945 bedeutende Aufgaben. Es war ja nur mehr eine Frage von einigen Wochen, bis Hitlers „Tausendjähriges Reich" auseinanderbrechen würde, und je näher dieser Zeitpunkt rückte, desto umtriebiger wurde der Widerstandschef. So etwa stärkten dem einstmals vorbestraften Wildschützen nun auch seine ehemaligen Gegner, nämlich die einheimischen Jäger, den Rücken. Gewissermaßen in letzter Minute hatten die meisten der bislang nationalsozialistischen Grünröcke das Ende der braunen Ära vorausgeahnt und sich noch rechtzeitig auf die Seite des einstigen Widersachers Plieseis geschlagen. Auch sie bezeichneten sich jetzt als „Widerstandskämpfer".

Wie einem Artikel des amerikanischen Life-Magazin aus dem Jahr 1960 zu entnehmen ist, hatte sich der berüchtigte Juden-Vernichter, Obersturmbannführer Adolf Eichmann, bei seinem Aufenthalt in Altaussee darüber sehr entnervt geäußert:

„Sogar die Jäger waren uns nun feindlich gesinnt. Ganze Banden von ihnen - sie nannten sich jetzt Freiheitskämpfer - schlichen bewaffnet auf den Bergen rund um uns herum, jeder von ihnen ein Abschaum. Das waren wahrscheinlich die Gleichen, die 1938 mit lautem Geschrei bis zur Heiserkeit ‚Heil Hitler!' geschrieen haben."

Es ist vermutlich nicht jedem bekannt, dass auch Eichmann bei Kriegsende in Altaussee war, erstens, um dort seine Frau und die Kinder unter falschem Namen in einer Villa einzuquartieren, und zweitens, um mit einem letzten Aufgebot fanatischer „Werwölfe" im Toten Gebirge eine Widerstandslinie mit Partisanentätigkeit' aufzubauen. Den Befehl dazu hatte er von seinem Vorgesetzten, dem Chef der Reichssicherheitspolizei und Leiter des Reichssicherheits-Hauptamtes, SS-Obergruppenführer Ernst Kaltenbrunner. Der hatte sich ebenfalls nach Altaussee, in die vermeintliche „Alpenfestung" abgesetzt.

Eichmann erkannte jedoch bald die Undurchführbarkeit - und Sinnlosigkeit - des Kaltenbrunner-Auftrags. Er musste sich *„... mit einem Haufen disziplinloser Nichtsnutze"* auf die nahe Blaa-Alm zurückziehen und von dort dann auf die höher gelegene Rettenbachalm. Wörtlich ist in einem Dokument zu lesen: *„... die Leute waren irgendwo aufgegriffen und mir nun zugeteilt worden. Da waren ein letzter Rest vom Geheimdienst, ein paar Frauen und meine eigenen Männer. Dazu kamen noch mehrere Hitlerjungen und einige Rumänen, die ich ebenfalls im Genick hatte. Und mit diesem Haufen sollte ich eine letzte Schlacht schlagen?"*

Die heimischen Jäger beobachteten Eichmanns kümmerliches Aufgebot aus dem sicheren Hinterhalt der Berge. Und sie stellten fest: „Alles scheint sich aufzulösen. Eichmann hat sogar eine Unmenge Maschinengewehre in einen Bach werfen lassen und die meisten Leute entlassen. Sie mussten ein Dokument unterschreiben, bekamen 5.000 Reichsmark, dann durften sie abhauen."

Dass das Eichmann-Aufgebot auch einen stark bewachten Lastwagen mit sich führte, das allerdings erfährt man erst aus der Vernehmung eines Zeugen, des vormaligen SS-Obersturmführers und später zum Oberscharführer degradierten Rudolf Doskocil. Er war Bewacher eines LKW-Transportes von Kremsmüster nach Altaussee. Dabei verschwanden seine beiden privaten Koffer. Die Suche nach ihnen führte ihn auch auf die Blaa-Alm. Und da stockte ihm der Atem. Denn: *„Die Nachschau nach den Koffern hatte vorerst keinen Erfolg. Dann kam ich in das Zimmer vom Verwaltungsoffizier der Gruppe Eichmann. Und da machte ich folgende Beobachtung: Ich sah einen Tisch, ungefähr zwei Meter lang. Der Tisch war zur Gänze mit Stapeln von Fremd-*

währungen und Goldmünzen übersät. Der Haufen war sicher einen halben Meter hoch. Am Boden standen auch noch mehrere Kisten mit Geld und Goldmünzen."

Diese Aussage deckt sich mit den Angaben anderer Zeugen. Und das oft zitierte „Märchen vom sagenhaften, unweit der Blaa-Alm vergrabenen Nazischatz" (- nach dem man bis heute vergeblich sucht, Anm. -) gewinnt dadurch neue Brisanz. Denn als die Amerikaner in Ischl auftauchten, lösten sich nämlich auch die LKWs, das wertvolle, in Kisten beförderte Transportgut - und die letzten Getreuen der „Kampftruppe Dr. Müllner" - so der Tarnname der Eichmann-Partisanen - in Luft auf. Und mit ihnen anscheinend auch Adolf Eichmann.

Am 8. Mai 1945 war das Tausendjährige Reich endgültig Geschichte. Schon am 30. April hatte Hitler im Führerbunker Selbstmord verübt, zuvor noch hatte er Großadmiral Karl Dönitz zu seinem Nachfolger ernannt. Dieser beauftragte den Generaloberst Alfred Jodl mit der Unterzeichnung der Gesamtkapitulation. Der unterschrieb die Unterwerfungserklärung im Hauptquartier der westlichen Alliierten in Reims. Das führte auch im Salzkammergut zu heftigen, teils dramatischen Reaktionen. So versuchte am 6. Mai, einem Sonntag, der 19-jährige Obergefreite Josef Gehling sich im Weißenbachtal von seiner zurückweichenden Einheit mit einem Fahrrad abzusetzen. Doch ein Unteroffizier namens Zeitlhofer bemerkte das. Er hinderte den Jungsoldaten an der Flucht. Nach einer kurzen, heftigen Auseinandersetzung griff Zeitlhofer schließlich zur Waffe und erschoss den Obergefreiten; was er angesichts der allgemeinen Lage aber besser lassen sollen hätte, denn Gehlings Kameraden waren dadurch derart aufgebracht, dass jetzt sie den Unteroffizier kaltblütig niederknallten.

Am gleichen Tag, um etwa 13 Uhr, trafen dann die ersten

Amerikaner in Ischl ein. Das bedeutete, dass die Akteure des heimischen Widerstandes sich endlich aus ihren Schlupfwinkeln wagen durften. Die lokalen NS-Funktionäre waren für sie jetzt politisches Freiwild und es wurde auf sie nun umgehend Jagd gemacht. Plieseis, „der rote Sepp", wie man ihn mittlerweile auch rief, ernannte sich selbst zum Sicherheitschef. Bei einer Einvernahme am Gendarmerieposten Ischl im Jahr 1947 erklärte er:

„Wir Freiheitskämpfer haben in den ersten Maitagen, vor dem Einmarsch der Besatzungstruppen permanente Sitzungen abgehalten, in denen beschlossen wurde, wie die einzelnen Ämter (...) zu besetzen sind. Gleichzeitig haben wir auch dafür Sorge getragen, dass von den Nazis keine Provokation erfolgen kann, welche zu eventuellen Schießereien und Blutvergießen hätte führen können. Ich erhielt (- von den Mitgliedern der Bewegung, Anm. -) *die Aufgabe, (...) alle gefährlichen Nationalsozialisten in Haft zu nehmen."*

Plieseis, der für seine politische Überzeugung all die Jahre viel riskiert und auch erduldet - hatte, geriet dann aber bei zwei „Verhaftungen" in ein schiefes Licht. Erst 1947, als das österreichische Justizwesen wieder einigermaßen funktionierte, befassten sich Staatsanwaltschaft und Gericht mit den Tötungsdelikten, die sich im Zusammenhang mit den Festnahmen ereignet hatten. Die Anschuldigung: *„Josef Plieseis, Karl Gitzoller, Ludwig Langeder und Gustav Höllwerth, Angehörige der Freiheitsbewegung, haben sich an den Erschießungen der nationalsozialistischen Ortsgruppenleiter August Hollerwöger am 7. Mai 1945 und Otto Neumann am 8. Mai 1945 in Bad Ischl beteiligt."*

Die Gendarmerie in Bad Ischl hatte im Auftrag der Staatsanwaltschaft die Verhöre durchzuführen. In den später veröffentlichten Protokollen gibt es - wie zu erwarten - von Zeugen und Beschuldigten unterschiedliche Angaben. Fakt war: Der 51-jährige August Hollerwöger, Chef des Tabakhauptverlages und NSDAP-Ortsgruppenleiter in Bad Ischl, hielt sich am 7. Mai 1945 mit seiner Frau Helene sowie den Töchtern Waltraud und Irmgard um die Mittagszeit auf der Veranda seiner Wohnung am Kreuzplatz auf, als es an der Türe läutete. Hier in Auszügen die Aussage der Ehefrau:

„Am 7. Mai um ca. 12.45 Uhr läutete die Glocke zur Wohnungstür. Ich, mein Gatte und meine beiden Töchter (...) befanden uns auf der Veranda, weil wir dort unser Mittagessen eingenommen haben. Meine Tochter Waltraud ging, nachdem sie die Glockentöne gehört hatte, zur Zimmertür und öffnete. Mein Gatte hat ihr nachgerufen „sei vorsichtig, meine Pistole liegt am Tisch". Meine Tochter dürfte diesen Zuruf nicht gehört haben und öffnete. Als mein Gatte und ich mehrere Männer in das Zimmer treten hörten, begaben wir uns ebenfalls dorthin. Im Wohnzimmer sahen wir uns sieben bis acht Männern, welche mit Pistolen bewaffnet waren, gegenüber. Einer der Männer, welchen ich nachträglich als Plieseis kennenlernte, hat meinen Mann gefragt ob er Hollerwöger sei, was von meinem Gatten bejaht wurde. Plieseis hat hierauf meinen Mann als verhaftet erklärt."

Laut Erzählung der Ehefrau wollte der empörte Hollerwöger von Plieseis nun wissen mit welchem Recht er die Verhaftung vornehme, worauf der „rote Sepp" erwiderte, das geschehe im Namen der Österreichischen Freiheitsbewegung. Und dann eskalierte die Situation. Helene Hollerwöger: *„Meine Töchter wurden von den mit Pistolen bewaffneten Männern zur Seite gestoßen. Daraufhin griffen sie nach den Händen zweier Männer und drückten diese mit deren Pistolen Richtung Boden. Hierbei entspann sich eine Balgerei, wobei ich die am Tisch liegende Pistole meines Gatten nahm und sie im Sofa unter die Matratze schob. Mein Gatte (...) wollte sich mit dem Ruf ‚werdet ihr die Mädels in Ruhe lassen, ihr feigen Hunde', auf die Gruppe stürzen. In* *diesem Moment setzte eine Schießerei ein. Nach meinem Dafürhalten sind zuerst einzelne Schüsse gefallen und unmittelbar darauf gabs ein Geknatter. Mein Gatte wurde, während er den Töchtern zu Hilfe eilen wollte, von einem Schuss getroffen und er stürzte, die Hände schützend über den Kopf haltend, an der Schlafzimmertür zusammen."*

Irmgard fing den Vater auf und zog ihn zum Ofen. Gattin Helene kam ihr zu Hilfe. Ihre Darstellung: *„Wir konnten feststellen, dass das rechte Auge zerschossen war. Nachträglich sahen wir an seinem Rock noch zwei weitere Einschüsse. (...) Wer die tödlichen Schüsse abgegeben hat, kann ich nicht angeben, weil von allen Männern geschossen wurde."*

Plieseis und seine Kameraden verließen danach die Wohnung. Die Gruppe, in der sich auch Plieseisfreund Karl Gitzoller befand, begab sich zu einem vor einer Sattlerei geparkten Fahrzeug. Inzwischen war auch der praktische Arzt Dr. Albert Meierl, der von einer Frau namens Huber von der Schießerei alarmiert worden war zur Wohnung Hollerwögers geeilt. Dr. Meierl hatte seine Praxis in der nahen Wiesingerstraße. Der Arzt: *„Ich begab mich sofort in die Wohnung des Hollerwöger. Beim Eingang sah ich einen Mann mit rotweißroter Armbinde und einer MP bewaffnet stehen. Er ließ mich ungehindert ins Haus, da auch ich eine solche Armbinde getragen habe. (...) Ich kümmerte mich sofort um Hollerwöger und war ursprünglich der Meinung, dass er Selbstmord verüben wollte. In dieser Annahme wurde ich bestärkt, weil ich bei der Untersuchung feststellen musste, dass auf beiden Schläfen Schussöffnungen waren. (...) Eine nähere Untersuchung war mir aber unmöglich, weil mehrere bewaffnete Männer in die Wohnung kamen."*

Töchter und Ehefrau kauerten weinend bei dem Sterbenden, als die Männer des Verhaftungskommandos wieder erschienen. Sie nahmen jetzt die Frauen sowie den Doktor fest und führten sie ab. Den Arzt, weil er bis zum Zusammenbruch Sanitätssturmführer der SA gewesen war. Während Hollerwöger in der Wohnung seinen letzten Atemzug tat, wurden die vier zur Gendarmerie gebracht, dort einer Leibesvisitation unterzogen und anschließend in das Ischler Gerichtsgefängnis eingeliefert. Gattin Helene in der Niederschrift: „Ich wurde da drei Wochen angehalten." Der nunmehr tote Ortsgruppenleiter kümmerte die Freiheitskämpfer aber nicht mehr.

Hatte Plieseis bis vor kurzem noch im „Igel", seinem geheimen Felsennest, die Kameraden zur Besonnenheit im Kampf gegen die Faschisten ermahnt und ihnen zwecks Selbstversorgung sogar das Wildern beigebracht, so wurde nun unter seinem Kommando überaus rücksichtslos durchgegriffen. Als nächster stand ein gewisser Otto Neumann, seit 1942 NS-Ortsgruppenleiter der Gruppe Traint, auf der Verhaftungsliste. Dessen Ehefrau Maria gab bei der Vernehmung an: *„Am 8. Mai um 6.50 Uhr hörten wir im Vorzimmer Schritte. Ich, mein Gatte und unsere Tochter Helga waren zu dieser Zeit noch in den Betten. (...) Es kamen fünf Männer, wovon zwei mit Revolvern bewaffnet waren in unser Schlafzimmer. Einer von ihnen erklärte meinen Gatten als verhaftet. Mein Mann sagte ‚Was?' und wollte aus dem Bett springen. In diesem Moment hat jemand geschossen. Mein Mann wurde links am Kinn getroffen und sank aufs Bett zurück. Jener Mann gab dann noch einen zweiten Schuss auf meinen Gatten ab (...)."*

Neumann lag hingestreckt auf dem Bett. Das zweite Projektil war oberhalb der rechten Hüfte eingedrungen und bei der linken Schulter ausgetreten. Der Ortsgruppenleiter war sofort tot. Auch in diesem Fall wurden Ehefrau und Tochter anschließend festgenommen und in das Bezirksgericht Bad Ischl eingeliefert. Tochter Helga wurde nach einer Stunde allerdings wieder auf freien Fuß gesetzt, Mutter Maria blieb bis zum 31. Mai in Haft. Nach ihrer Freilassung lief Helga zurück zur Wohnung am Traunkai 33. Dort lag ihr Vater blutüberströmt und tot im Bett, doch eine inzwischen alarmierte Tante war anwesend. Gemeinsam verständigten die beiden den Arzt Dr. Prohaska sowie die Kriminalpolizei. Der Arzt konnte nur mehr feststellen, dass bei Neumann der Tod wahrscheinlich sofort eingetreten war. Die Tochter beendete ihre Aussage am 6. Mai 1947 mit der Bemerkung: *„Die Kriminalpolizei hat aber weiter nichts unternommen."*

Die Aussage der Ehefrau Maria erbrachte jedoch einen wichtigen Hinweis: *„Im Juli 1945 ging ich mit meiner Schwägerin in Bad Ischl einkaufen. In der Grazerstraße sah ich jenen Mann, welcher meinen Gatten erschossen hat mit einem Motorrad ankommen. Der Mann begab sich in ein Geschäft. Meine Schwägerin ging ebenfalls ins Geschäft, wartete dort, bis der Mann das Lokal wieder verlassen hat, und fragte dann um seinen Namen. Ihr wurde erklärt, dass er Gitzoller heißt."*

Außer Plieseis und Gitzoller standen aber noch der Bahnbeamte Ludwig Langeder und der Hilfsjäger Gustav Höllwerth unter zweifachem Mordverdacht. Selbstverständlich wurden auch sie einvernommen. Gitzoller gab zu, auf Neumann zweimal geschossen und ihn tödlich getroffen zu haben. Der Mann, für den als ehemaligen Wildschützen das Schießen fast schon Routine war: *„... hätte ich nicht zeitgerecht gegen Neumann geschossen, so wären zweifellos Plieseis oder ich ums Leben gekommen."*

Er sowie die anderen Beschuldigten begründeten ihr rigoroses Vorgehen auch dahingehend: *„... Hollerwöger ging am Tag vor dem Einmarsch der amerikanischen Truppen in Bad Ischl noch mit der Pistole herum und seinen Äußerungen war zu entnehmen, dass er bis zum Letzten Widerstand leisten werde. Auch Neumann war uns als einer der gefährlichsten Nazis bekannt. Aus besagten Gründen war bei der*

Verhaftung der Genannten äußerste Vorsicht geboten.“

Man sei deshalb, sagte Plieseis, aus Sicherheitsgründen mit mehreren Personen zu den beiden gegangen. Bei Hollerwöger hatte dann die Tochter geöffnet. Sie wollte die Tür wieder zuschlagen, er hatte aber den Fuß dazwischengesetzt und erklärt, ihr Vater habe jetzt mitzukommen, er sei verhaftet. Wortlaut der Niederschrift: *„... daraufhin kam der Vater aus dem gegenüberliegenden Zimmer und stürzte sich auf mich. Ich wehrte ihn ab, worauf er in den Sack griff und es den Anschein hatte, dass er eine Waffe ziehen will. Von unserer Seite fielen hierauf Schüsse. Ich habe nicht geschossen, kann aber auch nicht sagen wer geschossen hat.“*

Plieseis räumte dann aber doch ein, dass auch er die Pistole gezogen und möglicherweise ebenfalls geschossen hatte. Neumann habe aber als erster nach seiner entsicherten Pistole gegriffen und sie in Anschlag gebracht. Daraufhin seien von Seite der Freiheitskämpfer zwei Schüsse gefallen, die den Ortsgruppenleiter niederstreckten. Er nehme an, dass das Gitzoller war. Abschließend: *„Mit Ausnahme von Hollerwöger und Neumann wurde uns sonst nirgendwo Widerstand geleistet.“*

Den Niederschriften waren auch die Strafkarten von Gitzoller und Plieseis beigefügt. Und aus denen ging hervor, dass sie mehr auf dem Kerbholz hatten, als bisher allgemein bekannt war. Gitzollers Karte wies insgesamt sieben Vorstrafen auf. Er war aber nicht nur wegen Wilderei, sondern auch wegen anderer Delikte von Gerichten in Bad Ischl, Wels, Bad Hall und Hall in Tirol verurteilt worden.

Bei Plieseis gab es vier Eintragungen, wobei die erste einer gewissen Ironie nicht entbehrte. Als Jugendlicher hatte der Sepp nämlich aus einem Waggon am Bahnhof Bad Ischl Tabakwaren geklaut, die für den Tabakhauptverlagsleiter Hollerwöger bestimmt gewesen waren. Jenen Hollerwöger, der viele Jahre später bei der von ihm angeführten

„Verhaftung“ ums Leben kam.

Die Erhebungen um den Tod der beiden Ischler Nationalsozialisten brachte kein Ergebnis, da der Tatnachweis, dass die Widerstandskämpfer in Tötungsabsicht gehandelt hätten, nicht eindeutig zu erbringen war. Am 7. Oktober 1947 stellte die Staatsanwaltschaft Wels an das Bezirksgericht Bad Ischl deshalb gemäß § 1 lit. a & b des Straffreiheitsgesetzes vom 21.12.1945 den Antrag auf Einstellung des Verfahrens.

Für Plieseis und seine Wildererpartisanen war ab Mai 1945 der „Igel“ nun endgültig Vergangenheit. Das Felsennest war einsam und verlassen. Oben, am Rande des Toten Gebirges, hatte der Krieg nichts beschmutzt und zerstört. Nach wie vor schmückte der Almrausch mit seinen leuchtenden Kronen die Steilhänge und Geröllhalden sowie den Boden der Föhren- und Latschenwälder. Das Edelweiß besiedelte Felsbänder, die kristallklaren Bergwässer sprudelten wie immer, Adler kreisten über Felsklippen, strichen über den Boden, übersprangen Baumgruppen und segelten zurück. Auch das Wild, das Rotwild weiter unten und die Gämsen weiter oben, auch sie waren seit eh und je ein anmutiger Aufputz der schweigenden Bergwelt. Und wie früher auch fiel dann und wann ein lauter Schuss - oder es waren gleich mehrere. Es waren aber weniger die Jäger, als vielmehr die Wildschützen, die da den Abzug drückten. Den Wildbratlern ging es dabei nicht um einen Gamsbart oder um besonders prächtige Krickerl, sondern um‘s Fleisch, das in der lebensmittelknappen Nachkriegszeit das Überleben erleichterte.

Die „Militärwilderer“ vom „Igel“ waren da freilich nicht mehr aktiv. Sie waren nach Hause zurückgekehrt, da sie nun nichts mehr zu befürchten hatten. Und der „rote Sepp“ war jetzt ein wichtiger Mann. Denn wenige Wochen nach der fatalen Erschießung der beiden Ischler Nazi-Größen ernannten ihn die Amerikaner zum lokalen Sicherheitschef. Da wussten die Yankees freilich eines nicht: der Kommunist Plieseis war nach wie vor für die Russen aktiv. Er war sogar geraume Zeit vor dem Ende der Naziherrschaft von den Sowjets durch verschlüsselte Nachrichtenkanäle über ein streng geheimes Vorhaben in Kenntnis gesetzt worden. Man beabsichtigte, im Toten Gebirge ein kommunistisches Basislager, einen waffenstarrenden Stützpunkt zu errichten, da in Europa eine Machtübernahme geplant war. Die Zeitschrift „Der Spiegel" berichtete darüber 1952: *„Fünfte Kolonne im Salzkammergut. „Bis zum nächsten Jahr muss auf unmittelbare Weisung von Moskau das Tote Gebirge eine sowjetische Insel im westlichen Meer sein!", eröffnete KP-Funktionär Sepp Plieseis aus Bad Ischl den kommunistischen Kaderchefs des Salzkammergutes."* Und weiter: *„In der amerikanischen und britischen Zone Österreichs bereiten sich die Kommunisten auf den Ernstfall vor."*

Nach Ende des 2. Weltkrieges ein nächster Krieg - und zwar Ost gegen West? Der Kommunist Plieseis sollte für den Stützpunkt im Toten Gebirge der ortskundige Berater sein. Das verheimlichte er freilich seinen amerikanischen Schirmherren. Und er verlor auch kein Wort über die bereits angelaufenen Vorbereitungen für den Aufbau dieser Basis. Es hatte da geheime Waffenlieferungen von Gmunden über den Pötschenpass nach Altaussee gegeben. Die Kampfmittel waren in Särgen versteckt und als „Leichentransporte" deklariert. Der explosive Inhalt sollte dann unbemerkt von einem Restaurant am Südufer des Altausseersees, in die Berge geschafft werden.

Die arglosen Amerikaner vertrauten Plieseis. Er hatte ihnen unter anderem ja wichtige Hinweise für die Ergreifung hochgestellter Nazis geliefert, die sich im Ausseergebiet versteckt gehalten hatten. So etwa Ernst Kaltenbrunner,

Auch Plieseis war dabei: KZ-Häftlinge auf dem Weg zum Arbeitsdienst

Nach dem spanischen Bürgerkrieg landete der Sepp in französischen Internierungslagern, wie hier in Gurs

DIE FLUCHT-HELFER

R. Pesendorfer

Agnes Primocic

Karl Gitzoller

Plieseis verriet den Amerikanern wo sich der hochrangige SS-Mann Kaltenbrunner versteckt hielt: In der Wildenseehütte - Bild rechts

Weil er einer sechsmonatigen Haftstrafe wegen Wilderei entgehen wollte, begab sich der ‚rote Sepp' auf eine dornenvolle Odyssee, die ihn bis Spanien führte. Wieder zurück, wurde er Chef der lokalen Widerstandsbewegung gegen die Nazis.
Links: *Nach der Flucht aus dem KZ Vigaun sah er endlich die Heimat wieder.*

Unten: *Plieseis in den Fünfzigerjahren als Gemeinderat in Bad Ischl*

Das einstige ‚Felsennest' ist heute eine Besucherattraktion. Hier brachte Plieseis den Deserteuren das ABC des Wilderns bei

Chef des Reichssicherheitshauptamtes. Plieseis hatte den „Zund“, wie man im Volksmund auch dazu sagt, dem erst 31jährigen Robert E. Matteson, einem Offizier des militärischen Spionageabwehrkorps CIC (Counter Intelligence Korps) gegeben. In der zünftigen Tracht eines Einheimischen hatte er bei dem Geheimdienstmann vorgesprochen. Matteson 1982 bei einer Podiumsdiskussion an der University of Wisconsin River: *„Da stand also dieser dunkelhaarige Mann in seinem seltsamen Gewand vor mir und meinem Deutschdolmetscher Sydney Bruskin. Er machte einen sehr entschlossenen Eindruck und sagte, dass er etwas Wichtiges, die Nazi Betreffendes, mitzuteilen habe. Er legte alle Verachtung, zu der er offenbar fähig war, in seine Worte, dann bekamen wir schlüssige Hinweise für die Suche und Ergreifung von Kaltenbrunner.“*

Der Sepp verriet ihnen, wohin sich der gefürchtete oberste Chef des ehemaligen Reichssicherheitshauptamtes kürzlich verdrückt hatte: Auf die sechs Gehstunden von Altaussee entfernte Wildensee-Alm. Geführt von einheimischen Jägern und unterstützt von seinen Soldaten, gelang Matteson die Festnahme Kaltenbrunners, der sich tatsächlich mit einigen Getreuen in besagter Almhütte verkrochen hatte.

Die spektakuläre und nicht ungefährliche Verhaftung weiterer, vielgesuchter Nazi-Größe erregte weltweites Aufsehen. Doch einer von ihnen, nämlich Eichmann, hatte sich von der Rettenbach-Alm irgendwie rechtzeitig absetzen können. In Ischl lief er den Amerikanern zwar in die Arme, er gab sich aber überzeugend für jemand anderen aus. Im Innviertel tarnte er sich in der Folge als Hühnerzüchter, ehe er 1950 endgültig nach Südamerika abtauchte, wo ihn Jahre später der israelische Geheimdienst „Mossad“ aufspürte, nach Israel entführte und vor Gericht stellte. Bekanntlich wurde Eichmann dort nach einem spektakulären

Prozess zum Tod verurteilt.

Doch zu dieser Zeit war der einstige „Schwarzl" Plieseis längst auch ein wohlbestallter Ehemann. Er hatte mittlerweile die einstige Mitkämpferin Maria Ganhör geehelicht, jene Maria, die er vor Jahren über Resi Gitzoller kennengelernt hatte. Auch die Jäger Bawaronschütz und Schwaiger, die ihn und Gitzoller dereinst im Kösslgraben beim Wildern erwischt hatten, zollten ihm nun großen Respekt. Und vom geheimen Basislager der Russen im Toten Gebirge, war überraschenderweise nichts mehr zu hören. Was mit den bereits gelieferten Waffen und Sprengmitteln geschehen war, das wusste ebenfalls niemand.

Die Zeit nach Kriegsende glättete dann die Wogen der politischen Gegensätze. Plieseis, der seine sechsmonatige Kerkerhaft wegen Wilderns immer noch nicht abgesessen hatte - und sie jetzt auch nicht mehr absitzen musste - zog als KPÖ-Vertreter in den Bad Ischler Gemeinderat ein. Das Leben des vormaligen Wildschütz war aber deswegen nicht ruhiger und entspannter. Als Sohn einer Arbeiterfamilie engagierte sich nach wie vor für den Bolschewismus und er versuchte sich auch an seiner Biographie. Sie erschien 1946 mit dem Titel „Vom Ebro zum Dachstein". Mit Hilfe des deutschen Schriftstellers Rudolf Heinrich Daumann blickte er da auf sein ereignisreiches, spannendes und gefährliches Leben zurück. Das Buch war ein Verkaufsschlager und machte Plieseis über die Grenzen hinaus bekannt. Zwanzig Jahre später brachte der DDR-Schriftsteller Julius Mader das Buch mit sprachlichen und inhaltlichen Änderungen unter dem Titel „Partisan der Berge" neu heraus.

1947, im gleichen Jahr, in dem Plieseis und seine Widerstandskameraden sich wegen der Erschießung der braunen Ortsgruppenleiter verantworten mussten, war es in Bad Ischl auch zu einer Hungerdemonstration wegen der Kürzung von Milchrationen für Kleinkinder gekommen. Es gab

Ausschreitungen, für die man die Kommunisten verantwortlich machte. Der sogenannte „Milchprozess" resultierte daraus, und eine der Hauptangeklagten war Plieseis' Ehefrau Maria. Sie beteuerte ihre Unschuld, floh aber vor der - wie sie meinte, voreingenommenen - US-Militärgerichtsbarkeit in die sowjetisch besetzte Zone. Erst nach Abschluss des österreichischen Staatsvertrages wagte sie sich ins Salzkammergut zurück, wo sie von 1961 bis 1970 als Schneiderin bei der Firma Lodenfrey arbeitete. Maria starb im Alter von 82 Jahren im Jänner 2003 in St. Florian bei Linz. Ihr Ehemann Sepp wurde nicht so alt, denn 1966 wurde er in das Krankenhaus Bad Ischl eingeliefert; in jenes Krankenhaus, wo er schon in den Dreißigerjahren als Wildschütz seine Verletzungen auskuriert hatte. Diesmal aber setzte eine Embolie seinem wahrhaft spektakulären Leben ein Ende. Es war ihm offenbar nicht gegönnt, älter als 53 Jahre zu werden.

Karl Gitzoller hingegen erreichte ein fast biblisches Alter. Der einstige leidenschaftliche Wildschütz und kommunistische Kampfgenosse lebte zuletzt mit seiner Gattin in Neuhaus an der Triesting, am Rand des Wienerwaldes. Dort schloss er im Jahr 2002 als 97-Jähriger die Augen für immer. Resi Pesendorfer schaffte 87 Jahre; sie starb am 31. Oktober 1989. Sie und noch viele andere waren in einer Zeit, die sich niemand mehr herbeiwünscht, unglaublich mutige Freiheitsguerillas.

Der „Igel", das mittlerweile verfallene Felsennest, dessen Standort ausgerechnet ein nationalsozialistischer Jäger Sepp Plieseis empfohlen hatte, der „Igel" also ist heute eine vielbesuchte Sehenswürdigkeit für zeitgeschichtlich interessierte Touristen.

Und wie das so ist, blieb auch vom Sepp, dem Wildschützen, Spanienkämpfer und Widerstandschef am Ende nur Asche. Die Urne steht in einem Fach auf dem Friedhof in Bad Ischl. Auf der Grabplatte ist lediglich sein Name zu lesen, kein Hinweis verrät, dass der Verstorbene ein bedeutender - und wohl auch umstrittener - Zeitgenosse gewesen war.

Das Glück und das Elend der Floitenschlag-Staude

Die vermummte Gestalt huschte wie ein Geist über Felsbänder, zwängte sich geschickt durch enge Kamine, balancierte über glatte, nur fußbreite Steige, sprang behände wie eine Gämse von einer Felsnase zur anderen und dann, auf einmal, war sie verschwunden. Die Waldarbeiter, die sie verfolgten, kehrten unverrichteter Dinge ins Forstamt zurück, doch ein Kollege dort meinte sofort: „Groß, schlank und wieselflink? Das kann nur die „Staude" gewesen sein!"

Spätsommerabend. Das letzte Licht des dämmernden Tages tastet sich in die Stube der alten Hütte an einem Berghang im Tiroler Zillertal. In der Küche steht eine hochgewachsene Frau, etwa Mitte sechzig. Das schulterlange, einst schwarzglänzende Haar ist grau und zu einem Knoten gebunden. Ihr abgetragener Hauskittel, der vorne zu öffnen ist, lässt ihre schlanke Figur erahnen. Trotz des schwachen Scheins der zweiarmigen Petroleumlampe, die von der Decke hängt, ist zu erkennen, dass sie eine Schönheit gewesen sein muss.

Die „Floitenschlag-Staude", wie sie gerufen wird, bereitet auf dem eisernen Ofen aus Mehl, Wasser, Schmalz und Salz einen Brennsterz zu. Linker Hand, etwas erhöht, steht vor den ausgebleichten Bohlen der Küchenwand ein mehrteiliges Geschirregal mit drei kleinen Laden für das Besteck. Rechts davon hängen eine Pfanne, mehrere Töpfe, ein paar Schöpfer und Kochlöffel an einer Stange. Darunter steht ein länglicher Holztisch, unter den Holzscheite geschichtet sind, damit die „Staude" zur kalten Jahreszeit nicht so oft nach draußen um Brennholz muss. Es ist angenehm warm in der niedrigen Stube, denn jetzt, Ende Oktober, sinken da oben, in tausendvierhundert Metern Seehöhe, nach Sonnenuntergang die Temperaturen recht schnell.

Der Sterz in der Pfanne formt sich allmählich zu kleinen Klümpchen. Die „Staude" bückt sich, um ein Scheit nachzulegen, da ist an der Türe ein lautes Poltern. Gleich darauf wird sie aufgestoßen. Ungestüm drängen drei Männer herein. Es ist ein Waldaufseher mit zwei Gendarmen. Der Waldaufseher, ein untersetzter, klobiger Mann, so an die Fünfzig, grüßt nicht, er schreit: „Staude! Du bischt verhoftet!" Die Beamten an seiner Seite nicken. Ruckartig richtet die „Staude" sich auf. Ungläubig blickt sie auf die Eindringlinge. Es ist ja nicht das erste Mal, dass ungebetener Besuch da heroben auftaucht, aber so gewaltsam und rüpelhaft ist das noch nie passiert. Aufgebracht faucht sie: „Isch des a Überfall - oder was?"

„Red nit so bled, du woascht genau, warum mir do san!", erwidert der Waldaufseher grimmig. „Mir haben zwoa Schüss' g'hört, nit weit von do. Gibsch zua (= gib zu), dasch du des g'wesen bischt. Wär' jo nit dos erschte Mal."

„Wos hobsch g'hört?", erwidert „Staude" entrüstet. „I war die ganze Zeit da in der Hüttn. I hob nix g'hört und a nix g'sechen. Also wann's euch, bittschön, wieder schleichts!"

Ein Uniformierter drängt sich vor und pflanzt sich drohend vor ihr auf. „Werd' nit frech, Frau. Also, wo isch die Waff'n und wo isch das Stückl, des was du g'schossen hascht?"

„Ihr seid‘s wohl nit richtig! Ihr wisst’s ja genau, dass i schon lang nimmer ins Revier geh! Zum Teufel eini, kinnt‘s mi nit endlich in Ruah lossn! Jetzt wird‘s mir langsam wirkli zu bunt!“

„Dann bleibt wohl nit aus, dass du mit uns aufs Revier kimmst!“, erwidert der Beamte. Die „Staude“ weicht unwillkürlich zurück, ihre Wangen bekommen schwachrote Flekken. Sie senkt den Kopf, murmelt etwas, streicht eine Haarsträhne aus dem Gesicht, dann lächelt sie plötzlich.

Jahre nach dieser Amtshandlung schilderte einer der beiden Gendarmen dem Mitarbeiter einer regionalen Zeitung, was sich daraufhin ereignete. Im Schriftdeutsch hört sich das so an: *„Sie macht kurz die Augen zu und sagt was zu sich selber. Wir dachten, sie ist vielleicht nicht richtig im Kopf. Dann fängt sie zu lächeln an und knöpft ihren Kittel auf. Einen Knopf nach dem anderen. Wir stehen da wie angewurzelt und wissen nicht, wie wir uns verhalten sollen, denn keinem von uns ist während des Dienstes sowas jemals passiert. Dann lässt sie den Kittel langsam zu Boden fallen. Darunter ist sie vollkommen nackt. Wir sind jetzt völlig verdattert, denn wie gesagt, das hat von uns noch keiner erlebt.“*

Wer mehr über das Leben der „Staude“ weiß, den wundert dieses Verhalten nicht, denn wurde es dann und wann eng für sie, einen Weg, ihren Kopf aus der Schlinge zu ziehen, den fand sie fast immer. Und auch in diesem Fall scheint es zu klappen. Die „Staude“ sieht, wie verlegen die Männer sind, und herausfordernd blickt sie von Einem zum Anderen.

„Wos ... verdammt, soll dos?“ Der Waldaufseher findet als erster die Sprache wieder. Seine Begleiter dagegen starren entgeistert auf die nicht junge, aber dennoch attraktive Frau. Denn die „Staude“ sieht für ihr Alter noch verdammt gut aus. Obwohl sie viele Kinder geboren hat, sind ihre Brüste nicht schlaff und auch an Hüften, Beinen, Po und am

Bauch ist alles noch stramm - beachtlich für eine Frau von fünfundsechzig.

Die Frage des Waldaufsehers überhört „Staude“ geflissentlich. „Schaut’s her“, sagt sie laut, „so unschuldig wia i do steh, bin i auch. I hob nix ang'stellt. Und wann ihr glaubt’s, i bin wildern g’wesen, dann müsst’s mi mitnehmen, so, wia i bin.“ Sie stemmt die Hände in die Hüften und wartet ab.

Die drei sind ratlos. Träumen sie oder passiert wirklich, was da soeben abläuft? Schließlich gibt sich einer der Gendarmen einen Ruck. „Staude, wos soll dos? Zieh‘ dich an auf der Stell‘ und kimm mit aufs Revier! Aber flott, wenn i bitten darf!“

Doch sie bleibt stur: „Nix do! Wenn‘s mi verhoft‘n wollt‘s, dann müsst’s mi schon nackert auf’n Posten schleppen. - Verstanden?“

Den Männern verschlägt es total die Sprache. Sie wissen genau: wenn sie die „Staude“ jetzt anfassen, machen sie sich eines Vergehens schuldig, da laut der sittenstrengen Rechtsordnung Beamte in Ausübung des Dienstes mit einer unbekleideten Person nicht in Berührung kommen dürfen. Das heißt, sie dürfen der „Staude“ keine Handfesseln anlegen oder ihr eine Decke überwerfen. Verstoßen sie dagegen, droht ein Gerichtsverfahren.

Unschlüssig verharren sie. Und weil „Staude“ keine Anstalten trifft, sich wieder anzuziehen, zuckt der Waldaufseher resignierend die Schultern. Gefährlich leise faucht er ihr zu: „Wart nur, der Tag, der kimmt noch, wo wir dich erwischen!“ Einer der Beamten zeigt ihr sogar die geballte Faust, danach machen sie kehrt und verlassen die Hütte, nicht, ohne die Tür hinter sich zuzuknallen.

Die „Staude“ schiebt den Riegel vor. Sie schlüpft wieder in ihren Kittel. Der Sterz ist inzwischen angebrannt. Sie stellt ihn zur Seite und setzt sich auf die Bank, gleich neben der Stiege, die nach oben zu den zwei kleinen Kammern führt, wo ihre Kinder dereinst geschlafen haben. Sie lehnt sich zurück, blickt verloren ins Leere und dreht verträumt an dem Ring, der an einem ihrer Finger funkelt. Der Ring ist aus Gold, mit einem Diamanten besetzt. Er passt eigentlich gar nicht zu einer verarmten Witwe wie ihr, doch sie trägt ihn bereits seit ihrem siebzehnten Lebensjahr. Jeden, der ihn an ihr gesehen hat, hat er in sprachloses Erstaunen versetzt. Und natürlich wollten sie alle wissen, wie jemand wie sie zu so einem sündteuren Schmuckstück kommt, doch „Staude“ hat das Geheimnis für sich bewahrt. Nicht einmal ihrem schon vor vielen Jahren verstorbenen Mann hat sie die Herkunft des Ringes verraten.

Mittlerweile ist es dunkel geworden. Die Rauchschwaden aus dem Kamin wischen grau über das Hüttendach, das Panorama der Berge versinkt im Nachthimmel. Gut, dass der Waldaufseher und seine uniformierten Begleiter Lampen mitgenommen haben, denn der Weg vom Floitenschlag hinunter nach Ginzling ist schmal und gefährlich. Man braucht gut eine Stunde bis in den Ort.

Diese Begebenheit trug sich im Jahr 1910 zu. Und die „Staude“ hatte da schon ein sehr bewegtes Leben hinter sich. Ein Leben, das sie zu einem Mythos werden ließ.

„Floitenschlag Staude“ war natürlich nicht ihr richtiger Name. Man nannte sie so, weil sie groß war wie eine Staude -, wie ein hochgewachsener Strauch. Und der Zusatz „Floitenschlag“ war vom Namen ihres Elternhauses, der „Floitenschlag-Hütte“ im Tiroler Zillertal, abgeleitet.

Geboren wurde die spätere „Staude“ als Elisabeth Holaus am 28. April 1845. Sie war das jüngste von insgesamt acht Kindern des Ehepaares Bartholomäus und seiner Frau Elisabeth. Die beiden waren bei Liesls Geburt schon fünfzig und dreiundvierzig Jahre - also für damalige Verhältnisse „alte“

Eltern. Dafür war die Liesl die Hübscheste von allen. Sobald die Geschwister aber ins arbeitsfähige Alter kamen, verließen sie - bis auf ihre Schwester Anna - den Floitenschlag. Denn das Leben dort war nicht nur eintönig, sondern auch entbehrungsreich. Allein schon der Weg zur Schule war zur schneefreien Zeit ein beschwerlicher Marsch hinunter ins Tal. Und erst der Rückweg, er verlangte den Kindern alles ab, da es ja ständig steil bergauf ging. Und weil die Wege und Steige zum Floitenschlag oft nur sehr schmal und auch nicht immer trittfest waren, mussten die Eltern täglich um ihren Nachwuchs bangen, zumal deren Schuhwerk schon alt und verschlissen war. Schuhe und Kleidung gingen nämlich von den Größeren an die Kleineren über, und die mussten die Sachen so lange tragen, bis sie endgültig unbrauchbar waren. Kein Wunder also, dass Liesls Geschwister da oben in der Einschicht nicht länger als nötig bleiben wollten. Bloß Anna und Liesl hielten es aus.

Die gegen Ende des 17. Jahrhunderts errichtete Hütte im hinteren Zillertal in Tirol ist nicht nur schwer zu erreichen, sie steht auch auf einem steilen Abhang, weit weg von jeder menschlichen Behausung. Die Hütte ist zur Gänze aus Holz. Im Erdgeschoss verlief ursprünglich um drei Seiten herum ein Balkon, über den man zu einem Freiluftklo - auf Tirolerisch „Labe“ - kam. Vorraum und Küche waren bergseits. Von da gelangte man in den „Gaden“, also in das Schlafzimmer. In diesem schlief die „Staude“ mit ihrem Mann und den Kindern. Die zwei oberen Räume, zu denen man von der Küche aus über eine schmale Treppe gelangte, waren den ganz Kleinen vorbehalten. Denn diese Kammern waren so niedrig, dass sie nur gebückt zu begehen waren. Und wie damals halt üblich, war das Hüttendach mit Schindeln gedeckt und mit Steinen beschwert. 1848 aber kam es zu einem Brand, dem der Vorraum mit der Rauchküche zum Opfer fielen; beides wurde nicht mehr erneuert.

Es war natürlich eine elende Mühsal, da oben am Berg eine Familie durchzubringen. Auf einer kleinen, halbwegs ebenen Fläche, die sich wie eine Stufe in das abfallende Gelände kerbt, wurde Gerste angebaut. Es gab auch zwei Kühe, aus deren Milch sich Käse machen ließ, und die Wolle der wenigen schwindelfreien Schafe wurde in der Hütte gesponnen. Langwierig und kräfteraubend war auch das Mähen und Heueinbringen. Wurde Holz zum Heizen oder für Ausbesserungsarbeiten gebraucht, mussten Bäume im Wald gefällt und unter permanenter Absturzgefahr herbeigeschafft werden. Aber auch die medizinische Versorgung war problematisch, da es den nächsten Arzt erst in Fügen, weit draußen im Tal gab. Also mussten sich die Floitenschlager mit selbst hergestellten Hausmitteln helfen. Ein Kilo Baumpech und ein halbes Kilo Honigwachs sowie Fett, erhitzt bis zum Siedepunkt, das ergab eine Heilsalbe, die angeblich bei vielen Verletzungen wirkte. Überhaupt waren Vater Bartholomäus und seine Familie wahre Meister im Improvisieren. War ein Lampenzylinder gebrochen und es fehlte das Geld für einen neuen, wurden die Bruchstellen mit Knoblauch bestrichen, die Teile fest aneinandergepresst und mit einem Bindfaden umwickelt. Solcherart repariert, wurde er dann vorsichtig auf die Lampe gesteckt.

Kinder und Erwachsene brauchen freilich auch zu essen. Also beschaffte „Bartl", der Vater, Fleisch aus dem Wald. Allerdings wurde er dabei des öfteren beim Wildern erwischt. Das Revier, in dem er das Bergwild erlegte, war bis 1862 ein k.k. ärarisches. Danach wurde es auf die Dauer von 30 Jahren an Seine Durchlaucht, Fürst Vinzent Karl von Auersperg, verpachtet. Und die Weidmänner, die jetzt den Forst und die felsigen Höhen durchstreiften, waren meist keine „gewöhnlichen", sondern hochherrschaftliche Jäger.

Der jungen Liesl entging nicht, was der „Vota" da heimlich trieb. Und es faszinierte sie. Wann sie ihn dann das erste Mal bei der Schwarzpirsch begleiten durfte, ist nicht bekannt. Es war jedenfalls in einem Alter, in dem sie vom Mädchen zur Frau reifte. In dem Büchlein „Die Floitenschlagstaude“ (Verlag Berenkamp) des Autors Wilhelm E. Hofer, Urenkel des späteren Floitenschlag-Besitzers Wilhelm Kröll, schwärmt ein Chronist über die damals siebzehnjährige „Staude“:

„Reizend war der Anblick des Mädchens, das an einem sonnigen Nachmittag im April 1862 im kühlen Schatten der Esche vor der Hütte saß. (...) Das knapp sitzende Mieder umschloss die für Liesls Jugend wohlgerundete Brust. Aber was halfen die Fülle des Kleides, das glatt zurückgekämmte Haar mit dem sauber gehaltenen Haarknoten und die Ruhe, in der die kleinen und doch kräftigen Hände im Schoß gefaltet lagen? Hinter der Sittsamkeit verbarg sich nur mühsam Liesls wahre, unbändige Natur. In den blauen Augen blitzte und trotzte es und sie hungerte nach Leben. (...) Liesl war ein ernsthaftes Mädchen, wissbegierig, scharfzüngig und mit einer Reihe festgefügter Ansichten ausgestattet. (...) Und am liebsten war ihr, wenn sie mit dem Vater über das Wild reden konnte.

Dass damals „ein knapp sitzendes Mieder die wohlgerundete Brust der jungen Schönheit umschloss“, ist eher unglaubwürdig, da Liesls Eltern wohl nicht in der Lage waren, für sie ein solches Dessous zu erwerben. Aber dass ihre „unbändige Natur nach Leben hungerte“, ist freilich nicht von der Hand zu weisen.

Mit Bartl, dem Vater, streifte sie möglichst oft durch die Wälder rund um den Floitenschlag. Und ihn erfüllte das mit Freude. Er war stolz auf seine Jüngste, die in seine Fußstapfen treten wollte. Also brachte er ihr die Raffinessen und Tricks des Schwarzgehens bei. Natürlich mussten sie sich vor den Auersperg’schen Waldaufsehern hüten, da diese nur darauf warteten, den ortsbekannten Wilddieb Bartl Holaus wieder einmal in flagranti zu ertappen. Doch wenn die Liesl mit dabei war, ging das für ihn stets glimpflich aus. Das bildhübsche Mädel verstand es nämlich, den herrschaftlichen Weidmännern die Köpfe zu verdrehen.

„Staude", wie sie mittlerweile gerufen wurde, fand das Wildern nicht verwerflich. Denn warum sollte man da heroben, in Gottes gesegneter Natur, von dem zahlreichen Wild nichts erlegen dürfen? Dem stinkreichen Fürsten und seinen ebenso „gestopften" Gästen, denen gehe so ein Stück doch gar nicht ab.

Anna, ihre fünf Jahre ältere Schwester, teilte diese Leidenschaft aber nicht mit dem Vater. Sie war ein eher häuslicher Typ.

Knapp siebzehn war die „Staude" jetzt, ihr Vater bald siebzig. Er war ausgeschunden und kränklich. Um wenigstens etwas Geld zu verdienen, half er unten im Dorf bei einem Bauern aus. Meistens übernachtete er auch dort, weil der tägliche Heimweg über seine Kräfte ging. Unterdessen jedoch schlich die blutjunge Liesl mit dem Stutzen des Vaters immer öfter ins Revier. Über Kimme und Korn visierte sie die Beute an. Sie war sehr treffsicher, und da sie das Wild auch ausweiden konnte, schleppte sie im Schutz der Dunkelheit mal ein Reh, mal einen Hasen oder auch eine Gämse heim. Die größte Freude aber hatte sie, wenn den geschossenen Tieren auch prächtige Trophäen, also Krickl oder Hörndl, gewachsen waren. Sie präparierte diese, ritzte das Datum ein und bewahrte sie auf. Auf diese Weise kam sie im Lauf der Jahre zu einer stattlichen Sammlung.

Was nun an einem bestimmten Tag in einem Wald bei Floitenschlag passierte, darüber bewahrte „Staude" jedoch ihr Leben lang beharrliches Schweigen. Sie war auf der Pirsch, wurde dabei aber selbst zur Beute. Beute von jemandem, den sie vielleicht mit ihrer Erscheinung und ihrem unverhohlenen „Hunger nach Leben" derart betörte, dass er sie schwängerte. Am 5. März 1863 kam nämlich ein Kind zur Welt. Es war ein Mädchen. Liesl gab ihm den Namen Colletta - höchst unüblich für ein Tiroler Mädel.

Zwölf Tage später der schreckliche Schock: Colletta war nachts an „Fraisen“ gestorben; darunter verstand man damals Infekt- oder Fieberkrämpfe. Ursachen können sein eine Virusinfektion, eine Gehirnhautentzündung, eine Vergiftung oder eine Stoffwechselstörung. Was auch immer bei Colletta die „Fraisen“ auslöste, der Schmerz der jungen Mutter war unaussprechlich, und in einer Niederschrift des vorhin genannten Buches ist zu lesen:

„... der Wind stürmte um die ausgefransten Ecken der Hütte und rüttelte zornig an den Fensterläden. Mit zitternden Händen zog Liesl ein frisches Leinentuch aus der Kommode, hob den leblosen Körper liebevoll von der Bettstatt, drückte ihn noch einmal an ihr Herz und wickelte ihn behutsam in das Tuch. Tränen der Trauer und der Verzweiflung flossen ihr über die Wangen ...).“

Das Mitgefühl der Leute unten im Dorf hielt sich freilich in Grenzen, denn die Liesl war in ihren Augen ja keine gottesfürchtige junge Frau, sondern eine Sünderin. Auch wenn sie vielleicht verführt worden war, es kam aufs Gleiche raus. Und wer - darüber rätselten die Leute - wird der Vater des verstorbenen Kindes wohl gewesen sein? Denn von diesem, so vermutete man, dürfte auch der kostbare Ring stammen, den „Staude“ schon stolz während der Schwangerschaft getragen hatte. Es war ein goldener Ring mit einem funkelnden Diamanten, vermutlich aus Familienbesitz. Hatte der Kindesvater sich damit Liesls Stillschweigen erkauft? Und warum der ungewöhnliche Name Colletta? War das nicht ein in vornehmen Kreisen gebräuchlicher Name? Vielleicht sogar in aristokratischen Kreisen? Ist die siebzehnjährige Floitenschlag-Schönheit also gar von einem blaublütigen Weidmann geschwängert worden? Bis zu ihrem Tod machte

„Staude“ ein Geheimnis daraus.

Obwohl die Floitenschlag-Hütte eine kleine Ewigkeit von Ginzling entfernt liegt, schienen die Leute über die Vorgänge da oben ganz gut informiert zu sein. Mit Holzknechten und Forstangestellten, die beim Vorbeigehen meist eine Pause bei den Floitenschlagern einlegten, gelangte diese oder jene Information auch ins Tal. In erster Linie war für die Dorftratschen natürlich interessant, was Liesl, die junge Schönheit, so alles trieb. Und es war zu erfahren, dass sie dann und wann in die umliegenden Wälder lief. „Na ja“, so munkelten die Lästerzungen, „Pilze sammeln wird sie da ja wohl nicht, wo es doch so viele fesche Jäger gibt!“

Mutmaßungen her, Mutmaßungen hin - jedenfalls erkundete Liesl das Gelände, das sie mit dem Wildererstutzen durchstreifen wollte. Sie machte sich auf diese Weise mit den Besonderheiten des Wildes und des Terrains vertraut. Wo stehen die besten Stücke, wo äsen sie, wo sind die Erdlöcher der Schlangen, wo haben die Adler ihre Horste? Und wo gehen im Winter Lawinen ab, wo sind Felsspalten, in denen man sich notfalls verstecken kann, wo gibt es Senken, gefährliche Abbrüche, Geröllhalden und Kare?

Der Tod ihres knapp eineinhalb Wochen alten Babys hatte zwar eine tiefe und schmerzliche Wunde in ihre junge Seele geschlagen, doch das Leben ging weiter. Die Liesl war zwar versessen darauf, sich zu einer guten Schützin zu mausern, dennoch kam nach geraumer Zeit in der Abgeschiedenheit des Floitenschlags die Sehnsucht nach Zuwendung, Liebe und körperlicher Nähe wieder drängend zurück.

Gelegenheiten zu Begegnungen ergaben sich bei der Heuarbeit oder bei Arbeiten im Wald, wenn Holzknechte oder Jäger vorbeikamen, jedoch auch, wenn sie mit hausgemachtem Käse hinunter nach Ginzling ging, wo sie ihn verkaufte. Lachend grüßten da die Männer und es war unschwer zu erkennen, dass Liesls reizvoller Anblick sie gehörig verwirrte.

Einer, der sich richtiggehend in sie vernarrte, war der 38-jährige Holzarbeiter Johann Kröll. Musste er in den Wald, führte der Weg ihn meistens am Floitenschlag-Gütl vorbei. Dort sah er zwar auch die ältere Schwester Anna, doch die Liesl war sein Traum. Und wie es schien, war sie seinen Avancen nicht abgeneigt. Damit er aber öfter in ihrer Nähe sein konnte, bot er Vater Bartholomäus an, ihm unentgeltlich bei der Arbeit zu helfen. Dem Bartl war das natürlich recht, aber da er nicht blind war, durchschaute er Josefs Absichten bald, und er untersagte ihm jegliche Annäherung an die „Staude". Sie sollte nach dem tragischen Tod ihres Töchterchens erst mal ihre Ruhe haben.

Doch Gelegenheit macht bekanntlich Diebe. Es war im September 1863, als der hilfsbereite Johann auf dem steilen Gelände, oberhalb des Floitenschlags, das gemähte Gras wendete. Als er zurückkam zur Hütte, war es bereits dunkel. Die Öllampen brannten. Vater Bartholomäus, der im Haus geblieben war, hatte sich schon schlafen gelegt, und auch Mutter Elisabeth war vor Müdigkeit am Küchentisch eingeschlafen.

„Wannst z'ruck kimmst, bin i oben im Stock, beim Heu", hatte entgegen des väterlichen Verbots die Liesl ihm im Vorbeigehen zugeflüstert, als er sich zwei Stunden zuvor auf den Weg zum Graswenden gemacht hatte. Als Johann nun bei der Rückkehr einen Blick in die Küche warf, war außer der Mutter, die leise schnarchte, niemand da, weil die Liesl zur gleichen Zeit im Raum nebenan die Fenster schloss. Also schlich er zum Stadel. Finster war es dort. Das Mondlicht, das schwach durch die Spalten der Bretterwand fiel, ließ schemenhaft eine im Heu liegende Gestalt erkennen. Im Floitenschlag-Büchlein heißt es dazu: *„Anna wollte die Arbeit ihrer Schwester tun, legte sich im finsteren Stadel ins duftende Heu und schlief bald ein. Plötzlich gewahrte sie, wie sich jemand an sie schmiegte und sie zärtlich zu liebkosen begann. Im ersten Moment schrak sie auf und wollte davoneilen, doch Johann zog sie mit eisernem Griff aufs Lager zurück. Er rückte näher an sie heran und glaubte, Elisabeth im Arm zu halten. So kam eins zum anderen, und als am Morgen das Dämmerlicht in die Stallung drang und das Schlaflager erhellte, schlug Johann die Augen auf und entdeckte mit Verwunderung Anna neben sich im Heu."*

Ob diese „Verwunderung" wirklich echt war? Hatte Johann tatsächlich nicht gemerkt, dass er sich mit Anna statt mit Liesl vergnügt hatte? Und Anna, das raffinierte Ding, warum ließ sie „eins zum anderen" kommen? Könnte es nicht sein, dass sie ihrer hübschen Schwester den feschen Johann ausspannen wollte? Wie dem auch sei. Was sich damals im Floitenschlag-Stadel tatsächlich ereignete, wird man wohl nie in Erfahrung bringen. Denn eigentlich hätte ja die Liesl auftauchen müssen, und der „Irrtum" wäre aufgeflogen. Wie immer es auch gewesen sein mag, zwischen den Schwestern kam es jedenfalls zu keinem Streit.

Die Folge der Heustadel-Liebesnacht war ein Knabe. Anna brachte ihn am 27. Juni 1864 zur Welt, und er wurde auf den Namen Petrus getauft. Johann Kröll bekannte sich als Vater. Der Floitenschlag, von dem es im Volksmund hieß, dass dort sogar „die Hennen mit Steigeisen herumlaufen", war für das Kindeswohl denkbar schlecht, denn nach Liesls Colletta starb auch Annas Sohn Petrus am 17. Mai 1865 im Alter von elf Monaten an „Abzehrung und Fraisen". Johann Kröll, der mit Anna da oben zusammenlebte, hielt die Niedergeschlagenheit und Trauer nicht aus. Er zog sich ins Tal zurück. Ein Jahr nach dem Tod seines Sohnes raffte er sich dann aber wieder auf. Er machte Anna einen Heiratsantrag, und am 19. November 1866 schlossen die beiden den Bund fürs Leben. Anna zog zu ihm in die „Thal-Aste". Die „Staude" hatte nun die doppelte Arbeitslast zu tragen: die Betreuung des Viehs, die Haus- und die Feldarbeit und die Wege ins Dorf, wenn es was zu erledigen gab.

Auf den Nervenkitzel der Schwarzjagd wollte sie deswegen aber nicht verzichten. Bei jeder Gelegenheit schlich sie in den Wald, wobei sie ein paar Mal den Auersperg'schen Jägern nur knapp entkam. Man weiß aber nicht, ob die vielleicht den Auftrag hatten, nicht ganz genau hinzuschauen, wenn eine großgewachsene Frau in Männerhosen, mit Büchse und vermummtem Gesicht, durchs Unterholz huschte. Vielleicht hatte da Collettas unbekannter Erzeuger - möglicherweise noch mit Liesl verbandelt - die schützende Hand über sie gehalten?

Im Frühjahr 1869 tauchte in ihrem bewegten Leben aber plötzlich ein neuer Verehrer auf: Ein gewisser Josef Lackner aus Mayrhofen. Er war groß, breitschultrig, achtundvierzig und Forstarbeiter. Unter dem Vorwand, mit Vater Bartholomäus wegen Holzarbeiten was zu besprechen, kam er mehrmals herauf zum Floitenschlag. Und schließlich wagte er dem Bartl sein wirkliches Ansinnen vorzubringen: Er wolle die Liesl heiraten. Sie bezaubere ihn, sie sei die Königin seines Herzens. Der Bartl, mittlerweile vierundsiebzig und schon recht gebrechlich, war nun halt doch froh, seine jüngste Tochter unter die Haube zu bringen. Die „Staude" war zwar anfänglich nicht begeistert, war doch der Josef doppelt so alt, dennoch heirateten die beiden am 25. April 1870 in der Gemeinde Dornauberg. Und im Jahr darauf, am 11. Februar, kam Liesls zweites - diesmal aber eheliches - Kind zur Welt. Es war ein Bub, der auf den Namen Johann getauft wurde. Ihre Mutter Elisabeth konnte an diesem Glück leider nicht mehr teilhaben, da die schon recht kränkliche Frau bereits im Februar 1867, mit erst fünfundsechzig Jahren, das Zeitliche gesegnet hatte.

Das Familienleben der Lackners war nun wie das vieler anderer. Josef war fleißig, aber berufsbedingt nur wenig zuhause. War er daheim, verströmten sich seine aufgestauten Gefühle sprichwörtlich in seine Ehefrau Liesl. Ergebnis: Im Mai 1872 drängte das nächste Kind in die Welt. Wieder ein Knabe, er wurde Franz genannt. 1874 folgte Michael, zwei Jahre später ein Bub namens Josef. Im Zweijahresabstand ging es dann weiter. Am 9. Juli 1878, entband die „Staude" ein Mädchen. Es wurde - wie Liesls erstes verstorbenes Kind - auf den Namen Colletta Elisabeth getauft. Natürlich gab es da gleich ein Tuscheln. Konnte es sein, dass der anonyme Spender des kostbaren Ringes erneut seine Hand - beziehungsweise was anderes - im Spiel gehabt hatte? Die Liesl hatte ja all die Jahre den Ring gehütet wie eine Reliquie! Auch wenn hinter seinem Rücken getuschelt wurde, Josef brachte das nicht aus der Fassung, denn er beglückte seine Liesl mit weiteren drei Kindern. Maria wurde am 27. September 1880, Karl am 14. Mai 1882 und Viktoria am 2. Mai 1885 geboren. Elisabeth Holaus, alias „Staude", verehelichte Lackner, war aber trotz der schweren körperlichen Arbeit und der Gerüchte, die es da gab, eine aufmerksame und fürsorgliche Mutter. Wichtig war ihr, dass die Kinder die Schule brav besuchten, obzwar das im Winter überaus hart war. Und auch das Familienleben war harmonisch. Da irgendwer der Liesl sogar das Zitherspielen beigebracht hatte, wurde am Floitenschlag auch ausgelassen musiziert und gesungen; entweder saß man rund um den Stubentisch oder im Sonnenschein vor der Hütte und sang gemeinsam Heimatlieder. Vorwiegend aber Lieder über Jäger und Wildschützen. Warum die Mutter das so liebte, das ahnte der Nachwuchs freilich nicht.

Die Kleinen wussten klarerweise auch nicht, dass man

zuhause, schon lange bevor sie auf der Welt waren, wegen mysteriöser Wilddiebereien unerwünschte Besuche hatte. Auch 1871, wenige Monate nach der Geburt des ersten Sohnes, hatte es einen solchen gegeben. Da störten ein Förster und ein Gendarm die Idylle am Floitenschlag. Zwei Waldaufseher, die nicht im Dienst des Fürst Auersperg standen, hatten am Vortag einen Wildschützen verfolgt. Es war Nacht und der Mond schien schwach. Sie befanden sich auf dem Rückweg von einem Kontrollgang, als sie in der Dunkelheit beinahe mit jemand zusammengestoßen wären. „Zum Greifen nah", sei der Unbekannte gewesen, doch dieser habe „wie der Blitz" reagiert, als er sie bemerkte. Flink wie ein Wiesel habe er zwischen den dicht stehenden Bäumen die Flucht ergriffen. Sie hinterher. Wobei nicht ausblieb, dass sie im Finsteren da und dort gegen Hindernisse stießen, was ihnen etliche Beulen einbrachte. Der Flüchtende lief aber etwas eigenartig - fast wie eine Frau. Die vermummte Gestalt huschte wie ein Geist über Felsbänder, zwängte sich geschickt durch enge Kamine, balancierte über glatte, nur fußbreite Steige, sprang behände wie eine Gämse von einer Felsnase zur anderen und dann, auf einmal, war sie verschwunden. Den Waldaufsehern, die sie verfolgten, war es unangenehm, diese Schlappe im Forstamt eingestehen zu müssen, doch ein Kollege dort meinte sofort: „Groß, schlank und wieselflink? Das kann nur die „Staude" gewesen sein!"

Also tauchten tags darauf der Förster Anton Hochleitner und ein Gendarm am Floitenschlag auf, um das Haus auf den Kopf zu stellen. Wieder einmal sahen sie sich gründlich um. Sogar in der Wiege, in der der kleine Johann lag, blickten sie unter die gepolsterte Auflage. Es war der „Staude" ja zuzutrauen, dass sie hier etwas versteckte. Doch nichts war zu finden, weder die Waffe, noch das mutmaßlich erlegte Wild.

„I hob do glei g'sogt, ihr könnts bei mir nix finden", meinte die Liesl mit gespielter Entrüstung, als die drei ratlos herumstanden, dann nahm sie den Kleinen ungeniert an die Brust. Verschämt drehten Hochleitner und die Beamten sich weg. „Wart nur, wir werden dich im Aug' behalten!", drohte der Weidmann mit abgewandtem Gesicht, weil der Anblick einer stillenden Mutter ja unschicklich war. Die Liesl aber schmunzelte. Als dann die Tür hinter den ungebetenen Besuchern zufiel, kicherte sie zum milchschmatzenden Söhnchen: „Die halten mi wirklich für ziemlich deppert. Des tät'st jo net einmal du glauben, dass i den Stutzen und das Wildbret da im Haus versteck'!"

Auch der alte Bartholomäus lachte sich ins Fäustchen. Seine Liesl, die war wirklich mit allen Wassern gewaschen! Und es konnte ihm nur recht sein, dass gerade sie die Tradition des Wilderns am Floitenschlag fortsetzte. Nicht zuletzt deshalb war ja auch immer Fleisch auf dem Tisch. Denn so üppig hatten sie es ja nicht. Josef Lackner, der Schwiegersohn, verdiente gerade so viel, dass sie nicht hungern mussten, und er, der Bartl, konnte zum Unterhalt leider nichts beitragen, da er aus gesundheitlichen Gründen im Tal keiner Lohnarbeit mehr nachgehen konnte.

Es war eine Zeit, in der die Lackners jeden Kreuzer zusammenkratzen - und immer mehr Kinder ernähren - mussten. Der alte Bartl wurde im Lauf der Zeit noch gebrechlicher und Krankheiten zwangen ihn ins Bett. Eine medizinische Behandlung war aber nicht möglich, weil für einen Arzt kein Geld da war. In der Abenddämmerung des 4. Septembers 1876 starb Bartholomäus Holaus im 81. Lebensjahr an „Wassersucht", wie im Sterbebuch vermerkt ist.

Kaum zwei Jahre danach dann der nächste Todesfall; ein überaus dramatischer Schicksalsschlag. Es war Ende Mai. Ein stürmischer Gewitterregen hatte alles unter Wasser gesetzt. Der Boden war durchnässt und glitschig, man musste beim Gehen sehr aufpassen. Der siebenjährige Johann ging am Nachmittag zum etwas abseits liegenden Stadel, um die Ziegen zu melken. Es war eine Arbeit, die ihm Spaß machte. Gleich in der Nähe ist die Schusterau-Wand, von der aus man einen wunderbaren Blick hinunter zum Dorf hat. Die Wand ist im oberen Teil überhängend, danach fällt sie senkrecht ab. Klein Johann, von der Familie nur „Hansl" gerufen, hatte hier oft mit dem Vater gesessen und die Aussicht genossen. Das wollte er offenbar auch jetzt, weil das vorangegangene Gewitter eine romantisch hinreißende Stimmung erzeugt hatte. Vorsichtig, einen Fuß vor den anderen setzend, tastete er sich zur Steinplatte, die den Felsen oben begrenzt. Weil er nicht heimkam, suchten die Angehörigen nach ihm. Auch der kleine Franzl und der um drei Jahre jüngere Michael schauten hinter jeden Baum und jeden Strauch. Doch Vater Josef, der an diesem Tag zuhause war, ahnte Schlimmes. Er eilte geradewegs zur Schusterau-Wand. Zu jener Stelle, die der Hansl und er so oft aufgesucht hatten. Vorsichtig kroch er an die Felskante. Er blickte in den Abgrund, doch am Fuß der Wand waren in der beginnenden Dunkelheit nur Gestrüpp und Bäume zu erkennen, aber keine Spur vom Hansl. Josef hastete neben dem Felsen den steilen Pfad hinab. Er kämpfte sich durchs Unterholz, rief laut den Namen seines Sohnes - jedoch Stille. Erst am nächsten Tag wurde aus der Befürchtung schreckliche Gewissheit. Holzknechte aus Ginzling entdeckten am Fuß der Wand den zerschmetterten Körper des Buben. Er war auf der nassen Steinplatte ausgerutscht und in die Tiefe gestürzt.

Man schrieb den 30. Mai 1878. Elend und Verzweiflung am Floitenschlag. Und „Staude", die Mutter, war schon wieder hochschwanger.

Nicht ganz eineinhalb Monate nach diesem Drama gebar sie - wie erwähnt - ein Mädchen. Niemand begriff, warum sie ihr den gleichen Namen gab, der an die verstorbene erstgeborene Tochter erinnerte: Colletta-Elisabeth.

Doch die Zeit heilt Wunden, und trotz des sorgenvollen Lebens blieb die Liesl eine attraktive Frau, die alle Blicke auf sich zog. Nichts hatte sie von ihrer Ausstrahlung eingebüßt, ihr Charme und ihr Liebreiz beschleunigten nach wie vor den Herzschlag der Männer. Was natürlich den dörflichen Lästermäulern Anlass zu Spekulationen bot. „Seltsam", hieß es da, „der Hausherr ist nur wenig daheim, und trotzdem bekommt sie ein Kind nach dem anderen ..."

Dem Ehemann Josef kam das zwar zu Ohren, doch diese Bosheiten ließen ihn kalt. Er war überzeugt, der Vater von Liesls Kindern zu sein.

Dass seine Frau so energiegeladen blieb, das war nicht zuletzt auch ihrer Leidenschaft für die Schwarze Jagd zu verdanken. Kaum zu glauben, aber schon wenige Wochen nach der Geburt von Colletta-Elisabeth lockte der Wald sie wieder. Angeblich brauchte die Familie dringend Fleisch, um die nächste Zeit durchzukommen. Allerdings hatte kürzlich ein Unwetter im Tal und in der Umgebung des Floitenschlags große Verwüstungen angerichtet. Ansonsten kleine Wasserläufe waren zu Wildbächen angeschwollen, die alles mitrissen, was im Weg war.

Das Datum steht nicht fest, doch nachdem sie ihr Baby gefüttert hatte, schlich die Liesl hinaus ins Revier. Das Rauschen der Wildbäche übertönte alles. Da sie aber die besten Schussplätze kannte, pirschte sie gezielt dort hin. Und tatsächlich - da war ein Bock! Ein prächtiger Rehbock. Er hatte sich von der Herde abgesondert. Langsam ging sie in die Knie. Mit ruhiger Hand visierte sie an und dann - der Schuss. Volltreffer! Sie atmete auf, schulterte das Gewehr und ging zum Bock. Doch just in diesem Moment sprangen drei Jäger direkt vor sie. Sie waren hinter Bäumen versteckt gewesen. Die Liesl war vor Überraschung einen Moment lang wie gelähmt, dann versuchte sie zu entkommen. Doch dieses Mal hatte sie keine Chance. Die Jäger holten sie nach einem kurzen Laufduell ein, drehten ihr die Arme auf den Rücken und fesselten sie an den Handgelenken. Wie sich später herausstellte, hatte man ihr schon seit längerer Zeit aufgelauert. Allerdings vergeblich, weil sie da woanders ihr Jagdglück gesucht hatte. Jetzt aber wurde ihre Waffe konfisziert, und eskortiert von den Weidmännern, stapfte sie zurück zur Floitenschlag-Hütte.

Dann stand Liesl das erste Mal vor Gericht. Ihr Gesicht war bleich, die Hände hatte sie sittsam gefaltet. Man hatte den Eindruck, sie könne keiner Fliege etwas zuleide tun. Ihre Schwester Anna passte inzwischen auf das Baby und die anderen Kinder auf.

„Sie wissen schon, warum Sie hier sind?" fragte der Richter am k.u.k. Bezirksgericht Zell am Ziller. Die Liesl nickte.

„Sie werden des Wilddiebstahls beschuldigt."

Wieder nickte die Liesl stumm.

Da es von diesem 1878 stattgefundenen Gerichtsverfahren keine detaillierten Unterlagen gibt, steht nicht fest, ob die „Staude" vom Vorwurf des Wilddiebstahls freigesprochen wurde. Zur Zahlung der Prozesskosten wurde sie aber jedenfalls verdonnert. Doch wie schon öfter ihrem Leben schien sie Glück im Unglück zu haben, denn der fürstliche Jagdherr nahm ihr den von seinen Jägern verhinderten Wilddiebstahl nicht sonderlich übel. Er zeigte sogar Verständnis für ihre prekäre finanzielle Situation und bot ihr an, die Kosten einstweilen zu übernehmen. Sie könne sie in Raten zurückzahlen. Die „Staude" brach in Tränen aus und bedankte sich tausend Mal. Und sie hielt auch tatsächlich Wort, denn am 12. Juli 1912, also nach 34 Jahren (!) teilte die Fürstliche Jagdleitung dem k.u.k. Bezirksgericht Zell am Ziller mit, dass *„die Prozesskosten von 137 Kronen und 52 Heller von Frau Elisabeth Lackner, geborene Holaus, zur*

Gänze abgestattet worden" seien.

Inzwischen nannte der Volksmund sie längst die „Wildschützenkönigin vom Floitenschlag". „Des brauch i nit, dass mi die Leut so nennen", soll die „Staude" gesagt haben. „I bin froh, wann uns der Herrgott koa Unglück schickt." Aber das war leider nur ein frommer Wunsch, denn schon zwei Jahre nach Hansls tödlichem Absturz kam es schon wieder zu einer Tragödie. Einer so grauenhaften, dass die Kunde davon sogar bis Innsbruck drang, wo die Zeitungen in großer Aufmachung darüber berichteten.

Ihre kleine Maria war Kind Nr. 7, rechnet man die nicht mehr lebende und ledig geborene Colletta dazu. Am 27. September 1880 war Maria oben in der Hütte zur Welt gekommen. Sie war ein putziges Baby mit roten Bäckchen. Da der Oktoberbeginn diesmal auch in Höhe des Floitenschlags noch angenehm mild war, hatte die Mutter die Wiege mit der Kleinen im Schatten einer Esche abgestellt. Die zweijährige (- zweite -) Colletta-Elisabeth sollte aufpassen. Doch die war müde. Also lief sie ins Haus zurück und legte sich schlafen. Obwohl sie erst vor kurzem entbunden hatte, arbeiteten Liesl und ihr achtjähriger Franz auf dem abschüssigen Feld. Es war nämlich Zeit, die Mahd einzubringen, und Josef, der Ehemann, war ja in Mayrhofen zur Arbeit.

Jedes Mal, wenn Liesl einen Heuballen in die Tenne gebracht hatte und wieder herauskam, schaute sie bei der Wiege vorbei, um sich zu vergewissern, dass die Kleine schlief. Aber dann nahm das Verhängnis unbemerkt seinen Lauf. Das Gatter des Schweinestalls war nicht verriegelt, und so konnte die Muttersau mit ihrem wenige Wochen alten Wurf ins Freie gelangen. Die jungen Ferkel tobten sich auf der Wiese aus, kamen dabei aber der Wiege so nahe, sodass diese umkippte und der Säugling herausfiel. Erschrokken begann die Kleine zu schreien, was die Muttersau wild machte. Offenbar sah sie durch das plärrende Menschenbündel ihren Nachwuchs gefährdet. Wütend stürmte sie herbei ...

Als Liesl nach einiger Zeit Nachschau hielt, erlitt sie einen unvorstellbaren Schock. Schon von weitem sah sie neben der umgekippten Wiege blutige Reste von Marias Kleidung. Sie stürzte herbei und ihr Herz drohte auszusetzen. In der rotgefärbten Wiese lagen nur mehr Körperteile.

Das Mutterferkel hatte den Säugling größtenteils aufgefressen. Was von Maria noch übrig war, wurde wenige Tage später auf dem Friedhof in Ginzling beigesetzt. Mutter Liesl war nicht dabei, sie lag mit einem Nervenzusammenbruch im Bett.

Doch wo viel Schatten ist, ist gottlob auch Licht. Und manche Episode in „Staudes" Alltag mutet wiederum an wie ein Bühnenschwank. Da gab es zum Beispiel den Jäger und Waldaufseher Andrä Holzer. Der im privaten Dienst stehende Weidmann bemühte sich seit langem um die Gunst der hübschen, verehelichten Floitenschlagerin. Weil aber bislang seine Komplimente und Schmeicheleien erfolglos geblieben waren, unternahm er eines Tages den Versuch, die hübsche Ehefrau durch autoritäres Auftreten zu beeindrucken.

Gelegenheit dazu gab es an einem schönen, aber kalten Herbsttag. Die Bergspitzen zur italienischen Grenze hin schimmerten in der Sonne. Josef Lackner hatte arbeitsfrei und war zuhause. Günstig für die Liesl, denn da konnte sie in den Wald, ohne sich um die Kinder sorgen zu müssen.

Am mittleren Vormittag war sie zurück. „Isch oll's in Ordnung?", fragte Josef. Sie nickte grinsend und ging nach nebenan in die Kammer, um die alte Hose, die sie bei Holzarbeiten und zum Wildern trug, gegen ihr bodenlanges Hauskleid auszutauschen.

Wieder einmal hatte sie unweit des Floitenschlags ein „Stückl“ erlegt. Diesmal aber erst nach dem dritten Schuss. Wie üblich hatte sie das Tier zum „Geheimversteck“ gebracht, einer kleinen Höhle. Mit wenigen Schnitten und Handgriffen weidete sie die Beute aus und vergrub das „Gescheide“, also die Innereien. Den Stutzen ließ sie natürlich auch in der Höhle, den Tierkörper aber würde sie später holen, denn jetzt war es am vernünftigsten, erst einmal heimzugehen und abwarten.

Vielleicht war es ihr sechster Sinn, das unbestimmte Gefühl, dass diese Vorsicht sie vor großem Ärger bewahrte, denn plötzlich hämmerte eine Faust gegen die Tür. Draußen standen der Waldaufseher Andrä und zwei Gendarmen. Der Waldaufseher war nicht mehr der Jüngste. Er hatte ein unzerknittertes Gesicht, ein dichtes, kantig geschnittenes Bärtchen verdeckte die Oberlippe, sodass nur die untere Mundhälfte sichtbar war.

„Staude“ gab sich überrascht. Sie streifte ihren Hauskittel glatt. „Andrä, du?“

„Jo, ich“, erwiderte er barsch.

Die Gendarmen blickten finster. Einen von ihnen hatte die Liesl noch nie gesehen.

„Also, i möcht‘ wiss’n, wie oft seid‘s ihr scho do g’wes‘n? Und immer umasunst.“ Sie zog die Tür, auf um die ungebetenen Besucher herein zu lassen.

„Heit in da Früah is do herob‘n g’schoss‘n word‘n. Host nix g‘hört oder g’sech‘n? Oder bischt es lei gar selber g’wes‘n?“ fragte Andrä. Seine Stimme war schneidend, der Blick kühn, er streckte sich; um größer zu wirken.

„Du bischt ober amtlich heit!“ erwiderte „Staude“, ohne auf seine Frage einzugehen. Liesls Ehemann, der inzwischen dazu gekommen war, dem passte Andräs Auftreten nicht. Er könne schon ein bisschen freundlicher sein, sagte er. Und nein, man habe keinen Schuss gehört. Die Liesl und er seien im Stall gewesen, da hätte das Schellen der Ziegen- und Kuhglocken alles übertönt.

Die Beamten begnügten sich mit der Statistenrolle. Aus Erfahrung wussten sie, dass auf diese Art und Weise einer wie der „Staude“ nicht beizukommen war. Und auch Andrä musste das schließlich zur Kenntnis nehmen. Nach einigen verlegenen Redefloskeln murmelte er sowas wie eine Entschuldigung. „Wenn du es gewesen wärst“, sagte er in einem letzten Versuch, amtliche Autorität zu zeigen, „dann hätten wir dich mitnehmen und einsperren müssen.“

Die Liesl wurde distanzierter. „Und jetzt sog i auf Wiederschau‘n und losst‘s mi in Ruah! I muaß jetzt nämlich zum Koch‘n geh‘n!“

Andrä kam sich vor wie ein Idiot. Der Versuch, durch sein Auftreten Eindruck zu schinden; war gründlich in die Hose gegangen. Liesl schob ihn und die Beamten zur Tür hinaus.

Und dann vergingen einige Wochen. Das herrische Auftreten des Jagdaufsehers hatte für die an unangenehme Ereignisse gewohnten Lackners längst keine Bedeutung mehr. Aber wie der Zufall es manchmal halt will, der Jäger und die Liesl trafen erneut zusammen. „Jo, do schau her!“ Andrä Holzer lachte übers ganze Gesicht, so als ob sein leidiges Verhalten oben in der Hütte nie stattgefunden hätte. Er hatte an diesem Tag die Futterplätze für den Winter kontrolliert, war nun auf dem Weg zurück ins Tal. Und just an der ersten Wegkreuzung nach der Floitenschlag-Hütte stießen er und die Liesl fast zusammen. Sie war ebenfalls unterwegs hinunter nach Ginzling, schleppte aber einen schweren Korb.

„Wos hoscht denn do drin?“ fragte Andrä.

Sie stellte den Korb ab und streckte sich. „An Kas zum Verkaufen.“

Den zu schleppen, das sei doch für sie viel zu anstrengend, meinte er. Was solle sie machen, meinte „Staude". Ihren Kindern sei das nicht zuzumuten und ihr Mann, der arbeite an diesem Tag unten in Mayrhofen.

Andrä stützte sich auf seinen Bergstock und musterte sie von oben bis unten. „Hast du zarte Hände", meinte er. „Und überhaupt die Figur, so aufregend weiblich." Das habe er aber damals nicht so gesehen, als er mit den Gendarmen bei ihr im Haus war, entgegnete Liesl. Da habe er sie für einen „Doip" (= Dieb und Gauner) gehalten, für eine, die vor nichts zurückschrecke und sich auch eine schwere Gams über die Schulter werfe.

Na ja, sagte Andrä, er habe wegen der Beamten, die ihn begleiteten, diesen herben Ton anschlagen müssen. Dass sie die Urheberin der Schüsse gewesensei, das habe er sowieso nicht geglaubt. Die „Staude" blickte ihm in die Augen. „Du traust mir also nit zua, dass i wos schiass?" Heiß stieg es in Andrä Holzer hoch. Konnte es sein, dass sie in ihrem Herzen jetzt endlich ein Platzerl frei machte für ihn? „Na, ja ...", sagte er ausweichend.

Und ob er ihr auch nicht zutraue, dass sie in seiner Gegenwart vielleicht sogar gewildertes Fleisch hinunter ins Dorf bringe, ohne dass er davon etwas mitbekäme?

„Na, das trau i dir wirkli nit zua. Wie willst denn das anstell'n vor meine Augen?"

Sie lachte. „Herr Jaga, woll'n ma wetten, dass i des kann?"

„I wett mit dir!"

„Um wos?"

Leichte Röte schoss ihm in die Wangen, dann meinte er mutig: „Wann'st verlierst, kriag i a Bussl, - oder vielleicht a paar mehr?"

Sie runzelte die Stirn, als überlege sie. „Guat. Einverstanden. Aber wenn'st verlierst, darfst mi nia wieda als Wildschützin anschwärz'n."

Er nickte und warf einen Blick auf den Korb. Unter dem

feuchten weißen Tuch, das darüber lag, zeichneten sich runde Käselaibe ab.

„Isch ja viel zu schwer für di", sagte er. „Komm, i mach des. Mir ham ja den gleichen Weg." Er bückte sich und schulterte den Korb.

Und der war wirklich schwer.

Unterwegs schmeichelte sie ihm mit schönen Worten, um ihn richtig scharf zu machen, damit ihm der Schock, der ihn im Dorf dann erwarten würde, ordentlich in die Glieder fuhr. Er hatte eine schweißnasse Stirn, als sie beim Ortsbeginn von Ginzling ankamen.

„Do geh'n mir hin", sagte Liesl und wies in Richtung des örtlichen Fleischhauers.

„Wiaso? Bringst den Kas leicht nit zum Kramer?"

„Na, z'erscht geh'n mir zum Fleischer."

Andrä Holzer war verwirrt. Was machte ein Fleischhauer mit Ziegenkäse? Als sie dort waren, stellte er den Korb auf der Hausbank ab.

„Hot a gonz schean's Gwicht, wos?" meinte die Liesl seltsam lächelnd.

Er atmete ein paar Mal tief ein und aus.

„Und?", fragte sie. „Wos is mit da Wett'?"

„Wiaso Wett'?"

„Mir ham do g'wett, dass i vor deine Augen a g'wildertes Stückl herunter ins Tal bring."

Andrä lächelte. „Jo, sicher. Oba i siach koa Wild."

„Schau her!", sagte sie. Sie zog das Tuch vom Korb und legte die Käselaibe einen nach dem anderen auf die Bank. Als sie die dritte Lage heraushob, wurde Andrä wachsbleich im Gesicht. Ihm verschlug es die Sprache, ungläubig starrte er auf die Liesl, dann wieder in den Korb. Ganz unten lag nämlich ein junger Gamsbock. Er war in Tücher gewickelt, nur die Läufe waren zu sehen. Liesl schlug die Tücher zurück und blickte Andrä triumphierend an. „Du hascht verloren! Jo du hascht mir sogar des Viech obatrogen! Also deswegen wiast mi für alle Zeit weg'n dem Wildern in Ruah lossn. I hoff, du holtst dei Wort!"

Andrä Holzer stand wie angewurzelt da. Sein Gesicht war versteinert und weiß wie ein Leintuch. Dann machte er kehrt und lief wortlos weg.

Es folgten nun Jahre, in denen der Tourismus so nach und nach auch in die hintersten Winkel des Zillertals vordrang. Die Reisefreudigen entdeckten eine Gegend, in der die Zeit auf die Ewigkeit trifft und der Himmel anscheinend die Erde berührt. Es gibt herrliche Berge, sattgrüne Almen sowie Wälder, die den Eindruck erwecken, dass die Bäume durch Düfte und Schwingungen, durch Knarren und Ächzen sogar miteinander redeten. Doch vom Wirbel der Fremden blieb der Floitenschlag verschont. Das Leben da oben nahm seinen stillen und unauffälligen Lauf, wie schon all die Jahrzehnte davor. Lediglich „Staudes" Familie vergrößerte sich. Im Mai 1882 kam nämlich ihr achtes Kind zu Welt. Ein Sohn, der den Namen Karl erhielt.

Den Jäger und Waldaufseher Andrä Holzer ließ das aber unberührt. Seine Schwärmerei für die „Staude" war nach der Sache mit der Gams einer Ernüchterung gewichen. Obwohl es aussah, als habe es für den Vorfall keine Zeugen gegeben, so wusste man rätselhafterweise im Dorf, wie plump er der „Staude" auf den Leim gegangen war. Die Leute lachten hinter seinem Rücken und machten im Wirtshaus derbe Späße. Den Touristen allerdings fiel seine Verdrossenheit nicht auf, für sie war er in seinem Jagergwand'l so was wie eine Zillertaler Ikone. Aber wenn er abends daheim bei einem Bier am Stubentisch saß, kam er ins Grübeln. Erstens, warum im vergangenen Winter an die zweihundert Gämsen plötzlich verendet waren, und zweitens, wie er der „Staude" die hinterlistige Niedertracht heimzahlen könnte.

Das mit den Gämsen klärte sich bald. Die Tiere waren durch eine Epidemie eingegangen. Und was die „Staude" betraf, so schien 1883 für eine Revanche die Gelegenheit greifbar. Am 7. April war da sein Kollege Andrä Huber am Rückweg von einer Inspektion, als zur Abendstunde, ganz in seiner Nähe, auf eine Gams geschossen wurde. Das Tier schien nur angebleit zu sein, da es noch taumelnd weglaufen konnte. „Scheiße, verdammte!" durchfuhr es Huber. Mit einem schnellen Blick versuchte er sich Übersicht zu verschaffen, doch anscheinend hatte ihn der Schütze bemerkt, denn er ergriff sofort die Flucht. Huber sah gerade noch, wie er schemenhaft im Unterholz abtauchte. Der Jäger verzichtete auf eine Verfolgung, denn er glaubte, den Schützen erkannt zu haben: Josef Lackner, den Ehemann der „Staude".

Da für das Revier sein Kamerad Andrä Holzer zuständig war, informierte ihn Huber noch in der gleichen Nacht. Zeitig am Morgen begab der sich zum Tatort. Nicht weit entfernt lag das verendete Tier. Der Hals über Kopf geflüchtete „Schwarzl" hatte wahrscheinlich nicht gewagt, später noch einmal zurückzukommen, um die Gams wegzuschaffen. Holzer ließ den Blick hinüber in Richtung Floitenschlag schweifen, dann umspielte seinen Mund ein hämisches Lächeln. Lackner ist Lackner, sagte er sich. Jetzt könnte auch die „Staude" als mögliche Komplizin ihres wildernden Mannes unverhoffte Probleme bekommen. Schließlich war ja auch sie einschlägig amtsbekannt.

Doch vor Gericht kam alles anders. Erst sagte Huber als Zeuge aus, danach beschrieb Holzer das unerlaubt erlegte „*Corpus delicti*". Als dann Josef Lackner als Beschuldigter befragt wurde, bestritt er die Tat. Nein, er sei zuhause gewesen. Nur seine Frau, die Elisabeth, habe einen Schuss in die Luft abgegeben, weil sie eine Gams vom Grundstück vertreiben wollte. Da es ein Schreckschuss gewesen war, habe sie das Tier keinesfalls erlegen können. Und der

„Schwarzl", den der Huber angeblich gesehen habe, das sei nicht er, das müsse ein anderer gewesen sein. Elisabeth bestätigte das. Und im Übrigen, meinte Lackner mit erhobener Stimme, wolle man für den Schaden, den die Gämsen seit langem auf seinem Grundstück verursachten, Wertersatz fordern.

Obwohl Andrä Huber vereidigt worden war, hielt der Richter seine Angaben für zu wenig stichhaltig. Im Zweifel, wie es hieß, wurden deshalb Josef Lackner sowie auch seine Gattin von der Anklage des Wilddiebstahls freigesprochen. Und wegen der benützten Waffe bekamen sie ebenfalls keine Schwierigkeiten, da diese für den Floitenschlag als „Schutzwaffe" behördlich genehmigt worden war.

Huber verstand die Welt nicht mehr. Und auch Andrä Holzer war frustriert. Der Richter hatte dem umstrittenen Ehepaar mehr geglaubt als ihnen, den Jägern! Nichts war aus seinem Wunsch nach Vergeltung geworden.

Erhobenen Hauptes verließen die Lackners das Gericht. Draußen, vor dem Eingang, nahm dann die Liesl liebevoll den kleinen Karl entgegen, auf den eines ihrer Kinder aufgepasst hatte. Dass der Antrag auf Wiedergutmachung des Wildschadens abgelehnt worden war, hatten die beiden mit einem Schulterzucken quittiert. Doch sie würden nicht lokker lassen.

Im darauffolgenden Jahr zahlte sich ihre Hartnäckigkeit dann aber doch aus. Nach einem neuerlichen Ansuchen besichtigte eine Kommission das Grundstück, und die Lackners durften sich über eine Wiedergutmachung in der Höhe von 14 Gulden freuen.

Danach verstrich wieder einige Zeit. Wie üblich musste da zahlreiches Wild nicht nur durch die Hand von Schwarzschützen, sondern auch bei offiziellen Jagden dran glauben. Am Floitenschlag dagegen entstand zum neunten Mal neues Leben. Am 2. Mai 1885 durften sich nämlich Josef und

Liesl über ein Töchterl freuen. Die „Staude" bestand auf den Namen Victoria. Klar, dass die Dörfler unten im Tal da wieder mal was zum Tuscheln hatten: „Klingt schon wieder so vornehm, der Name. Wie der der englischen Königin. War bei der kleinen Victoria etwa gar noch einmal eine Durchlaucht im Spiel?" Josef, der Vater, war zu diesem Zeitpunkt ja immerhin schon vierundsechzig. Und wie er manchmal selber sagte, spüre er das Alter auf leisen Sohlen hinter ihm her tappen.

Wie bei allen ihren Kindern hatte „Staude" auch nach Victorias Entbindung bald wieder ihre schlanke Figur. Sie wandte da nämlich ein damals gebräuchliches Hausmittel an: Den scharfen „Vorlauf" eines frisch gebrannten Schnapses. Man gießt ihn auf ein Tuch und wickelt es dann um den Leib. Angeblich zieht sich da das durch die Schwangerschaft gedehnte Körpergewebe wieder schnell zusammen.

Dann kam der Sommer. Mal regnete es, mal war es schön. Und wie immer hatten die Lackners so was wie „Heimweh nach der Zukunft". Die versprach nämlich Hoffnung auf ein besseres Dasein, denn waren die Kinder erst einmal erwachsen, könnten sie ihren Teil zum Familienunterhalt beitragen. So aber musste Josef sich immer noch als Gelegenheitsarbeiter verdingen, damit wenigstens ein bisschen Geld ins Haus kam.

Touristen, die sich auf die Anhöhen oberhalb Mayrhofens bis hinüber nach Schlegeis wagten und dort vielleicht über Nacht blieben, die sahen die Welt natürlich anders. Sie empfanden fast heilige Ehrfurcht, wenn die Abendsonne mit ihren Strahlen die Berge vergoldete und nachher die Erde in dunkle Schatten verwandelte. Am Morgen wiederum ließ der Nebel, der „Meister der verschwimmenden Töne", das Licht allmählich durchsickern, das Land schmückte sich mit zaghafter Helligkeit, Steine und Wasser erwachten zum Leben und die bunte Welt der Tiere ordnete sich zum Morgenappell. Ab und zu zerriss auch ein Knall aus dem Nirgendwo die fast andächtige Stille der Berge. - Jäger oder Wilderer?

Für die alpinen Touristen spielte es freilich keine Rolle, ob dieser oder jener Schuss aus einer Weidmannswaffe oder einer Floitenschlag-Büchse kam und der Finger am Abzug möglicherweise ein weiblicher war; nämlich der von Elisabeth Lackner.

Besagter Finger wurde ihr eines Frühlingstages aber doch zum Verhängnis. Auf der steilen Wiese, unterhalb der Hütte, standen morgens ein paar Gämsen. Den Hornträgern war offenbar nicht bewusst, dass dieser Platz ein gefährlicher war. Die „Staude“ ging nämlich ans offene Kammerfenster, dann krachte ein Schuss. Pech für sie, dass zufällig zur selben Minute, weit oben am Hang, ein Jagdaufseher und zwei Gäste Zeugen ihrer Schießkunst wurden. Die Gams brach nieder. Die Männer sahen das und sie sahen auch die „Staude“ mit dem Stutzen am Fenster. Sofort eilte der Jagdaufseher mit seinen Begleitern durch den Wald hinunter. Als sie zu der Stelle kamen, an der die Gams erlegt worden war, stutzten sie. „Verfluacht und zuag‘naht!“ polterte der Jagaufseher. „Wir ham do g’sech’n, wia die Gams isch z‘sammbroch’n.“ Auch die Jagdgäste waren verblüfft, weil anstatt des toten Tieres bloß eine dünne Kalbshaut zu sehen war.

„Wart nur Staude, jetzt hob i di!“ Der Jagdaufseher war außer sich. Seine Begleiter wussten freilich nicht, wer diese „Staude“ eigentlich war, über die er sich dermaßen aufregte. Zornig hob der Aufseher die Arme. „Na, jetzt kimm i!“

Er klopfte gar nicht erst an, sondern stieß mit dem Bergstock fuchsteufelswild gegen die Hüttentür. Ungeduldig wartete er, bis aufgemacht wurde. Die „Staude“ schien überrascht zu sein. Fragend blickte sie auf den Jagdaufseher und dessen Begleiter. „Wos wollt’s?“ fragte sie misstrauisch.

Der Jagdaufseher war gedrungen, hatte kurzes, dunkles Haar und ebenso dunkle, stechende Augen. Er drängte sich an ihr vorbei in die Stube. „Wo isch die Gams, die wos du grad vorhin g'schoss'n hoscht?" Er blickte sich um im Raum, aber da war nichts außer dem Mäderl Victoria, das irgendwas Unverständliches plapperte.

„Welchane Gams?", versuchte die „Staude" sich dumm zu stellen. Der Jagdaufseher brauste auf. „Streit's nit ob. Wir olle drei hom g'sech'n wia du vom Fenster a Gams g'schoss'n host. Und jetzt liegt a Kalbshaut an dera Stell'. Und Schleifspuren vom Viech führen her zur Hüttn!"

Die „Staude" senkte den Kopf, sie wusste, dass leugnen nun sinnlos war.

Das erlegte Tier fand sich bei einer Durchsuchung aber nicht. Stattdessen entdeckte der Jagdaufseher bei einer zweiten und späteren Inspektion unter der Streu im Ziegenstall eine frische Gamsdecke, die in eine Kalbshaut eingewickelt war.

Doch da war die „Staude" schon in einer Zelle des Gendarmeriepostens Zell. Noch am Vormittag hatte sie der Jagdaufseher dorthin gebracht. Direkt von der Hütte aus war es über den einzigen Pfad mit den abenteuerlichen Wegbefestigungen, vorbei an Abbrüchen, Felswänden und Waldabschnitten, hinunter ins Tal gegangen. Das Unheil, das sich nun über der achtfachen Mutter zusammenbraute, das schien sich auch am Himmel zu zeigen, denn er überzog sich mit bleigrauen Wolken. Doch „Staude" nahm davon keine Notiz. Ihrem unbewegten Gesicht war nicht zu entnehmen, was sie dachte und wie ihr zumute war. Auch unten in Ginzling blickte sie stur geradeaus. Sie wusste, sie würde für die Leute jetzt wieder die böse, verteufelte Almhexe sein, das verwerfliche Weibsstück vom Floitenschlag, da der Jagdaufseher sie vorführte wie einen Affen im Zirkus. Mit finsterem Blick, die Büchse schussbereit, als wäre sie eine unberechenbare Gefahr, so stapfte er unmittelbar hinter ihr her. Wobei sich die ihn begleitenden Gastjäger sichtlich nicht wohl fühlten in ihrer Haut.

Ähnlich unfein wie vom Jagdaufseher wurde sie dann auch in Zell am Ziller vom Kommandanten des Gendarmeriepostens behandelt. Der gebürtige Italiener schubste sie ohne viel Federlesens in einen kleinen, muffigen Haftraum. Dort saß sie dann auf einem wackeligen Sessel, die Augen geschlossen, die Gedanken wahrscheinlich bei den Kindern. Gott sei Dank konnten sich die Großen um die Kleinen kümmern, und zum Glück war ja auch Ehemann Josef daheim.

Aber da wusste sie noch nicht, dass auch er, nur Stunden später, in das Amtsgericht eingeliefert werden würde. Er hatte nämlich nach dem Auffinden der Gamsdecke dem zornigen Jagdaufseher gestanden, gemeinsam mit Elisabeth besagte Gams gewildert zu haben. Doch wo sich der Körper des Tieres befand, das gab er nicht preis. Vermutlich, weil das Gericht dann die Schadensumme für das Wildbret so hoch ansetzen würde, dass sie dafür ewig lang zahlen müssen hätten.

Die Verhandlung wurde kurzfristig angesetzt. Elisabeth Lackner wurde aus der Haft vorgeführt, ihr Ehemann, der zwecks Beaufsichtigung der Kinder auf freiem Fuß war, erschien im Sonntagsgewand vor Gericht. Obwohl es als Beweismittel für den illegalen Abschuss nur die vom Jagdaufseher gefundene Gamsdecke und das Geständnis Josefs gab, verdonnerte der Richter die „Staude“ zu sechs Monaten schweren Kerkers mit je einem Fasttag monatlich. Und als geständiger Mittäter fasste Josef vier Wochen Arrest aus. Elisabeth wurde „wegen guter Führung“ zwei Monate früher aus der Haft entlassen.

Das Leben aber hielt für dasselbe Jahr noch einen weiteren Schreck bereit. Einen derart entsetzlichen, dass die schicksalserprobte „Staude“ und auch ihr Mann daran fast zu zerbrechen drohten. Im November nämlich schleppte die achteinhalb Jahre alte Colletta Elisabeth offenbar von der Schule einen Diphterievirus heim. Diese gefährliche Infektionskrankheit wütete seit kurzem im Zillertal. Viele Menschen hatte sie bereits dahingerafft. Innerhalb weniger Tage erkrankten nun auch Coletta Elisabeth, der viereinhalbjährige Karl und die eineinhalbjährige Victoria daran. Und niemand von ihnen überlebte. Alle drei starben zwischen 12. und 19. November an dieser tödlichen Epidemie.

Das war, als hätten spitze Speere die Seelen der Floitenschlag-Eltern durchbohrt. Die Trauer war unermesslich. Von Liesls neun Kindern waren jetzt nur mehr drei am Leben: Josef, Michael und Franz. Wie konnte das Schicksal so grausam sein? Was hatten die Ehegatten denn verbrochen, dass sie so bestraft wurden? Das Wildern war in ihrem Dasein wirklich das einzig Unstatthafte, aber das konnte der Herrgott doch nicht auf so entsetzliche Weise ahnden! Und auch das war noch nicht alles, denn zwei Jahre später senkte sich das Sterbelicht erneut auf das bedauernswerte Floitenschlag-Gütl. Da wurde nämlich Gatte Josef begraben. Liesls Ehemann hatte schon Wochen zuvor über Schmerzen im Kopf und im Herz geklagt, sich arbeitsmäßig aber nicht geschont. Dann brach er zusammen und wurde bettlägerig. Trotz aufopfernder Pflege ging es am 1. April 1888 mit ihm zu Ende. Im Sterbebuch steht als Todesursache „Schlagfluss“, also ein Schlaganfall. Er war siebenundsiebzig geworden.

Nun hatte die klein geschrumpfte Familie auch keinen Ernährer mehr. Die „Staude“ war jetzt dreiundvierzig. Und sie musste sich von diesem Zeitpunkt an mehr als zuvor um das bescheidene Fortkommen kümmern, denn eine Witwenrente oder Ähnliches gab es ja nicht. Zu allem Überfluss war in diesem Jahr auch die Ernte sehr dürftig und eine Seuche rottete fast den gesamten Viehbestand aus. Das nicht nur am Floitenschlag, sondern im ganzen Zillertal. Verständlich, dass die „Staude“ und ihre Buben kaum etwas erwirtschaften konnten.

Oft, wenn sie allein war, saß die Witwe mit blassem Gesicht und abgearbeiteten Händen, den Blick verloren zu Boden gerichtet, in der ärmlichen Stube. Und immer funkelte an ihrem Finger der Ring. Der teure, juwelenbesetzte Goldring. Franz, der älteste ihrer verbliebenen Söhne wollte wissen - und das manchmal recht ungehalten -, warum sie die wertvolle Pretiose nicht verkaufe. Die Armut, meinte er, hätte dann endlich ein und allemal ein Ende. Und natürlich war er neugierig zu erfahren, woher sie den Ring denn überhaupt habe. Aber auch ihm gegenüber behielt die Mutter das Geheimnis für sich. Sie verriet mit keinem Wort, wie sie zu dem Ring gekommen war. Und je mehr der Bub sie deshalb bedrängte, desto verschlossener wurde sie.

Wohl auch aus diesem Grund entstand zwischen ihr und dem nunmehr siebzehnjährigen Franz eine Kluft. Der psychisch etwas labile Bursch suchte sich auswärts eine Arbeit und nur, wenn er frei hatte und wenn es am Floitenschlag viel zu tun gab, kam er nach Hause.

So auch im August 1889. Er half der Mutter neben einer Felswand, am Ende einer steil abfallenden Wiese, bei Heuarbeiten. Er stand auf dem großen Tragekorb, nahm einen Heuballen entgegen - und verlor das Gleichgewicht. Er purzelte herunter, fand nichts zum Halten und rutschte über die Kante der steinernen Wand. Entsetzt mussten Liesl und die zwei anderen Söhne seinen Sturz in die Tiefe mitansehen. Er überlebte diesen Unfall nicht.

In den trostlosen Momenten, die es in ihrem Leben leider allzu oft gab, sei sie dann am liebsten mit dem Stutzen im Wald verschwunden, gestand sie in ihren späteren

Die Wilderin

Über die ‚Floiten-schlag-Staude', Tirols legendäre Wildschützin, gibt es auch einen Doku-Film mit dem Titel ‚Die Wilderin', produziert von Paul Rose und Jonas Julian Köck. Der Film wurde mit dem **NaturVisionFilmpreis Bayern** *ausgezeichnet. Die Darsteller sind Schauspieler aus Tirol und die Dreharbeiten fanden an den Originalschauplätzen statt. Die Doku zeigt eindrucksvoll das spektakuläre, aber auch dramatische Leben der ‚Staude'.*

Luka Oberhammer als ‚Staude'

Produzent Rose mit Kameramann

Nur dieses Foto gibt es von der ‚Staude'. Es zeigt sie wenige Jahre vor ihrem Tod.
Unten: *Zeitlebens trug sie einen überaus kostbaren Ring. Wer ihn ihr geschenkt hatte, blieb ihr Geheimnis ...*

Lebensjahren. Das Aufspüren des Wildes, das Erlegen, das Ausweiden, danach das Zurückschleichen und der damit verbundene Nervenkitzel, das habe sie die Alltagsprobleme für eine Weile vergessen lassen. Sie habe aber aus dem Wildern nie ein Geschäft gemacht, sie habe immer nur so viel geschossen, dass ihre Familie ausreichend zu essen hatte. Freilich sei auch die Jagdleidenschaft mit im Spiel gewesen. Und manchmal habe sie zu viel riskiert. Etwa in einer Vollmondnacht, in der sie es daheim nicht aushielt. In solchen Nächten erfasste sie nämlich immer eine rätselhafte Unrast. In einer dieser mondhellen Nächte also schoss sie im Nachbarwald einen Bock. Doch als sie zum gefallenen Wild schleichen wollte, stürmten viele Schatten auf sie zu. Es waren Jäger, die ihr schon seit Wochen nachgestellt hatten, um sie endlich in flagranti zu erwischen. Weil sie das Gelände aber besser kannte, gelang es ihr zu entwischen. Aufatmend schlich sie im Dunklen zur Hütte. Und da passierte ein fatales Missgeschick. Ihr Sohn Michael, der in alles eingeweiht war, hängte als Zeichen, dass sie sorglos zurückkommen könne, sonst stets ein weißes Tuch an die Hüttenwand. Diesmal aber fehlte es. Die „Staude" beachtete das jedoch nicht - und tappte prompt in die Falle. Denn gleich hinter der Eingangstür warteten schon Gendarmen.

Wiederum kam sie vor Gericht. Doch es gelang ihr, das Herz des Richters zu erweichen, indem sie mit dem Talent einer Schauspielerin ihre hoffnungslos traurige Situation in den tristesten Farben schilderte und meinte, sie sei ja so arm und habe hungrige Kinder zu ernähren. Der Richter wertete daraufhin ihren „Fehltritt" als Verzweiflungstat und beließ es bei einer Abmahnung. Und auch der Jagdeigentümer zeigte Herz, indem er auf weitere Ansprüche verzichtete.

Eines Tages versuchte man aber doch, ihr von Amts wegen endgültig das Handwerk zu legen. Uniformierte tauchten auf, um ihr laut Gerichtsbescheid Waffe und Munition abzunehmen. Aber wer ein ausgefuchster Wilderer ist, der findet dennoch einen Ausweg, verriet die „Staude“, als sie bereits unten im Tal in einer kargen Unterkunft wohnte.

Und sie war wirklich verdammt raffiniert. Da sie kein Gewehr mehr hatte, schälte sie Rinde von den Bäumen, legte sie ins Wasser, um sie glitschig zu machen, dann verteilte sie diese auf schmalen und gefährlichen Gamssteigen. Tiere, die unvorsichtig und nicht so trittfest waren, rutschten aus, wenn sie darüber gingen, und stürzten ab. Die „Staude“ hatte nur noch die leblosen Körper einzusammeln. Auf diese Weise hatte sie immer ausreichend Fleisch, das auf dem heimischen Herd duftend brutzelte.

Irgendwie aber kam sie später wieder zu einer Waffe und ihre Ausflüge in die umliegenden Reviere begannen erneut. Freilich nicht mehr so flink und gewandt wie in früheren Zeiten, dafür aber mit dem warnenden Instinkt langjähriger Erfahrung. Sie war auch kein übermütiges Mädel mehr, sondern eine vom Leben geprägte Frau, deren Gedanken immer öfter zurück in die Vergangenheit schweiften; in ihre Jugend, wo es nach dunklen Wintermonaten stets wieder heller geworden und das Leben noch unschuldig gewesen war. Alle diese Erinnerungen ließen die „Staude“ stark bleiben. Sogar die Verstorbenen blieben für sie sichtbar, auch wenn sie nicht zugegen waren. Und dann gab es noch etwas, das ihr sehr wichtig war: nämlich ihr Aussehen. Sich in die Armut zu ergeben und dabei eine unansehnliche Frau zu werden, das kam für sie überhaupt nicht in Frage. Denn sie hatte ihre Prinzipien bis ins hohe Alter. Geld war zwar lebensnotwendig, doch sich deswegen von liebgewordenen Dingen zu trennen, nein, das gab es bei ihr nicht.

Das war auch so bei einer Trophäenschau des Grafen Trauttmannsdorff, wo „Staude“ es wagte, ihre gewilderten und außerhalb der Hütte gut versteckten Trophäen ausstellen zu lassen. Natürlich über einen Mittelsmann. Jedes „Hörndl" trug die Initialen „E.L." und das Datum des Abschusses eingeritzt. Die „Staude" war stolz darauf, denn allesamt waren sie Prachtstücke, die die Augen jedes Weidmannes zum Leuchten brachten. Die Trauttmannsdorffsche Jagdverwaltung wollte deshalb auch etliche der Trophäen käuflich erwerben, doch „Staude" veräußerte sie nicht, obwohl sie das Geld mehr als dringend benötigt hätte.

Schließlich lebte sie allein in der Hütte, wie irgendein Stück Wild, das mitten im Schlag seinen Einstand hat. Denn seit sie denken konnte, war die Hütte so was wie ihr „Einstand" gewesen, bekannte sie. Von ihren insgesamt neun Kindern lebten jetzt nur mehr Michael und Josef. Doch beide hatten ihr und dem Floitenschlag den Rücken gekehrt. Michael hatte sich als Zeitsoldat für zehn Jahre zum Militär verpflichtet, Josef verdingte sich zuerst als Gehilfe bei einem Drechsler, dann als Knecht bei einem Bauern in Zell am Ziller.

Und als sie Mitte sechzig war, bekam sie den denkwürdigen Besuch des Waldaufsehers und der zwei Gendarmen, vor denen sie sich splitternackt ausgezogen hatte - was ihre Festnahme vereitelt hatte. Natürlich wurde auch das bekannt und viele, die auf die Obrigkeit ohnehin nicht gut zu sprechen waren, lachten sich ins Fäustchen.

Die Einsamkeit und die materielle Not waren irgendwann aber kaum mehr zu ertragen. Was der einstigen „Wildschützenkönigin vom Floitenschlag" blieb, waren nur ein paar Andenken: ihr Diamantring und das Strickzeug, mit dem sie an warmen Tagen ganz allein und verlassen auf der Hüttenbank saß. Dort strickte sie mit traurigen Augen, ohne zu wissen, für wen und wofür.

Bis eines Tages ein alter Widersacher erschien: der nunmehr pensionierte Förster Anton Hochleitner. Auch er war früher mehrmals beim Floitenschlag erschienen, um sie als Wildschützin zu überführen. Doch jetzt setzte er sich neben sie. Beide seien sie jetzt alt, meinte er. Das Dasein da heroben werde mit den Jahren immer beschwerlicher, und auch sie hätte sich trotz allem, was zwischen der Jägerschaft und ihr so passiert sei, einen friedlichen Lebensabend verdient. Er war es dann auch, der sie überredete, den Floitenschlag zu verkaufen und ins Tal in eine „Aste" (= eine Art kleine Almhütte) zu ziehen. Über Michael, ihren Sohn, veräußerte sie schließlich 1913 das Anwesen um 6000 Kronen an Wilhelm Kröll, den Urgroßvater von Wilhelm E. Hofer, Autor des schon in mehrfacher Auflage erschienenen „Floitenschlag"-Büchleins.

Die einstige Schönheit, die verwegene, männerbetörende Wildbratlerin und vielfache Mutter war da achtundsechzig. Das Geld für den Floitenschlag sackte jedoch Sohn Michael ein. Für sie blieb kaum etwas. Bettelarm musste sie ihr Leben fristen. Ein gewisser Sepp Rauch erzählt über ihren letzten Lebensabschnitt, was er von seinen Vorfahren überliefert bekam: *„In der Nachbarschaft im ‚Astl' wohnte eine alte Frau, die kam ab und zu, um den Mädchen die Haare zu waschen, sie zu kämmen und zu zopfen, sodass sie nicht ganz ‚verdreckt und verlaust' in die Schule gehen mussten. Diese alte Frau war Elisabeth Lackner, die legendäre „Floitenschlag Staude", eine arme alte Frau."*

Das Jahr 1921. Die „Staude" war nicht mehr dieselbe, seit sie den Floitenschlag verlassen hatte. Das schwer zugängliche „Hoamatl" zwischen Felswänden, steilen Abhängen und Bergwäldern nahe des Tristner-Massivs fehlte ihr trotz aller Schicksalsschläge, die sie dort immer wieder hinnehmen müssen hatte. Es war, als habe man ihr den Boden unter den Füßen weggezogen, sie wie einen

Baum in die Fremde verpflanzt. Aus der einstigen Rebellin war eine stille, in sich gekehrte Frau geworden. Doch sie bereue nichts, was sie jemals getan habe, gestand sie einer Besucherin. Das Wildern sei für sie nicht nur eine Leidenschaft, sondern auch eine Notwendigkeit zum Überleben gewesen. Und außerdem - meinte sie mit einem Augenzwinkern - war der Abschuss von Gämsen und Rehwild eine kleine Revanche an einem hochherrschaftlichen Weidmann für eine sehr, sehr große Enttäuschung!

Jetzt aber hatte sie am Leben keine Freude mehr, da auch ihre beiden Söhne kaum was von sich hören ließen. Schon seit längerem aß sie kaum. Sie war dünn und gebrechlich, nur mehr ein Schatten ihrer selbst. Am 26. September legte sie sich kurz nach Mittag auf das schmale Bett in ihrer „Aste". Zuvor hatte sie das lange, dunkelblaue Kleid mit den hoch angesetzten Ärmeln und der schmalen Taille angezogen. Das Kleid, das sie immer nur zu besonderen Anlässen trug.

Sie lag auf dem Rücken, die Hände gefaltet. So gegen fünf Uhr nachmittags wird es wohl gewesen sein, als sie die Augen schloss und zu atmen aufhörte. Sie hatte einen friedlichen Ausdruck im Gesicht, denn - wie der Pfarrer später meinte - war sie ja jetzt dort, wo ihre verstorbenen Kinder und auch ihr Ehemann auf sie warteten.

Als sie aufgebahrt wurde, fiel dem Bestatter der funkelnde Ring auf. Er konnte nicht glauben, dass eine „bettelarme Leich" etwas so Kostbares besaß. Man müsse ihn ihr abnehmen, meinte er. Es ginge doch nicht, so etwas mit ins Grab zu nehmen. Doch Sohn Michael ließ das nicht zu. Für meine Mutter, sagte er, war der Ring ihr Leben lang etwas geradezu Heiliges. Deshalb wäre es unverzeihlich, ihn ihr jetzt wegzunehmen.

Michael folgte seiner Mutter 1938 in die jenseitige Welt. Er hatte nach dem Ausscheiden aus dem Militärdienst in

Wörgl gewohnt. Sein Bruder Josef verabschiedete sich 1942 aus dem Leben. Er war in Zell am Ziller zuhause.

Von da an waren sie dann wieder zusammen, all die Floitenschlager, die schon zu Lebzeiten oben in der Bergeinsamkeit dem Himmel näher waren als der Erde.

Das wilde ‚Gseis' und das Phantom vom Hochtor

„Es ist nicht bekannt, um welche Uhrzeit er auftauchte, aber plötzlich war er da. Zuerst nur als Umriss, dann als menschliche Gestalt. Und zwar am Ende eines felsigen, mit Gras, Geröll und Sträuchern durchsetzten Hanges, etwa hundert Meter oberhalb der lauernden Jäger. Er war klein und schmächtig, genau das Gegenteil eines drahtigen, kraftstrotzenden Wilderers."

Hans Mayrhofer nahm eine Bewegung wahr und blieb stehen. Einen Moment lang hielt er den Mann, der am Felsen lehnte, für eine Steinskulptur, so verwachsen schien er mit der von Sprüngen durchzogenen Bergwand zu sein. Aber natürlich war das keine Skulptur. Wie käme denn eine Skulptur mitten in die alpine Unwegsamkeit, in fast eineinhalbtausend Meter Seehöhe? Mayrhofer trat hinter einen Felsblock, damit der Unbekannte ihn nicht bemerkte. Als er dann vorsichtig nach dem Mann spähte, hatte der sich einige Schritte von seinem Standort entfernt. Und jetzt war er deutlich zu erkennen. Er war groß, trug einen Janker sowie eine knielange Lederne, in der Hand hielt er ein Gewehr. „Ein Jäger," dachte Mayrhofer, aber dann sah er, dass der Mann ein Tuch um den Kopf hatte. Es ließ nur Stirn und Augen frei. Ein plötzliches Unbehagen erfasste ihn. Nein, das war kein Jäger, sondern ein Wildschütz! So einer wie in den Heimatfilmen, die jetzt überall in den Kinos liefen. Er hoffte, dass der Mann ihn nicht entdeckte, und prägte sich alles ganz genau ein. Die Kleidung, die Größe, die Figur.

Und dann war der Kerl plötzlich weg. Zuvor hatte er zu einem Kar hochgeblickt, auf dem einige Gämsen zu sehen waren. Gleich danach war er zwischen steinernen Platten und Bäumen verschwunden.

Mayrhofer verharrte noch eine Zeitlang, dann setzte er seinen Weg ins Tal hinunter fort. Und obwohl er angestrengt lauschte, es war kein Schuss zu hören.

Mayrhofer war achtunddreißig, Mitarbeiter der Wiener Verkehrsbetriebe, ledig, zuhause in der Stumpergasse in Wien und einer von vielen tausend Touristen, die Anfang der Fünfzigerjahre des letzten Jahrhunderts das obersteirische Gesäuse besuchten. In einem sehr alten Reiseführer des Wiener Bergpioniers Heinrich Hess hatte er über die Gebirgsgruppe in den nördlichen Kalkalpen nämlich gelesen: *„Das Gesäuse ist wie eine Symphonie aus Stein. (...) Riesenhaft wachsen die bleichen Felsmauern himmelan, darunter zerschellt in ohnmächtiger Wut der wilde Bergstrom seine grünblauen Wogen zu leuchtendweißem Perlenschaum ...“*

Und jetzt, Ende August 1955, hatte Mayrhofer sich überzeugen können, dass diese schwülstige Beschreibung nicht übertrieben war. Er war mit der 1874 eröffneten Rudolfsbahn von Wien über Amstetten bis zur Haltestelle Kummerbrücke gefahren und von dort über den sogenannten Wasserfallweg zu der 1.699 Meter hoch gelegenen Hesshütte marschiert. Dabei hatte er Eindrücke gesammelt, die er wohl sein Leben lang nicht vergessen würde. Alleine das Bergpanorama: Hochtor, Planspitze, Hochzinödl ...

Und am Rückweg, nach etwa einer Gehstunde, die merkwürdige Beobachtung: ein leibhaftiger Wildschütz! Nie hätte er sich so etwas träumen lassen!

Mayrhofer hatte in der Hesshütte genächtigt. Sonntag Nachmittag, um 17 Uhr, sollte es dann vom nahen Hieflau mit dem Eilzug zurück nach Wien gehen. Etwa eine Stunde früher betrat er das Bahnhofsrestaurant, den Rucksack geschultert. Das Restaurant war mäßig besucht, da zwischen 14,00 und 16,30 Uhr keine Züge verkehrten. In einer Ecke des geräumigen Gastraumes saßen ein paar Leute, Einheimische und Eisenbahner in Uniform. Und zwischen ihnen ein Mann mit einer Harmonika. Mayrhofer nahm ein paar Tische entfernt Platz. Ehe die Kellnerin zu ihm kam, fing der Mann mit der Harmonika zu spielen an. Ein Eisenbahner mit Vor-namen Bruno und zwei andere Männer stimmten dazu ein Lied an. Dann sang auch der Harmonikaspieler. Mayrhofer schmunzelte. Der Harmonikaspieler sang nicht nur am lautesten, er hatte auch einen auffallend großen Mund. Dem Text zufolge war es ein einheimisches Wildschützenlied.

Doch da wurde Mayrhofer stutzig. Der Musikant kam ihm irgendwie bekannt vor. Die Haare? Die Stirn? Der Janker? Am rechten Ärmel, in halber Höhe zwischen Schulter und Ellbogen, befand sich ein großer, hellgrüner Aufnäher mit einem schwarzen Vogel drauf. Hatte er, trotz der Entfernung, am Janker des Wildschützen nicht auch einen Aufnäher gesehen, der diesem ähnlich gesehen hatte? Er war irritiert. Bestellte noch ein Bier. Und als die Kellnerin es brachte, fragte er: „T'schuldigung, aber der Herr da drüben, der so fesch spielt, ist der vielleicht von einer steirischen Band?“

Sie lachte. „Aber na! Das is der Franz, der Lengauer. Er ist bei der Alpine. Und Wildererlieder, die sind seine Leidenschaft.“

„Aha“, sagte Mayrhofer. Da sie an seiner Aussprache merkte, dass er nicht von hier war, fügte sie hinzu: „Wissen'S, Wildererlieder ham bei uns Tradition. Bei uns im

Gseis (= Gesäuse) gibt's nämlich einen Haufen Schwarzschützen. Und einer davon, der singt besonders guat ..." Sie deutete lächelnd mit dem Kopf Richtung Lengauer.

Der Wiener Verkehrsbetriebe-Mitarbeiter Mayrhofer, der um 17 Uhr von Bahnsteig 3 aus in den Zug Richtung Bundeshauptstadt stieg, würde seinen Freunden und Arbeitskollegen nicht nur von der Faszination des Gesäuses, sondern auch von einem „echten Wildschützen" erzählen können. Und Jahre später sollte sogar zu einem recht guten Kenner der Szene werden. Bei einem seiner Gesäusebesuche hatte er nämlich eine Hieflauerin namens Rosi kennengelernt - und sie dann auch geheiratet, wodurch er zu einem halben Einheimischen wurde.

Da aber lagerten in einem Aktenschrank am Gendarmerieposten Hieflau, direkt an der von Eisenerz nach Steyr führenden Eisenbundesstraße, schon seit langem mehrere Ordner mit der Aufschrift „Wilderei". Einer davon trug den Vermerk „Lengauer". Der Kommandant des mit sechs Mann besetzten Postens kannte den Inhalt dieser und der anderen Akten selbstverständlich genau. Der kleine, drahtige Mann mit dem eckigen Schnauzbart hatte aber auch selbst eine kleine Schwäche, denn manchmal genehmigte er sich in der Küche des Bahnhofrestaurants, sichtgeschützt durch den großen Herd, ein oder zwei, ja manchmal auch drei in der Dienstzeit eigentlich unerlaubte Achterl Wein. Und da konnte es vorkommen, dass vom Gastraum herein das Musizieren und Singen des Lengauer Franz und seiner Freunde zu hören war. Der Beamte lauschte und äußerte einmal gegenüber dem Küchenpersonal, dass „der Bursch" ja eigentlich ganz in Ordnung sei, man aber gegen ihn schon ein paar Mal wegen Wilddiebstahl habe amtshandeln müssen.

Hieflau war ja lange Zeit eine Art „Handelsbörse" für gesetzwidrig erlegtes Wild. Das gab es ja reichlich in den Wäldern und Bergen rund um den damals nahezu zweitausend

Einwohner zählenden Ort, in dem immer was los war. Die von Leoben kommende Erzbergbahn traf da auf die durch das Ennstal führende Rudolfsbahn. Diese Züge beförderten Woche für Woche zahlreiche Fremde in das bei Hieflau beginnende Tal mit den bizarren Felstürmen, kühnen Zinnen und wuchtigen Bergkolossen. Zudem gab es bis in die Fünfzigerjahre in Hieflau auch einen Hochofenbetrieb. Die auf der Enns als Brennmaterial für die Schmelzöfen getrifteten Baumstämme wurden hier durch den im Kaiserreich größten Holzrechen abgefangen.

Hieflau war damals ein kleiner Industrieort. Die Bewohner fanden auch beim Forst, bei der Eisenbahn, als Jagdpersonal und als Arbeiter auf dem fünfzehn Kilometer entfernten Erzberg Beschäftigung. Nahrungsmittel wurden in der flächenmäßig mittelgroßen Gemeinde nicht produziert, sie mussten auf Schiene oder Straße geliefert werden. Nur eines gab es ohne lange Zubringerwege: Wildbret; Hirsch-, Reh- oder Gamsfleisch. War zwar im Lebensmittelhandel regulär zu erhalten, vorwiegend aber illegal, also unter der Hand. Es war überaus begehrt, weil es nicht nur g'schmakkig und gesund, sondern auch billig war. Wie die Ernährungswissenschaftler ja mittlerweile nachgewiesen haben, hat das Fleisch dieser Tiere einen großen Gehalt an wertvollen ungesättigten Fettsäuren aufgrund der natürlichen Ernährung und der ständigen Bewegung.

Die Beschaffer waren - wie konnte es anders sein - Wildschützen. Und von ihnen gab es nicht wenige im Bergparadies zwischen Hieflau und Admont. Ermittlungs- und Gerichtsakten bezeugen die überaus regen Aktivitäten der Schattengestalten der schwarzen Jagd. Gefinkelt, doch manchmal auch gewalttätig, gingen sie dem verbotenen Treiben nach.

Einer der wenigen, aus ganz frühen Zeiten überlieferten Vorfälle datiert bereits aus dem Jahr 1560. Da wurde der

„Rechenschmied“ des Hieflauer Ennsrechens in Ketten ins Landgericht nach Innerberg (Eisenerz) überführt. Er hatte durch Wildern sein karges Einkommen aufgebessert und ein landesfürstlicher Aufsichtsjäger hatte ihn mit einem erlegten Rehbock ertappt. Das hatte den bärenstarken Schmied so sehr erbost, dass er dem Weidmann respektlos ein paar „Fotzen“ verpasst hatte. Er fasste dafür mehrere Monate (!) Gefängnis aus.

Erwähnenswert dann das Jahr 1910. Da kam nämlich der singende Wildschütz Franz Lengauer zur Welt - und ein gewisser „Max Ganser“ ins Gefängnis. Wahrscheinlich zum vierten Mal. Max, der eigentlich als Markus Pichler 1860 im Schwabltal geboren wurde, galt als „Robin Hood der schwarzen Gesellen“. Und Jahrzehnte später sollte auch Lengauer diesen Ruf erlangen.

Der Max, der die Schule nicht fertig besuchte, war als Halbwüchsiger bei einem Bauern in Wandau bei Hieflau aufgetaucht. Der hatte ihn als Viehhirt in Dienst genommen. Der ständige Aufenthalt draußen in der Natur dürfte in ihm die Leidenschaft fürs Wildern geweckt haben. Er besorgte sich einen Stutzen und zog dem geregelten Arbeitsleben ein unstetes - aber freies - Wanderleben vor. Das Echo seiner Schüsse war nicht zu überhören und die Jägerschaft konnte noch so intensiv nach ihm suchen, der Ganser Max war unauffindbar. Das lag wohl auch daran, dass die Leute ihn deckten und ihm, dem verlässlichen Wildbretlieferanten, wenn nötig sogar Unterschlupf boten. „Wann d‘ Luft nit (= nicht) nach Jager oder Gendarm schmeckt, dann kimm i (= komm ich)“, pflegte das schmächtige Manderl grinsend zu sagen. Auf einem sogenannten Heuhiefelstock, also einem Stock mit seitlich abstehenden Holzzacken, hingen geselchte Wildfleischstücke, die er an Betuchte verkaufte, an Arme und „Hungerleider“ jedoch verschenkte. War er zu Plätzen unterwegs, an denen er auf

Schussglück hoffte, konnte in bewohntem Gebiet sein Gang manchmal etwas steif und unbeholfen wirken. Das lag aber weniger am Schnaps, den ihm freundlich gesinnte Mitbürger anboten, sondern an der zerlegbaren Wildererbüchse, von der der Schaft in einem, der Lauf im anderen Hosenbein steckte.

Da er das Wild nur den Reichen wegschoss und es an die Armen weitergab, wurde ihm eines Tages die respektvolle Bezeichnung „Robin Hood der Berge" zuteil. Und es war auch bekannt, dass er seine Waffe niemals gegen Menschen erhob. Kann sein, dass das ab und zu seine Festnahme ermöglichte, denn einige Male musste er halt doch ins Gefängnis. Kaum in Freiheit, nahm er das alte Leben aber sofort wieder auf.

Mit der Tochter eines Hieflauer Fassbinders hatte er eine Zeitlang ein Verhältnis. Er wohnte aber nicht bei ihr, er brauchte ja ein sicheres Versteck. Und das hatte er in einer unauffälligen Höhle, unweit des Nachbarortes Gams. Die Höhle befand sich einige Meter hoch in einer Felswand. Um zu ihr zu gelangen, musste der Max auf einem davorstehenden Baum einige Astgabeln hochklettern, den Stamm in leichte Schwingung versetzen und dann mit einem Satz zum Eingang springen. Er konnte darin sogar überwintern. Entdeckt wurde das Versteck, weil Max es bei seiner letzten Festnahme preisgab. Und weil er da schon legendär war, ließen sich mit ihm der Oberinspektor, ein Hilfsgendarm und ein Jäger stolz fotografieren.

Er erlebte es nicht mehr, aber die Krönung seines außergewöhnlichen Wildererlebens war ein Roman, den der Autor Franz Belani 1955 über ihn schrieb. Der Titel: „Entgleist". So manches entspricht da wohl nicht der Wahrheit, aber es ist eine für die Fünfzigerjahre typische, das Wildschützendasein romantisierende Geschichte.

Zehn Jahre nach Gansers „erkennungsdienstlichem" Erinnerungsfoto mit den Gendarmen und einem Jäger wurde in Hieflau ein Ring von Wildbret-Dieben enttarnt. Eine Grazer Zeitung: *„Jetzt kommt gestohlenes Wildfleisch sogar per Bahn!"*

Das war in der ersten Hälfte der 1920er Jahre. Ein gewisser Sepp Edlinger war da Vorarbeiter bei der „Berg-Partie" der Eisenbahngesellschaft. Diese Männer hatten die Aufgabe, die Hänge und Felswände entlang des Schienenstranges von Steinen und Felstrümmern zu säubern. Um das Gelände zu erkunden, musste Edlinger oft hoch in die Kare hinaufklettern. Und wie er später verriet, betrachtete er die dort munter herumtollenden Gämsen als „Geschenk des Himmels". Man nahm ihm freilich übel, dass er die Tiere nicht mit einem Stutzen erlegte, sondern mit ausgelegten Schlingen fing. Auch der Abtransport war kein Problem. Erzzüge, die die Steigung zwischen Hieflau und Gstatterboden bewältigen mussten, hatten für diese Distanz am Ende des Zuges eine nicht angekoppelte Schublok. Die löste sich nach dem Steilstück und fuhr zurück. An bestimmten, vorher vereinbarten Stellen hielt sie an, und der Lokführer übernahm Edlingers Gämsen. Anschließend wurde im Heizhaus des Verschubbahnhofs Hieflau die Beute mit Wiederverkäufern und Verbrauchern geteilt. Das war freilich nur möglich, weil Edlinger mehrere Helfer hatte. Lange Zeit ging das gut. So lange, bis ein neidischer Mitwisser 1924 alles auffliegen ließ.

In Johnsbach, einem Seitental des Gesäuses, in dem sich der legendäre Friedhof für tödlich verunglückte Bergsteiger befindet, gab es ein Jahr zuvor sogar einen ermordeten Jäger. Josef Reger, so hieß er, war im Jänner auf dem Weg zwischen der Größinger- und der Moser-Alm mit zwei Kugeln im Körper tot aufgefunden worden. Der oder die Täter wurden nie ausgeforscht, es konnte aber ausgeschlossen werden, dass die „Eisenbahn-Wilderer" damit zu tun hatten.

Als 1945 in der Ortschaft Gams die Organisation der „Roten Füchse" zerschlagen wurde, war Franz Lengauer fünfunddreißig und ein bereits routinierter Schwarzgeher. Die Gebiete, die er durchstreifte, waren die Gesäuseberge und das Hinterland von Radmer. Den Bereich Landl sowie die Reviere um Palfau und Wildalpen mied er allerdings. Es war ihm dort zu unsicher. Das „Tausendjährige Reich" existierte seit Mai nicht mehr, den englischen Besatzern oblagen die Befehlsgewalt sowie die Wiederherstellung der alten Ordnung. Und „Ordnung" hieß auch, Maßnahmen gegen die Wilderei zu ergreifen. Zudem war die Gegend entlang der Salza seit den letzten Kriegswochen Rückzugsgebiet versprengter Soldaten und gesuchter Naziverbrecher. Sie versteckten sich meistens in den Wäldern und Lengauer stand nicht der Sinn danach, diesen Typen zu begegnen, zumal in diesem Gebiet von vielen Streunern, die noch Militärwaffen hatten, der Wildbestand arg dezimiert wurde.

Das musste auch der Revierjäger Josef Käfer bei seinen Dienstgängen feststellen, denn es gab nur mehr wenige Wildsichtungen.

8. November 1945. Ein Donnerstag. Käfer war wieder einmal zwischen Gams und Palfau, im Jagdgebiet des Grafen Larisch-Mönich, hinauf zum Lärchkogel unterwegs. Auf der Vierhüttenalm wollte er Vorpass auf Hochwild halten. Er fühlte sich immer sehr wohl da oben, wo die Ruhe zuhause und der Nachkriegsalltag so unendlich fern war. Mag sein, dass ihm während des langen Aufstiegs neben vielen verschiedenen Gedanken auch ein Mann namens Haring durch den Kopf gegangen ist. Ein Deserteur aus dem benachbarten Landl, der die letzten Kriegsjahre als Wildschütz im Gebirge überdauert hatte. Ein großer, schlanker, zäher Kerl, der auf abenteuerliche Weise immer wieder seinen Verfolgern entkommen konnte, der aber gleich nach der Kapitulation doch noch ein Drama erleben musste *(ausführlich zu*

Eine Zeitlang wurden mit Dampfloks wie dieser sogar gewilderte Gämsen nach Hieflau ‚geliefert' ...

Das Gesäuse, eine Symphonie aus Wald, Wasser und Stein

‚Der singende Wildschütz', so nannten viele den Lengauer Franz. Die Leute mochten ihn auch, weil er an Bedürftige Fleisch verschenkte

Spaß und Gaudi gab's auf den Almen immer schon

lesen im Buch „Gehst mir aufs Leben, Schütz?“).

Weit hinten am Horizont ballten sich blasse Wolken. Der Himmel wechselte die Farbe, das dunstige Blau wurde zu einem Grau. Käfer war jetzt unweit der Alm. Er stellte sich zwischen ein paar Fichten und eine kegelförmig gewachsene Lärche, die ihre Nadeln fast schon verloren hatte. Er war hier gut sichtgeschützt, hatte aber über niedere Strauchgürtel freien Blick auf eine kleine Lichtung und den Mischwald. Er hob das Jagdglas an die Augen. Gämsen würde er wohl nicht sehen, denn die hielten sich weiter oben im felsigen Gelände auf. Aber Auerwild und Hirsche gab es. Die Hirsche hatten die Brunftzeit allerdings schon hinter sich, sodass ihr Röhren und Orgeln jetzt nicht mehr zu hören war.

Doch plötzlich wurde er argwöhnisch. Da war doch das warnende Bellen eines Rehs! Es kam von einem Weibchen, dessen Tonlage leiser und höher ist als die eines Männchens. Doch das Reh war nicht auszumachen. Käfer setzte das Fernglas ab, ging in die Hocke und blickte durch Zweige zu einer Stelle, an der der Boden eine sanfte Erhebung bildet. Kleinere Felsbrocken und dürre, abgebrochene Äste lagen da herum. Angestrengt starrte er dorthin. Dann versteinerte sich seine Miene, denn zwei Gestalten kamen auf der Rückseite des Hügels langsam hoch. Beide hatten Stutzen in der Hand und gingen geduckt.

Käfers Atem wurde schneller, sein Herz fing zu hämmern an, obwohl er ruhig zu bleiben versuchte. Er konnte nämlich sehen, dass die Unbekannten rote Gesichter hatten. Nicht das übliche Schwarz, sondern Rot. Verdammt, das waren die „Roten Füchse“! Zumindest zwei ihrer Mitglieder. Irgendjemand vom Forst hatte ihnen mal diesen Namen gegeben, weil sie mit dem Pelz der Raubtiere nicht nur die Gesichtsfarbe gemein hatten, sondern auch angriffslustig und durchtrieben wie diese waren. Und so wie die

Rotfüchse hatten auch sie eine Spürnase für Gefahren. Kaum zu glauben, aber es war ihnen bisher stets gelungen, auch aus scheinbar aussichtslosen Situationen ihren Häschern, den Jägern, zu entkommen. Und wenn es nicht anders ging, dann unter Anwendung von Gewalt. Also sehr gefährliche Kerle. Käfer wusste, dass es deshalb eine Anweisung gab, gegen sie nur sehr überlegt und mit allergrößter Vorsicht vorzugehen. Er musste also leise sein wie sein Schatten.

Nächster Tag, 9. November. Das graue Herbstnieseln hatte einem strahlend blauen Himmel Platz gemacht. In einem Zimmer im 1. Stock des Spitals in Eisenerz waren die Vorhänge zugezogen, nur eine Lampe erhellte den Raum. Zwei Ärzte und eine Schwester standen neben dem Krankenbett, gegenüber hatten zwei Gendarmeriebeamte auf Sesseln Platz genommen.

„Machen Sie's kurz", sagte einer der Ärzte. „Dem Mann geht's verdammt schlecht. Befragen Sie ihn möglichst schonend."

Der Beamte blickte zu ihm hoch und nickte. Das Gesicht des Patienten war aschfahl, man sah, dass es ihm schwer fiel, die Augen offenzuhalten.

„Es war ein komplizierter Eingriff", informierte der andere Arzt mit gedämpfter Stimme. „Der Schuss hat lebenswichtige Organe zerstört. Es kommt jetzt auf die nächsten Stunden an."

„Käfer", sagte der Beamte verhalten. „Käfer, verstehn'S mich? Wir wollen wissen, was gestern geschehen ist, oben auf der Alm."

Josef Käfer nickte schwach.

Das Ergebnis der Befragung ist in einem Protokoll festgehalten. Demnach hatte Käfer die beiden Verdächtigen bis auf zwanzig Schritt herankommen lassen, dann war sprang er mit angeschlagenem Gewehr aus der Deckung gesprungen. „Halt! Waffen ablegen!“ Die Rotgesichter waren völlig überrumpelt, doch ihre Reaktion entsprach ihrem Ruf, unberechenbar und aggressiv zu sein, denn der eine ergriff blitzschnell die Flucht, während der andere seinen Stutzen hochriss und mit den Worten „wart‘ nur, du Hund!“ sofort auf Käfer feuerte.

Der Schuss war wie ein gewaltiger Schlag, der ihn zu Boden warf, bekannte Käfer mit fast tonloser Stimme. Im ersten Schock habe er keinen Schmerz gespürt, denn er konnte sich aufrichten und im Sitzen zurückschießen. Seine Kugel traf den Wilderer ins Bein, worauf dieser ebenfalls niederstürzte.

Obwohl sein Gesicht durch die Farbe unkenntlich war, hatte Käfer den Mann an seiner Stimme erkannt. Es war ein gewisser Rupert Oberegger aus Gams.

Jäger und Wildschütz lagen blutend und hilflos am Waldboden. Der zweite Rote aber blieb verschwunden. Er dachte offenbar nicht daran, seinem Kumpel beizustehen. Käfer sowie Oberegger feuerten daraufhin Notschüsse ab, die bis ins Tal zu hören waren und einige Holzarbeiter alarmierten.

Trotzdem dauerte es Stunden, ehe Jäger und Wildschütz gefunden wurden. Während man Oberegger nach Hause brachte, wurde der schwer verletzte und fast verblutete Josef Käfer mit der Rettung sofort ins Spital nach Eisenerz transportiert.

Obwohl sich der Vorfall wie ein Lauffeuer herumsprach, gab niemand aus dem Dorf der Gendarmerie einen Tipp. Denn auch in Gams war es Ehrensache, Wildbratler vor der Obrigkeit in Schutz zu nehmen. Doch Käfers Angaben führten die Beamten zu Oberegger. Schon einen Tag später kreuzten sie dort auf. Oberegger lag im Bett, das linke Bein dick eingebunden.

Er versuchte gar nicht erst zu leugnen. Seinen Worten

zufolge war er „ganz normal“, also nicht einmal mit gefärbtem Gesicht, auf Pirsch gegangen. Unweit einer Almhütte sei er dann rein zufällig auf einen anderen, ihm unbekannten Schütz gestoßen. Der habe eine „rote Pappen“ gehabt. Als der Jäger sie überraschte, habe der Fremde sofort geschossen, während er, Oberegger, die Flucht ergreifen wollte. Doch der Jäger habe dann versehentlich auf ihn statt auf den anderen gefeuert.

Genauso, bitteschön, sei es gewesen.

„A bessere Ausred‘ hätt‘st dir schon ausdenken können“, meinte unwirsch einer der Gendarmen.

Man konnte Josef Käfer mit Obereggers Aussage aber nicht mehr konfrontieren, da dieser inzwischen seinen Verletzungen erlegen war. Da Obereggers Angaben unglaubhaft waren und jeder Logik entbehrten, wurde er festgenommen.

Weitere Ermittlungen, die von der britischen Militärregierung unterstützt wurden, deckten die geheimnisumwitterten „Roten Füchse“ schließlich auf. Es handelte sich dabei um Rupert Oberegger, um dessen Bruder und seinen Vater. Dass sie wilderten, wusste man, jedoch nicht, dass sie die gefürchteten Schützen mit den roten Gesichtern waren. Und es war noch in bester Erinnerung, dass der Vater, der in der Gemeinde sogar eine wichtige Funktion innehatte, Josef Käfer mehrmals gedroht hatte, ihn bei Gelegenheit „umzulegen“, wobei der Jäger nicht ahnte, dass er dem Chef der „Roten Füchse“ gegenüberstand.

Eine Hausdurchsuchung beseitigte schließlich jeden Zweifel an den Umtrieben der Bande. Es wurden nämlich vier zerlegbare Gewehre mit Schalldämpfern, fünf Wehrmachtspistolen, eine Maschinenpistole und fünf Kilo Sprengstoff sichergestellt.

Die drei Männer wurden wegen unerlaubten Waffenbesitzes und gewerbsmäßigen Wilddiebstahls angeklagt, Rupert Oberegger zusätzlich wegen schwerer Körperverletzung mit tödlichem Ausgang. Die Strafen fielen erheblich aus, die betreffenden Gerichtsakten sind aber angeblich nicht mehr zu beschaffen.

Obwohl er mit seinem kantigen Kopf, den tiefliegenden Augen und dem energisch wirkenden Kinn gar nicht aussah wie ein heiterer Mensch, war Franz Lengauer ein solcher. Er konnte zwar fürchterlich schimpfen, wenn ihm was über die Leber lief, doch im Grunde war er fröhlich, gesellig und - musikalisch. Als der Wiener Hans Mayrhofer 1955 im Hieflauer Bahnhofrestaurant auf ihn aufmerksam wurde, bewohnte er im Ort, im sogenannten Waage-Haus, einem einstöckigen, langgestreckten Gebäude direkt an der Hauptstraße, eine kleine Wohnung. Beschäftigt war er als Arbeiter der Alpine auf dem Erzberg. Mit dem damals noch mehrmals täglich zwischen Hieflau und Eisenerz verkehrenden Personenzug fuhr er zur Schichtarbeit. Nicht viele wussten, dass der hagere, große Mann, der mit seiner Ziehharmonika den Menschen Lachen und Fröhlichkeit ins Gesicht zaubern konnte, auch ein zweites Leben führte: das eines bergerprobten und durchtriebenen Wildschützen.

Viele hätten Lengauer das gar nicht zugetraut. Doch für seine Ausflüge in alpine Höhen gab es einen weiteren Grund: die Liebe. Weitab von der Welt, oben auf der Seekar-Alm, hatte er nämlich eine Freundin, die „Seekar-Miaz". Wie er sie kennen gelernt hatte, darüber sprach er nie, doch die beiden hatten aneinander einen Narren gefressen. Der Weg zu ihr führte über das langgezogene Tal bei Radmer und Hinterradmer Richtung Zeiritzkampel. Mit dem Fahrrad konnte er den größten Teil der Strecke zurücklegen, dann ging es etliche Kilometer zu Fuß bergan. Vorbei an Örtlichkeiten, die für seine geheime Leidenschaft wie geschaffen waren: Verträumte Waldecken zum Ausspähen des Wildes, schroffe Felsen als Versteck, weiche Moospolster zum Sitzen, Bäume und Buschwerk zum Pirschen und Anschleichen. Und wenn die Miaz ihn kommen sah, strahlte das Glück aus ihren Augen. Sie fielen einander in die Arme, küssten sich und verschwanden gleich in der Schlafkammer. Das war halt so, egal, ob Touristen auf den Hausbänken saßen und auf die bei der Miaz bestellte Almjause warteten. Dafür wurden sie nachher mit Musik und Gesang, Frohsinn und Heiterkeit entschädigt. Denn wenn Franz zu seiner Geliebten kam, hatte er stets die „Steirische", also seine Harmonika bei sich. Von Mai bis August war er Stammgast bei ihr auf der Seekar-Alm. Und wenn dann die Leute, die auch von den benachbarten Bergweiden rüberkamen, tanzten und sich lautstark vergnügten, ahnte keiner, dass manchmal über ihren Köpfen, in der Dachrinne der Hütte, eine Wildererbüchse lag. Und hin und wieder waren es auch die Schuhe, die Franz bei einem Pirschgang getragen hatte. Er musste seine Jagdutensilien ja raffiniert verstecken, da er für die Behörde kein unbeschriebenes Blatt mehr war und beobachtet wurde. Etliche Anzeigen wegen Wilddiebstahls gab es ja schon gegen ihn, eine allerdings wegen einer „ausgesprochenen Blödheit", wie er später selber zugab:

Um einen besonders aufsässigen Jäger hinters Licht zu führen, hatte er damals die abgetrennten Läufe (= Beine) einer Gams so in seinen Rucksack gesteckt, dass sie oben herausstanden. Den Rucksack stopfte er mit altem Gewand aus, sodass der Eindruck entstand, er transportiere erlegtes Wild. Dann fuhr er mit dem Fahrrad auffallend langsam an dem Jäger vorbei. Als dieser das sah, schrillten bei dem die Alarmglocken.

„Halt, stehen bleiben! Absteigen! Jetzt hab' ich dich!"

Grinsend stieg Lengauer vom Rad. Der Jäger riss den

Rucksack auf und - erblasst. Dieser Scherz wurde für den Franz aber zum Bumerang. Er hatte die Läufe nämlich von einer gewilderten Gams abgeschnitten. Der Körper des Tieres lag bei ihm daheim in einer Truhe. Weil der genarrte Jäger es nicht verkraftete, dem Lengauer auf den Leim gegangen zu sein, hetzte er ihm nun die Gendarmerie auf den Hals. Wegen Verdachtes auf Wilddiebstahl wurde seine Wohnung durchsucht. Und es war nicht schwer, dort den zu den Läufen gehörenden Rest zu finden.

Da sei er leider ein Trottel gewesen, gab Lengauer später einmal zu. Er hätte die Gams, die er oberhalb des Haindlkars erlegt hatte, nicht zuhause haben dürfen.

Aber die Welt der Wildschützen unterscheidet sich eben von der der Normalbürger. Und so, wie die Jäger ihre Rituale und Bräuche haben, haben auch die Wilderer ihre Traditionen. So ist überliefert, dass der Franz oben auf der Seekar-Alm ab und zu sein Harmonikaspiel unterbrach, nach einem mit roter Flüssigkeit gefülltem Schnapsglas griff, aufstand, „Prost!“ rief, den Inhalt dann in einem Zug leerte und sich den Mund abwischte. Das entlockte so manchem, der Lengauers Wilderergeheimnis kannte, ein Schmunzeln. Es war nämlich das Blut eines erlegten Gamsbocks. Das verleiht angeblich besonderen Mut.

Für Pirschgänge fand Lengauer neben der Arbeit und seiner Miaz jedenfalls immer Zeit und Gelegenheit. Wenn er durch den Wald schlich, das Gesicht schwarz von Holzruß, dann glühten seine tiefliegenden Augen. Und er sagte mal zu jemand: „So ungefähr woaß (= weiß) ma ja, wo des Wild steht. Oft muaß ma aber sehr lang herpassen, weil ja net sicher ist, ob was kommt oder net. Als Schütz muasst schleichen, pirschen, schauen und mit vü (= viel) Geduld oft recht lang sitzen.“

Auch das Risiko seines ungesetzlichen Tuns unterschätzte er nicht. „Beim Schiass‘n krocht‘s (= kracht es). Der

Lärm is mir wurscht, Hauptsach', des Wild ist getroffen und umg'fall'n. Danach pack i z'samm (= zusammen) und gib a Ruah. Nimmer lang herum geh'n, sondern hinein in die Stauden und warten, bis's finster is. Ma woaß ja nia, ob a Grünrock (= Jäger) was g'hört hat und anmarschiert."

Wenn er gut drauf und in diskreter Gesellschaft war, gab er auch Anekdoten von seinen Schwarzgängen zum Besten. Was die Leute aber am meisten an ihm schätzten, war seine sprichwörtliche Freigiebigkeit. Der mittlerweile verstorbene Hans Huber, ein Halbwaise, der als Kind mit seiner Mutter in einem Bahnwärterhäuschen wohnte: „In den Jahren nach dem Krieg haben wir oft nix zum Essen g'habt. Und über Nacht war auf einmal Fleisch da. Als ich größer war, hat die Mutter mir verraten, dass sie vom Lengauer Franz das Wildfleisch geschenkt bekommen hat. Verständlich, dass er bei uns im Ort in einem hohen Ansehen g'standen ist. Nur die Gendarmen und die Jager waren nicht seine Freund'."

Sie wussten auch nicht - oder vielleicht doch? - dass Lengauers Wildbretlieferungen mitten im Ort für die Verteilung sogar fachmännisch zubereitet wurden. Und zwar, man glaubt es kaum, in der dörflichen Fleischhauerei. Das unerlaubte Tun flog aber nie auf.

Die Fleischerei Erber, die schon lange nicht mehr existiert, befand sich neben der Einmündung der Gesäusestraße in die Eisenbundesstraße, gleich neben der auf einem hohen Damm vorbeiführenden Trasse der Erzbergbahn. Es war ein helles, einstöckiges Haus mit einer hübschen Holzveranda, rechts davon stand ein Holzgebäude mit Schlachtbrücke.

Bei Dunkelheit gaben die Straßenlampen kaum Licht. Meistens war Mitternacht vorbei, keine Menschenseele mehr unterwegs, da schlich eine Schattengestalt heran. Es war Franz Lengauer. Auf dem Rücken hing ein großer, geflochtener Buckelkorb. Darin waren Teile von Reh- und

Gamswild, das er in einer kleinen Höhle im steil ansteigenden Waldhang, hinauf zur sogenannten „Waag“, versteckt hatte. Argwöhnisch blickte er sich immer wieder um, doch niemand war zu sehen, nur der dunkle, hochaufragende Tamischbachturm, der Hausberg von Hieflau, hob sich schemenhaft gegen den Himmel ab.

Lengauer stieg leise die schmale Holzstiege zur Schlachtbrücke hoch, stellte seine Last ab und meldete sich durch ein schwaches Klopfzeichen. Gleich darauf ging die Tür auf und ein korpulenter Mann erschien. Der Raum dahinter war stockdunkel. Der Mann blickte links und rechts an seinem Besucher vorbei, trat dann zur Seite und sagte halblaut: „Komm eina, Franz, niemand zu seh‘n, der hinter dir her ist.“ Der Mann, der ihn erwartet hatte, war der Fleischhauer Richard Gruber. Ein beleibter Mann mit gemütlichen Augen und einem leicht geröteten Gesicht, was auf erhöhten Blutdruck schließen ließ. Er griff nach dem Buckelkorb und trug ihn hinein. Erst als die Tür wieder geschlossen war, machte er Licht. Er holte das Wildbret aus dem Korb und legte es auf einen hölzernen Schlachttisch, unter dem eine Metallwanne stand. Danach nahm er von einem Regal zwei Bierflaschen. Eine drückte er dem Franz in die Hand. „Prost!“, sagte er. „Is net wenig, heut. Hat sich wieda einmal auszahlt, dein Spaziergang durch’n Wald.“ Worauf beide herzlich lachten.

Auch der Pepi „Pep“ Thaler, Jahrgang 1942, wohnhaft oben auf dem Hieflauer Kirchbichl, erinnert sich an diese Zeit: „Es haben ja viele g’wildert, damals. Und der Lengauer ist mir besonders in Erinnerung. Aber net nur, weil er viel musiziert hat. Es war in der Nachkriegszeit und ich war noch a G’schrapp (= kleiner Bub). Meine Eltern haben im gleichen Haus wie der Lengauer a kloane Wohnung g’habt. Küche und Wohnzimmer, je sechzehn Quadratmeter. Und mei Vater war mit dem Fleischhauer Gruber gut Freund.

Der ist öfter mal nachts bei uns aufgetaucht, dann sind alle zwei ins andere Zimmer verschwunden - danach ham wir dann für die nächste Zeit wieder genug Fleisch g'habt."

Denn Gruber verteilte das von ihm fachmännisch zerlegte Wildbret manchmal auch selber an vertrauenswürdige Leute. Und er war mit Lengauers „Ware" sehr zufrieden. Sie ließ sich nämlich gut verarbeiten. Wildbret ist ja nicht gleich Wildbret. Da kommt es auf viele Faktoren an. So sollte das Tier durch den sogenannten Blattschuss erlegt worden sein. Also durch einen Schuss, der es sofort zu Fall bringt. Es kann dadurch ohne lange Nachsuche, wie das bei schlecht getroffenem und weggelaufenem Wild der Fall ist, gleich ausgenommen, also von den Innereien befreit werden. Etwa zwanzig bis fünfundvierzig Minuten nach dem Verenden des Stücks bricht nämlich die Magen-Darm-Barriere und Mikroorganismen beginnen, die Muskulatur zu verkeimen. Wichtig ist, sagt die Wissenschaft, dass das Tier schnell und gründlich ausschweißt. Andernfalls verbleibt das Blut zu lange in den die Muskulatur durchziehenden Adern und Äderchen, was eine Minderung der Fleischqualität bewirkt.

Richard Gruber hatte diese speziellen Kenntnisse natürlich nicht. Er wusste nur, dass das Fleisch von gestresstem und geflüchtetem Wild nicht so gut schmeckt wie jenes von Tieren, die sofort tödlich getroffen werden. Und das Fleisch vom Lengauer Franz, das hatte hervorragende Qualität.

Irgendwann kam nach dem schon lange verstorbenen Max Ganser dann auch der Franz in den Ruf, ein „Robin Hood" zu sein, also einer, der den Reichen was wegnimmt und es Armen schenkt.

Dass er neben seiner Miaz gerne auch ein Auge auf andere Frauen warf, ist kein Geheimnis. Und weil das, so sagte er einmal, gut für den Blutkreislauf sei, hatte er halt da und dort auch mit dieser oder jener ein diskretes „G'spusi". Da konnte es nicht ausbleiben, dass er manchmal anderen Männern ins Gehege kam. Einer von denen, der ÖBB-Verschieber Robert Platterer, schlug ihm deshalb bei einem Streit das Nasenbein kaputt. Lengauers Nase heilte wieder, Platterer aber wurde von der ÖBB entlassen.

Wie jeden Menschen, so zeichnete das Leben auch den Franz. Die ersten tiefen Stirnfalten kamen, als seine Miaz starb. Er trauerte aufrichtig um sie, fand aber wieder eine Neue. Und war letztendlich ganze drei Mal verheiratet, wobei Luise, seine letzte Frau, aus Donnersbach nahe Steinach Irdning kam und eine Tochter mit in die Ehe brachte.

In späteren Jahren wirkte sich seine Arbeit im Erzberg dramatisch auf seine Gesundheit aus. Er bekam eine sogenannte Staublunge. Das Atmen wurde schwierig, die heimlichen Pirschgänge seltener und kürzer. Und Anfang der Achtzigerjahre dann das Ende. Die Musikkapelle spielte beim Begräbnis sein Lieblingslied, und irgendjemand hängte seine geliebte Harmonika am offenen Grab auf das provisorische Kreuz.

Was von ihm blieb, ist die Erinnerung. Die Erinnerung an den „Robin Hood des Gesäuses“, den Wilderer, Bergmusikanten und Fleischverteiler Franz Lengauer.

Schroffe Abhänge, flüsternde Baumriesen, Felswände, von Almrausch übersponnen, schäumende Wasser und steinerne Giganten. die nach dem Himmel greifen. Das Gesäuse. Eine Welt aus Wald, Wasser und Stein.

Andreas Holzinger, Direktor der Steirischen Landesforste, in einem früheren Beitrag von „Servus TV“: „Das Gesäuse ist eine wilde Gegend. Die Enns ist wild, die Berge sind wild und die Leute sind irgendwie auch a bissl wild.“

Wer vor hundertvierzig Jahren diese wilde Welt erkunden wollte, dem riet ein „Gesäuseführer“, was alles er mit dabei haben sollte: *„Hausschuhe, wollene Kappe, Taschen-*

tuch, Seifenpulver, Kamm, Nähnadeln und Faden, Zahnbürste, Reserveknöpfe, Leinwand, ein Stück Wachslicht, Laterne Insektenpulver, Rum, Proviant und Opiumtropfen." Damit waren jene, die die alpine Region zwischen Admont und Hieflau besuchten, für alle Eventualitäten gerüstet, denn in der Unberührtheit der Almen, Wälder und der grauen Riesen gab es noch keine bestausgestatteten Schutzhütten, da war man auf sich selbst angewiesen. Und in einer anderen Broschüre wurde eindringlich gewarnt: *„Auch die alldort Einheimischen sind in den Bergen oft zugegen. Sie unterscheiden sich von den Städtern durch einfache, aber widerstandsfähige Kleidung. Der Grund für ihre Anwesenheit ist weniger die Freude an der Natur, als das Beschaffen von fleischlicher Nahrung, das heißt das Erlegen von Wild. Sind diese Personen dem Stande der Jäger zuzuzählen, ist ihre Gegenwart rechtmäßig, aber andernfalls könnte es sich um sogenannte Wildschützen handeln. Deren Verhalten gemahnt zur Vorsicht, da sie unbefugt auf Pirsch sind und vor möglicher Gewalt gegenüber anderen nicht zurück schrecken. Eine Begegnung mit ihnen sollte tunlichst vermieden werden.*"

Die damals auch als „Freischützen" bezeichneten Gesäuse-Wilderer waren im normalen Leben Kleinhäusler, Bauernsöhne, Knechte und Holzarbeiter. Zuhause in Gstatterboden, Johnsbach, Admont oder Hieflau und Umgebung. Sie durften nicht jagen, aber nicht nur, weil sie keinen Jagdschein hatten, sondern auch, weil die wildreichen Reviere ausschließlich in Besitz oder Pacht von Institutionen, Industriellen oder Aristokraten waren. Waren die Burschen auf Schwarzpirsch, mussten sie in dem unwirtlich schroffen Gelände auch mit vielen Erschwernissen kämpfen, wie etwa das Klettern mit genagelten Schuhen auf glattem, oft brüchigem Dachsteinkalk. Die Absturzgefahr und die Gefahr des Entdeckt-Werdens waren allgegenwärtig. Darüber hinaus musste jeder der Zunftbrüder über ein spezifisches

Wissen verfügen, um überhaupt Wild vor die „eiserne Braut“, also den Wilderer-Stutzen, zu bekommen. Er musste die besten Plätze kennen, ein Gespür dafür haben, welche Zeit die günstigste für die Pirsch ist, wann und wie man am besten schießt. Etliche ihrer Waffen waren ja nur auf kurze Entfernungen treffsicher. Das Wild bloß „anzubleien“, also weidwund zu schießen und dann nachzuschauen, wo es verendet war, das war zu riskant, denn durch den Schuss könnte ja ein Jagdorgan alarmiert worden sein. Trotzdem kam es immer wieder vor, dass ein „Schwarzl gekettelt“, also an den Händen gefesselt, zum Gendarmerieposten eskortiert wurde.

Entwischte ein Wildschütz seinen Häschern, musste er auch große Entfernungen schnell überwinden können, um noch vor den Verfolgern zuhause zu sein, wo er sich dann rasch in einen harmlosen Mitbürger verwandelte. Der Büchse entledigte man sich entweder unterwegs, oder sie verschwand in irgendeinem Versteck daheim.

Ein gewisser Kilian Grabner plauderte vor Jahrzehnten gegenüber einer neugierigen niederösterreichischen Reisegruppe in einem Johnsbacher Wirtshaus aus der Schule: „Wann dir der Jager net direkt hint‘ nach ist, dann hängst dein Bucklsock (= Rucksack) mit da Flinten a Stückl neben dein‘ Fluchtweg auf an Ost von an Bam (Baumast), aber recht hoch, oder du hast an hohlen Bam, wo du sie eini steckst. Ich hab mei Stutzerl bei mir im Haus meistens in Rauchfang einig’schoben. A Wüdarawaff'n darf auch net groß sein, soll a einschiebbare Schulterstütz‘n haben, zum Auseinanderschrauben gehen und möglichst leise tuschen. Viele basteln sich dafür sogar Schalldämpfer. Ich darf drüber reden, weil ich geh‘ nimmer schwarzeln. Ich bin schon zu alt, meine Haxen (= Beine) derpacken das nimmer.“

Die Eberhanger Alm zog die Schützen besonders an. Sie war anscheinend ein Lieblingsplatz des „Krickelwildes“. Das wussten natürlich nicht nur die Wilderer, sondern auch die Jäger. Die besten Stücke wurden mit dem Glas „ausgemacht“ (= gesucht). Dann wurde der Ansitz verlassen und angepirscht. Während die beruflichen Weidmänner von früh bis nachmittags Zeit für einen Abschuss hatten, mussten die „Schwarzl“ die Pirsch oft abbrechen. Es konnte nämlich sein, dass sie im Gelände einen Jäger entdeckten oder etwa ein falscher Wind dem Wild ihre Position verriet, sodass es rasch woanders hin wechselte. Ein ungenannt bleiben wollender Schütz beim „Waldi-Wirt“ auf der Wandau in Hieflau nach drei Krügeln Bier: „Im Frühherbst, wann die Brunft anfangt, hast es am leichtesten. Weil da sind die starken Platzböck‘ so gamsig wie wir Mannsbilder, wenn uns a fesches Weib über‘n Weg rennt. Sie suchen sich an guaten Sichtplatz auf an Felsköpfl oder einer Geländerippen, also halt dort, wo sie die Goaßn im Aug‘ haben. Kommt der Leitgams dann ein junger Bock in die Quer‘, geht’s los. Dann hetzen’s hintereinander her, dann rafn’s (= raufen sie) und kämpfen’s mit eanare (ihren) Kruck’n auf Teifi kimm aussa.“

Ein Schauspiel, das nicht nur Jagd-, sondern auch Naturfreunde immer wieder fasziniert - und gute Schussmöglichkeiten bietet.

Da die Wildschützen im „Gseis“ das ganze Jahr über ihre „Schusstage“ hatten, zogen sie sich unter anderem auch den Unmut des aus Ungarn stammenden Fürst Tassilo Festetics zu. Der Adelige hatte im Gebiet um Johnsbach eine ausgedehnte Jagd. Um nicht ständig mit dem Sonderzug anreisen zu müssen, bezog er für längere Aufenthalte das dortige Jagdhaus, das er so nach und nach mit elegantem, ländlichem Interieur und zahlreichen Trophäen ausstattete. Denn er war ein Weidmann mit Leib und Seele. Die Berichte seiner Jäger und Forstleute über Wilderer, die ihm die besten Stücke wegschossen, erzürnten ihn aber derart, dass er den Mitarbeitern befahl, „das schwarze Gesindel“ mit allem Nachdruck zu verfolgen. Einer der Jäger namens Sebastian Wallner soll dabei auf einen besonderen „Hundling“ hingewiesen haben. Auf einen eher kleinen, aber drahtigen Mann, das Gesicht schwarz angerußt. Dieser sei ein verwegener, abgebrühter Bursch mit außergewöhnlichen Kletterkünsten, der sie seit Jahren „zum Deppen“ mache. „Direkt unheimlich“, soll Wallner sich geäußert haben. „Kaum glaubst jetzt hast ihn, schwupp, ist er weg.“ Und mit einem fast ehrfürchtigen Unterton: „Er ist wie a Gespenst. Er steht vor einer Felswand und im nächsten Moment ist er unsichtbar. Als ob er durch Spalten und Ritzen schlupen könnt'. Sowas, das ist übernatürlich.“

Fürst Festetics veranstaltete in der imposanten Kulisse der Gesäuseberge große Treibjagden für Freunde und Bekannte aus gehobenen Kreisen. Sogar Kaiser Franz Josef war hier einige Male zu Gast. Und wenn eine Treibjagd bevorstand, rief Festetics seinen Verwalter zu sich, um ihn mit frommer Besorgnis und ungarischem Akzent zu beauftragen, verlässliche Holzknechte als Treiber zu verpflichten. Es war ihm nämlich wichtig, dass das Spektakel zur Zufriedenheit seiner Gäste reibungslos ablief, sie eine gute Strecke machten und ihnen der geheimnisvolle Wildschütz dabei nicht in die Quere kam. Der Verwalter nickte: „Jawohl, Durchlaucht. Werde wie immer den Rodlauer bitten, seine Leute zu einzusetzen.“

Andreas Rodlauer schien der ideale Mann für diese Aufgabe zu sein. Er war 1830 in Großraming im Ennstal als Kind armer Leute zur Welt gekommen. Er war keine besonders eindrucksvolle Erscheinung, sondern eher unauffällig, doch dafür war er überaus clever und intelligent. Da ihm die Eltern aber keine Ausbildung finanzieren konnten, musste er den Beruf eines Holzknechts ergreifen. Im Gesäuse fand er bei der Innerberger Montan-Hauptgewerkschaft Arbeit. „Innerberg“ war der frühere Name der Stadt Eisenerz. Das Unternehmen hatte mit den heutigen Gewerkschaften nichts gemein, es hieß nur so und es musste für die Roheisenerzeugung in den Schmelzöfen entsprechend viel Holz beschaffen.

Rodlauer brachte es mit Fleiß und Tüchtigkeit bald bis zum Schichtmeister. Seinem Erfindergeist sind sogar einige spektakuläre Konstruktionen zu verdanken. Etwa die aus Baumstämmen gezimmerten, fast zwölf Meter hohen Staustufen im Bruckgraben. Die aneinandergefügten Stämme waren in der gleichnamigen Klamm so fest verankert, dass sich das Wasser bis oben hin sammeln konnte. Und wenn sich dann im Becken eine große Menge gefällter Bäume befand, wurden die Schleusen geöffnet und das Holz von einem mächtigen Wasserschwall durch den schmalen Felskanal im Fels bis in die Enns getriftet.

Das brachte Rodlauer nicht nur Anerkennung, sondern auch eine berufliche Besserstellung. Und die kam ihm sehr gelegen, da er nach dem Ableben seiner ersten Frau, die laut Totenschein an „Organversagen“ gestorben war, wiederum geheiratet hatte. Mit ihr und den Kindern lebte er in einer kleinen, bescheidenen Keusche auf der sogenannten Schattseite in Gstatterboden.

Weil es unter anderem zu seinen Aufgaben zählte, stets neue Waldabschnitte für Rodungen zu finden, erkundete er auch das weitläufige Gebiet rund um die steilen, unnahbaren Wände des Hochtors und der Planspitze. Fast jeden Stein und jeden Steig kannte er da. Und ohne jegliche Kletterhilfen überwand er die gefährlichsten Hindernisse. Bei diesen Gelegenheiten konnte er auch die Standplätze festlegen, an denen die Treiber den Gastjägern durch Pfeifen, Rufen und Klappern mit Holzstöcken das Wild vor die Büchsen treiben sollten. Er erfüllte diese Aufgabe seit Jahren sehr verlässlich und der Verwalter des Fürsten erinnerte ihn dabei jedes Mal an den wildernden „Hundling“, der die Reviere verunsicherte. Denn der Bursche trieb mit der Jägerschaft ein Katz-und-Maus-Spiel. Vor allem im Bereich der Roßkuppe, wo die nordseitigen Wandpartien fast senkrecht abfielen, brachte er hinter ihm her hetzende Jäger immer wieder zur Weißglut. Wenn die nämlich glaubten, ihn in die Enge getrieben zu haben, verschwand er auf unergründliche Weise im Nichts - als habe er sich in Luft aufgelöst. Da er auch nicht abgestürzt war, musste der Berg wohl einen magischen Fluchtweg für ihn bereit halten, für ihn, den „Schwarzen Peter“, als den ihn der Volksmund mittlerweile bezeichnete.

„Wann‘st ihn erwischst, Rodlauer, kriagst vom Fürsten persönlich a Prämie. Du kletterst ja selber wia a Gams, da kannst ihn vielleicht doch einmal derglengen (= erwischen)“, ermunterte ihn der Jagdverwalter.

„Ich schau, was geht“, erwiderte Rodlauer. „Aber Sie wissen ja, dass es hoaßt, der Kerl kann sich unsichtbar machen.“ Er warf dem Verwalter einen etwas hilflosen Blick zu, der vermutlich bedeuten sollte, dass auch er gegen diesen „Geist“ kein Mittel wisse.

Längst war der geheimnisvolle Wilderer auch in der Bevölkerung ein Gesprächsstoff. Wobei auch manchmal gemunkelt wurde, der Schichtmeister selber, nämlich der Rodlauer aus Gstatterboden, sei das mysteriöse Phantom vom Hochtor, denn er kenne das Gebirge so gut wie kein Zweiter, er klettere „wie ein Aff“, er sei klein, drahtig und behände, und deshalb entkomme er seinen Verfolgern immer wieder.

Andere wiederum sahen in Rodlauer einen pflichtbewussten, rechtschaffenen Mann, der das Leben lieber hell statt dunkel sah und keinesfalls den Mumm des tolldreisten Phantoms vom Hochtor hatte. Er war ein geselliger, humorvoller Typ, der in Wirtshäusern oft ganze Tischrunden mit Witzen und Erzählungen unterhielt. Auch wenn die Anekdoten, wie etwa diese, nicht immer stubenrein waren: „Na ja, amoi (= einmal) hab ich mir sogar mit einer Rut'n vom Fuchs (= Schwanz vom Fuchs) den Arsch ausg'wischt." Einer wie der, so dachten viele, kann doch gar nicht der gefinkelte Wildschütz sein, der die Jägerschaft seit Jahren in Atem hielt. Ein Abenteurer war er höchstens bei Frauen, denn die Sennerinnen der umliegenden Almen empfingen ihn alle mit offenen Armen. Und mit einer, das wusste man, hatte er ein intimes Verhältnis.

Dem Rodlauer - oder „Anderl", wie die Leute ihn riefen - blieb natürlich nicht verborgen, was da über ihn gemunkelt wurde. Doch das machte ihm nichts aus. Ab und zu erlaubte er sich sogar den Spaß, den einen oder anderen seiner Holzknechte mit schiefgeneigtem Kopf misstrauisch anzuschauen. Vor allem jene, die mal zwischendurch nicht zur Arbeit erschienen waren. Seine Worte dann: „Könnt' sein, dass du das Gespenst vom Hochtor bist? Wenn ja, dann woaßt eh, was mit dir passiert ..."

Auf die Unschuldsbeteuerungen reagierte er meistens mit einem Lachen, so, als habe er das ohnehin nicht ernst gemeint. Einmal allerdings verging ihm das Lachen, und das war, als ihn einer der Festetics'schen Jäger einschüchtern wollte. Rodlauer hatte für das jahrelange zuverlässige Organisieren der „Treiber" vom Fürsten nämlich einen Hinterlader als Belohnung geschenkt bekommen. Das neidete ihm offenbar einer der Jäger. „Du Holzarbeiter", soll er herablassend gesagt haben, „was fangst mit an G'wehr an? Willst leicht wildern? Oder bist vielleicht selber der ‚Schwarze Peter'?" Er grinste provokant. „Klettern kannst ja, da ist das doch irgendwie naheliegend. Also müsst ma vielleicht genauer schau'n, was für einer du wirklich bist. Aber dei G'wehr, das tät mir gfall'n. Dir hat's der Fürst

Max Ganser (dritter v. links) bei seiner Festnahme. Den Stutzen hat er umgehängt, rechts sein Stock mit den geselchten Fleischstücken. Die Gendarmen und der Förster haben sich für ein ‚Erinnerungsfoto' zu ihm gestellt. Rechts: Der Roman, der über ihn geschrieben wurde

Ganz oben: *Admonter Jäger. Jahrelang waren auch sie hinter dem ‚Phantom vom Hochtor' her.*
Mitte: *Andreas Rodlauer. Fürst Festetics schätzte und vertraute ihm*

g'schenkt und du schenkst es mir. Was sagst dazu? Dann kann ich den Verdacht gegen dich vergessen."

Dem Rodlauer schwoll da die Zornesader. „Möcht' net wissen, wer von uns zwoa da wirklich a Lump ist! Ich woaß nämlich genau, dass du von dem Fleisch, was du g'schossen hast, nur an kloan Teil dem Fürst ablieferst und den Rest von Sennerinnen, die ich alle kenn', schwarz an die Wirte verkaufen lasst. Also willst noch immer mei G'wehr oder soll i die Pappn halten?"

Daraufhin soll eine wächserne Blässe das Gesicht des Weidmanns überzogen haben. „Vergess' ma das. Das mit dem Schwarzen Peter war ja nur a Spass." Sprach's und machte sich aus dem Staub.

Beim Fürsten aber hatte Rodlauer, obwohl er gar nicht in dessen Dienst stand, nicht nur den Ruf eines tüchtigen, sondern auch eines couragierten Mannes. Und das sogar wegen Sissi, der Gemahlin des Kaisers. Um sie vor einem Unheil zu bewahren, hatte Rodlauer nämlich das Unerhörte gewagt, ihr bei einem Ausritt den Weg zu versperren.

Die Kaiserin hatte ihren Gatten zu einer der Festetics'schen Treibjagden begleitet. Da sie keine Jägerin, aber eine begeisterte Reiterin war, wollte sie durch den schmalen und gefährlichen Bruckgraben reiten. Sie saß schon auf dem Pferd, da stellte sich ihr Rodlauer in den Weg. „Majestät, das kann i net zulassen. Das ist schon zu Fuß lebensgefährlich - und stellen Sie sich vor, erst auf an Roß!"

Die Kaiserin glaubte ihren Ohren nicht zu trauen. Dieser kleine unscheinbare Mann wollte ihr etwas verbieten? Doch bevor sie reagieren konnte, meldeten sich zwei, zu ihrer Begleitung abgestellte kaiserliche Offiziere. Sie nahmen die Warnung des „Holzknechts" ernst und rieten ihr von dem Vorhaben ab. Und tatsächlich verzichtete Sissi auf den Ritt durch die Klamm.

Als dem Fürsten das später zu Ohren kam, suchte er persönlich den Schichtmeister in dessen „Büro", einem flachen, aus Holzbalken gezimmerten Häuschen in Gstatterboden auf. „Ich danke Ihnen, Rodlauer", sagte er in seinem Ungar-Deutsch, „Sie haben das Richtige getan. Nicht auszudenken, würde Ihrer Majestät bei diesem Ritt etwas zugestoßen sein. Sie aber haben die Courage gehabt, sich ihr in den Weg zu stellen. - Das hätte sonst wohl niemand gewagt!"

Rodlauer lüftete den Hut und deutete eine Verneigung an. „Durchlaucht, ich kann doch die Kaiserin nicht in ihr Unglück reiten lassen." Der hohe Besuch und das fürstliche Lob sprachen sich herum und brachten Rodlauer großen Respekt bei seinen Kollegen ein.

Man weiß es nicht, aber vielleicht hätte der Fürst das Treiben des sagenhaften „Schwarzen Peter" irgendwann hingenommen, wenn der Mann mit der Beute nur seine Familie versorgt hätte, doch als ihm zu Ohren kam, dass eine Sennerin vom „Peter" gewildertes Fleisch an Wirte verkaufte, platzte ihm der Kragen. Die Sennerin bestritt aber diese illegalen Geschäfte, sodass der Fürst seine Jäger beauftragte, den gespenstischen Schützen nun wirklich zu fangen.

Ein paar seiner Jäger waren überzeugt, dass der Schichtmeister Rodlauer der unheimliche „Schwarzl" sei. Es gab da verschiedene Verdachtsmomente. Klein und schmächtig wie der Unbekannte, war er wieselflink und ein hervorragender Kletterer. Außerdem war er an manchen Tagen, an denen die Jäger den „Peter" oben auf dem Berg zu fassen hofften, nicht an seinem Arbeitsplatz.

Von diesem Verdacht sagte man dem Fürsten aber vorerst nichts, denn es war ja bekannt, dass der den Rodlauer für einen Mann von Ehre hielt.

Mehr als zehn im Dienst des Adeligen stehende Grünröcke besprachen den Einsatz. Doch kein Wort, kein Hinweis durfte nach außen dringen, damit niemand den Rodlauer warnen konnte.

Das Unterfangen sollte an einem Sonntag unweit der wildreichen Eberhanger-Alm stattfinden. Erstens war das schroffe Gelände ein bevorzugtes Jagdgebiet des „Schwarzen Peters", und zweitens tauchte er dort meistens an Sonntagen auf.

Noch in der Dunkelheit hatten die festetics'schen Jäger sich an den Aufstieg gemacht. Jeder suchte einen für die Geländebeobachtung geeigneten Platz. Hinter Bäumen, Erdvertiefungen, kleineren Felsblöcken, Strauchgürteln und moosüberwucherten Steinen verbargen sie sich.

Als der Morgen graute, stieg die Spannung. Schon bei der Besprechung hatte der Oberjäger angeordnet, keinesfalls auf den Gesuchten zu schießen. Nicht nur, weil auch der nie auf einen Jäger gezielt hatte, nein, er sollte lebend und nach Möglichkeit unverletzt gefangen und ins Tal gebracht werden. Würde die Falle zuschnappen?

Es ist nicht bekannt, um welche Uhrzeit er auftauchte, aber plötzlich war er da. Zuerst nur als Umriss, dann als menschliche Gestalt. Und zwar am Ende eines steilen, felsigen, mit Gras, Geröll und Sträuchern durchsetzten Hanges, etwa achtzig Meter oberhalb der Vorpass haltenden Jäger. Er war klein und schmächtig, genau das Gegenteil eines drahtigen, kraftstrotzenden Wilderers. Das Gesicht war geschwärzt, einen Hut hatte er tief in die Stirn gedrückt. Er trug einen Rucksack, der anscheinend leer war, das Gewehr hatte er umgehängt. Bekleidet war er mit einem Jankerl, das vorwiegend von Holzknechten getragen wurde, und einer mehrfach geflickten Arbeitshose sowie Bergschuhen, die in der Gegend mehr oder weniger jeder Zweite hatte. Auch durchs Fernglas war das Gesicht des Mannes nicht zu erkennen, es sah aber so aus, als habe er sich über Mund und Kinn einen falschen Bart geklebt. Die Jäger richteten ihr Glas auch auf das Gewehr. Es war ein Hinterlader, - jedoch nicht Jener, den der Fürst dem Rodlauer geschenkt hatte.

Wer also war dieser Bursche wirklich? Hatte man den Schichtmeister zu Unrecht verdächtigt?

Die Jäger hatten in einem weitläufigen Halbkreis Stellung bezogen. Reglos verharrten sie. Was würde der „Schwarze Peter" jetzt unternehmen? Es fiel ihnen nicht leicht, Ruhe zu bewahren. Auch war es vernünftig, dass niemand seinen Hund mithatte. Denn das Risiko, dass auch ein gut abgerichteter Jagdhund im falschen Moment verräterisch bellte, war ja nicht auszuschließen.

Der schwarze Mann setzte sich auf einen Stein und blickte zu den steil aufragenden Wänden der Hochtorgruppe auf. Dorthin, wo es offenbar kein Durchkommen gab, wo sich der Unbekannte nach Schilderungen von Zeugen aber schon mehrmals in Luft aufgelöst hatte.

Doch plötzlich drehte er sich ruckartig um, denn das Poltern eines Steins war zu vernehmen. Hatte der sich bloß gelöst oder hatte ihn jemand losgetreten? Irgendein Wild war jedenfalls nicht im näheren Umkreis.

Der „Schwarze Peter" duckte sich blitzschnell hinter einen halbhohen Strauch. Lauernd spähte er in alle Richtungen. Doch es blieb ruhig. Nur weit entfernt, am Beginn einer Scharte, waren jetzt zwei Gämsen auszumachen.

Es ist berichtet worden, dass den Stein ein Jäger versehentlich losgetreten hat. Und überliefert ist auch, wie es dann weiter ging: Der unbekannte Schwarze kam kurz darauf wieder hinter dem Strauch hervor. Er nahm das Gewehr ab, dann den Rucksack und legte beides auf den Boden. Doch gleich darauf schrillte in ihm schon der nächste Alarm. Denn von einer zerzausten Zirbenkiefer, ein Stück weit entfernt, im unteren Bereich des abfallenden Geländes, stoben ein paar Vögel laut kreischend davon. Irgendwas hatte sie in Panik versetzt. Wie sich später herausstellte, war ein Jäger im Sichtschutz des Baumes auf allen Vieren bergan gerobbt, wobei ihm ein Ast den Hut vom Kopf streifte. Der Weidmann fluchte unbedacht laut, sodass die im Geäst sitzenden Vögel erschrocken das Weite suchten.

Der Wilderer lauschte angespannt, doch dann war alles wieder still. Dennoch, der scheppernde Stein und die flatternden Vögel - der Unbekannte spürte, dass da was in der Luft lag. Er raffte seine Sachen zusammen und stieg eilig den Hang hinauf. Für die gräflichen Jäger aber war das der Moment, an dem sie zuschlagen mussten. Sie hatten den Mann ja fast eingekreist und sie würden die Schlinge jetzt zuziehen. So dicht, das wussten sie, waren sie ihm noch nie auf den Fersen gewesen.

Während seines hektischen Aufstiegs sah der Wilderer sich mehrmals um, und da erblickte er die ihm nachkletternden Jäger. Er flüchtete in Richtung der fast senkrecht abfallenden Roßkuppenwände, wo ein Weiterkommen unmöglich schien. Der Bursche war wirklich wieselflink, denn die Jäger konnten den Abstand zu ihm nicht verringern. Während er neben einem Latschenfeld eine Steinrinne gewandt übersprang, erwischte es dort etwas später den Ignaz, einen der Grünröcke. Sein mit einer Eisenspitze versehener Bergstock hatte sich in einer Spalte verklemmt und ihn zu Fall gebracht. Dabei knallte er mit dem Gesicht hart auf den Felsen. Der „Naz" richtete sich auf und fuhr sich mit den Knöcheln über Wange und Kinn. Alles voll Blut. Er bedeutete den Kollegen mit ein paar Gesten, dass die Blessur nicht schwerwiegend sei und sie die Verfolgung fortsetzen sollten.

Zügig vergrößerte der „Schwarze Peter" den Vorsprung. Sein Fluchtweg führte über glatte Steinplatten, dann schräg nach rechts über einen stufigen, schuttbedeckten Hang.

Den Jägern stand der Schweiß im Gesicht. Und plötzlich

schrie einer so laut, dass die Adern an seinem Hals hervortraten: „Bleib steh'n, du Falott! Du kimmst uns sowieso net aus!" Gleichzeitig gab er einen Schuss in die Luft ab. Das Echo hallte laut von den Wänden. Der „Schwarze Peter" ließ sich aber nicht irritieren. Gämsengleich durchkletterte der kleine Mann eine Steinrinne, dann stand er vor einer Scharte am Fuß der Roßkuppe, hinter der Felstürme in schwindelnde Höhen wuchsen. War es hier für ihn zu Ende? Nicht weit entfernt die Meute der Jäger, vor ihm die himmelhohe Bastei aus Stein. Ein mächtiger Felspfeiler war etwas vorgeschoben.

Und auf einmal war der Wildschütz nicht mehr zu sehen. Weg, fort, als wäre er nie da gewesen.

Als die Verfolger schwer atmend zu dieser Stelle kamen, soll der Oberjäger fuchsteufelswild befohlen haben: „Schaut's genau nach. Wahrscheinlich hat er sich da irgendwo versteckt. Aber net schiassn!"

Die Jäger blickten hinter jeden Stein. Dann standen sie unterhalb eines riesigen Felspfeilers, der aussah, als sei er an den Berg gewachsen. Es war nicht sinnvoll, auch ihn noch in Augenschein zu nehmen.

Resignierend hockten sie sich hin. Seit Beginn ihres Vorgehens war kaum eine halbe Stunde vergangen, und der Mann war ihnen schon wieder entwischt. Fassungslosigkeit in jedem Gesicht. War der Kerl vielleicht doch ein Gespenst, weil er sich mitten in dieser steinernen Welt, so mir nix dir nix unsichtbar machte?

Und die nächste unangenehme Frage: Wie sollten sie das dem Fürsten beibringen? Der würde weiß Gott was von ihnen halten. Ihre beruflichen Fähigkeiten bezweifeln und womöglich auf ihre Dienste verzichten!

Der Aufstieg zur Alm und die Verfolgung zur Roßkuppe hatte mehrere Stunden gedauert. Unverrichteter Dinge mussten die Grünröcke nun wieder zurück. Doch nach Gstatterboden dauerte der Abstieg länger als nach Johnsbach. Also entschied man sich für den Weg nach Johnsbach. Als die Jäger nach mehreren Stunden dort ankamen, suchten sie das örtliche Wirtshaus auf, um erst mal den Frust mit Bier wegzuspülen. Sie betraten die Wirtsstube und lehnten die Gewehre an die holzvertäfelte Wand. Dann, als sie zu zwei nebeneinander stehenden Tischen gingen, stockte ihnen beinahe der Atem. Denn dort, unmittelbar neben dem Ausgang zum Hinterhof, saß Andreas Rodlauer in Gesellschaft von ein paar Einheimischen! Verflucht, das gab's doch nicht! Wie konnte er, den sie für den „Schwarzen Peter" gehalten und den sie zuvor noch beim Hochtor gejagt hatten, hier sitzen, gemütlich ein Bier trinken - und noch dazu im Sonntagsgewand?

Auch Andreas Rodlauer gab sich überrascht. „Na, sowas! Wo kommt's denn ihr her? In voller Ausrüstung, und das an einem Sonntag!"

Verlegenes Schweigen. Dann soll ein Jäger gesagt haben: „A kloane Treibjagd. Nix Besonderes."

„Und da hab' ich nix g'wusst davon? Der Fürst braucht mi normalerweise für sowas. Ich bring' ihm ja immer die Treiber zu!" Niemand antwortete darauf, nur einer der Weidmänner wollte wissen: „Und was machst du am Sonntag da in Johnsbach?"

Hinter Rodlauers Augen lauerte eine kaum merkbare Bissigkeit. „A kloana Ausflug halt. Hab' morgen ja wieder an schweren Tag. Am Haindlkar müssen nämlich zwoa Holzknechtduck'n (= Holzknechtunterstände) aufg'stellt werden." Die Unterhaltung zwischen den Jägern blieb einsilbig. Und als sie ihr Bier getrunken hatten, standen sie auf und machten sie sich aus dem Staub.

Die misslungene Aktion am Fuß des Hochtors lag nun schon eine Zeitlang zurück. Fürst Festetic hatte den Misserfolg seiner Jäger zur Kenntnis nehmen müssen, sie aber deshalb nicht gerügt oder gar außer Dienst gestellt. Auch der „Schwarze Peter" wurde immer noch auf verbotener Pirsch gesehen, allerdings nicht so oft wie früher.

Der Forstschichtmeister Andreas Rodlauer war neben seinem Hauptberuf inzwischen auch Bergführer. Natürlich nur in seiner Freizeit, die er sich genau einteilen musste, denn man nahm seine Dienste sehr gerne in Anspruch. Durch die Eröffnung der Ennstalbahn in den Siebzigern des damaligen Jahrhunderts hatten nämlich alpinbegeisterte Herrschaften aus Wien das Gesäuse als Naturparadies entdeckt. Das viele Wandern und Klettern konnte für Rodlauer aber auch Ausgleich für den Schicksalsschlag gewesen sein, der ihn und die Kinder getroffen hatte. Denn auch die zweite Frau war nicht mehr am Leben. Laut Sterbeurkunde war sie an „Erschöpfung" gestorben. In späteren Jahren wird Rodlauer zwar noch ein drittes - und sogar viertes Mal heiraten, aber damals war das noch ungewiss. Er wird dann insgesamt zwölf Kinder haben, von denen aber drei die Geburt nur wenige Tage überleben.

Und nun, im Sommer 1877, war er von dem jungen Wiener namens Heinrich Hess wieder einmal angeheuert worden. Hess war Student und Sohn aus einer begüterten Familie. Seine Liebe für die alpine Welt hatte er entdeckt, als ihm ein Arzt in jungen Jahren Kletterübungen in der Hinterbrühl verordnet hatte. Hess in seiner Biografie: „Ich hatte als Kind eine Lungenschwäche. Das Kraxeln an der Felswand war eine hervorragende Therapie, und durch sie ist meine Leidenschaft für die Berge entstanden." Hess wird später als Bergpionier und „Vater des Gesäuses" bekannt werden.

Der 1857 geborene und jetzt erst 20jährige Mann wird später Fabrikant. Aber schon während der Studienzeit durch das Elternhaus finanziell abgesichert, konnte er in vielerlei Hinsicht alpinistisch sehr aktiv werden. So zählte er zu den Gründungsmitgliedern des Österreichischen Alpenklubs, er rief die Alpine Gesellschaft „Preintaler“ sowie die Wiener alpine Gesellschaft „D'Ennsthaler“ ins Leben. Er gab auch den „Gesäuseführer“ heraus, von dem insgesamt zehn Auflagen erschienen. Sein schriftstellerisches Talent befähigte ihn zudem zum Schriftleiter der „Österreichischen Alpenzeitung“. Nach 1900 erschien von ihm sogar ein die gesamten Ostalpen umfassendes Führerwerk. Seine Erschließungstätigkeit konzentrierte sich aber hauptsächlich auf das Gesäuse. Und dort gibt es sogar seit mehr 120 Jahren die nach ihm benannte Hess-Hütte.

Der aber damals noch junge, alpinbegeisterte Großstädter studierte die Gesäuseberge geradezu. Vor allem aber hatte es ihm die beeindruckende Kulisse des Hochtors angetan. Auf der Südseite hatte er den Berg schon bestiegen, jetzt richtete er sein Augenmerk auf die noch unbezwungene Nordseite. Die Wände dort fallen fast senkrecht in die Tiefe und es zeichneten sich auch keine Passagen ab, die die Möglichkeit eines Auf- oder Durchstiegs geboten hätten.

Da hörte Hess eines Tages von Einheimischen, dass es einen Wildschütz gebe, den man den „Schwarzen Peter“ nennt. Dieser Bursche, der bisher noch nicht gefasst werden konnte, sei auffallend oft im Bereich der Roßkuppe „auf unerklärliche Weise“ verschwunden, hieß es. - Kennt der dort einen geheimen Durchstieg? Hess wandte sich an seinen erfahrenen, mehr als doppelt so alten Bergführer Andreas Rodlauer, den er überaus schätzte. Rodlauer bestätigte die Gerüchte über den „Schwarzen Peter“, aber mehr als die anderen wisse auch er nicht.

„Sie sind da oben ja schon viel herumgeklettert“, sagte Hess. „Meinen'S nicht, dass es da vielleicht doch ein Durchkommen gibt?“ Wie Hess später in der Alpinzeitung berichtete, habe Rodlauer angedeutet, dass das vielleicht möglich sei. Am 11. Juni 1877 plante Hess deshalb mit seinem Wiener Bergsteigerfreund Albert Heinzel eine Tour zur Hochtor-Nordwand. Natürlich unter Führung des Forstschichtmeisters. Da Rodlauer an diesem Tag arbeiten sollte, suchte Hess bei seinem Dienstgeber um Dienstfreistellung an. Sie wurde gewährt. Laut schriftlicher Überlieferung gab es beim Aufbruch eine Verzögerung, da Rodlauer noch seine Schicht, also seine Arbeiter einteilen musste. Dann ging es über das Haindlkar hinauf zu den Latschenfeldern und das mühsam zu durchquerende Föhrengeflecht. Das alles in einem Tempo, dem Heinzel kaum folgen konnte. Schließlich musste er aufgeben. „Es geht nimmer", stöhnte er. „Ich pack' das net. Ich geh wieder zurück."

Rodlauer legte Heinzel in einer vertraulichen Art, die sonst zwischen Bergführern und ihrer Kundschaft nicht üblich ist, die Hand auf die Schulter und blickte in das vor Anstrengung gerötete Gesicht. „Ja, Sie ham recht. Umkehren ist besser als umfallen und hin sein." Er gab zu verstehen: „Ich geh mit Ihnen z'ruck zu einer sicheren Stell', von wo aus Sie dann leicht ins Tal runterkommen." Rodlauer geleitete Heinzel bis zu einer Passage, von der aus er dann alleine absteigen konnte.

Mit dreiviertelstündiger Verzögerung ging's danach weiter. Hess später: „Da waren dann die ersten Aufschwünge. Rodlauer gab die Richtung vor. Mit schlafwandlerischer Sicherheit ging es zunächst über Platten, dann über bandartig schräge, steile Schrofen." Da und dort tauchten Gämsen auf. Mit scheuer Neugier beobachteten sie die sich hocharbeitenden Männer. Es wird gesagt, dass Hess schließlich innehielt, sich den Schweiß von der Stirn wischte und nach seinem auf der Schulter hängenden Seil griff.

Rodlauer soll gefragt haben: „Wozu brauchen'S ein Seil? Mit sowas ziehen wir unsere Bloch (= Baumstämme), aber zum Bergsteigen brauch' ma das net." Worauf der junge Alpinist aus Wien verwundert zur Antwort gab: „Das ist für die Sicherheit. Warum verwendet ihr sowas nicht?" Der kleine Rodlauer setzte ein verschmitztes Lächeln auf und erklärte, er und die Einheimischen „Bergler", sie würden sich lieber auf ihre Hände, die Beine und das Schuhwerk verlassen.

Verständnislos schüttelte Hess den Kopf, ließ aber dann das Seil auf der Schulter. Zielstrebig setzten sie den Aufstieg fort. Rodlauer gab die Richtung vor. Ein Stück vor der Nordwand wurde das Gelände wieder leichter. Gelegentlich gab es schwachen Steinschlag, der von den „Gamsgärten" oberhalb kam. „Die Viecherl", erklärte Rodlauer, fühlen sich gestört von uns. Da treten's halt Stoana los."

An einer sicheren Stelle machten sie Halt. Hess lehnte sich mit ausgebreiteten Armen rücklings an den Felsen, blickte in die Tiefe und musterte dann seinen Bergführer. „Sagen Sie, Rodlauer", meinte er schmunzelnd, „sind etwa Sie der 'Schwarze Peter'? Bei Ihren Geländekenntnissen möcht' ich das fast glauben. Und beim Kraxeln sind Sie ja flink wie ein Eichhörnchen."

„Angenommen ich wär' der Peterl. Wär' das schlecht oder könnt' ich drauf stolz sein?" Über das Gesicht des schmächtigen Bergführers huschte ein Lächeln. „Wissen'S, Herr Hess", fügte er hinzu, „bei uns sind schon viele verdächtigt worden, der umstrittene Wildschütz zu sein. Und als die Gendarmen sie dann überprüft haben, ist nix herausgekommen."

„Und hat man auch Sie schon kontrolliert?" Hess zog die Brauen hoch und grinste.

„Ein paar Mal sind's dagewesen bei mir in der Arbeit, aber da hab' ich auswärts zu tun gehabt. Neue Abschnitte zum Baumfällen suchen -, Sie wissen schon. Und dann haben's mich in Ruh' lassen."

Hess drehte sich wieder der Felswand zu. „Machen wir weiter. Sonst läuft uns die Zeit davon."

Fast blind fand der Forstschichtmeister die Ideallinien. Und knapp vier Stunden nach dem Abmarsch hatten sie die angezielte Scharte nahe der Roßkuppe erreicht. Hier machten sie kurz Rast. Rodlauer holte etwas Speck, Brot und Wasser aus seinen Jankertaschen und teilte mit Hess. Anschließend führte Rodlauer bis zum Fuß der Nordwand.

Hess schreibt darüber: *„Zum ersten Mal standen wir jetzt Aug' in Aug' den Riesenwänden gegenüber, die in überwältigender Großartigkeit alles bisher Geschaute übertrafen."* Dennoch war es Hess ein Rätsel, wie sie diese Barriere aus Stein überwinden sollten. Sie beide waren jetzt höher oben als wahrscheinlich ein Bergsteiger je zuvor. Doch dann bemerkte Hess zu seiner Überraschung, dass sich beim Näherkommen ein etwas vorspringender Felspfeiler von der Wand zu lösen schien. Nach einer weiteren Annäherung sah es wiederum, aus als würde der Felspfeiler zurücktreten, und es öffnete sich ein dachartiger Schutthang. Von weiter unten war der nicht zu sehen, und dass er bislang von anderen Bergsteigern nicht entdeckt worden war, lag wohl daran, dass diese wegen der schwierigen Kletterzüge, die im letzten Felsabschnitt erforderlich waren, auf ein Erklimmen verzichtet hatten.

Rodlauer aber zeigte sich nicht überrascht. „Das ist der Eingang zum Durchstieg", sagte er gelassen, so, als wäre das nichts Besonderes.

Felsformationen, deren genaue Struktur vom Tal aus nicht zu erkennen ist, täuschen nämlich glatte, unbegehbare Wände vor. Doch hinter dem sich erst in unmittelbarer Nähe hervorschiebenden Felspfeiler befindet sich eine steile, aber begehbare Rinne, die die Bezwingung der Nordwand ermöglicht - und die die sonst übliche Tour nach Johnsbach um Stunden verkürzt.

Hess war perplex. „Hat die Rinne da einen Namen?“

Rodlauer hob die Schultern. „Ich hab‘ niemand erzählt, dass sie mir bekannt ist, aber ich hab‘ sie „Peternpfad“ getauft.“ Hess lachte: „Wohl in Anspielung auf den Wildschützen, der hier alleweil verschwunden ist!“

Auch Rodlauer lachte: „...und nach dem sie immer noch fieberhaft suchen!“

Diesen Namen hat der Aufstieg bis heute, ausgehend von Gsatterboden über das Haindlkar, hinauf zur Roßkuppe und die Rinne, dann weiter zum Dachlgrat bis zum Hochtorgipfel. Von dort aus gibt es drei Abstiege nach Johnsbach. Welchen damals die Festetic-Jäger nach der misslungenen Hatz auf den „Schwarzen Peter“ genommen haben, ist unbekannt.

Heinrich Hess und sein Bergführer Rodlauer sind jedenfalls die offiziellen Erstbesteiger des Hochtors über die Nordwand.

Jahre vergingen, und immer noch narrte der geheimnisvolle „Schwarze Peter“ die Jägerschaft und die Exekutive. Ein paar Mal noch war man ihm ganz nah auf den Fersen, und obwohl er ab und zu sogar mit einer erlegten Gams auf dem Rücken gesehen wurde, entkam er stets. Gegen Ende des 19. Jahrhunderts trat er aber immer seltener in Erscheinung. Und irgendwann sah und hörte man nichts mehr von ihm.

Andreas Rodlauer hatte inzwischen schon die dritte Ehefrau. Er war bis zu seinem Ruhestand als Schichtmeister für die Innerberger Hauptgewerkschaft tätig, Bergführer aber blieb er weiterhin. Den Wohnort allerdings wechselte er. Er verließ seine kleine „Keusche“ auf der Schattseite in Gstatterboden und zog nach Aigen, oberhalb von Admont. Da er sein Lebtag lang ein sparsamer und genügsamer Mensch gewesen war, konnte der ehemals mittellose Holzknecht dort das sogenannte Steinergut kaufen. Seine Schwäche für Frauen, die war ihm aber trotz seiner bereits fortgeschrittenen Jahre geblieben. Er tauschte seine Angetraute nämlich erneut. Ließ sich scheiden und heiratete als Siebzigjähriger ein viertes Mal. Und zwar eine um fünfunddreißig Jahre jüngere Frau. Darauf angesprochen, antwortete er schnippisch: „Na ja, ich brauch ja ein Weiberl, das im Alter auf mich schaut."

Von dem einstigen Verdacht, dass er der „Schwarze Peter" gewesen sei, sprach niemand mehr. Da hätte er ja ein verwegenes Doppelleben führen müssen, ein Doppelleben, das man dem kleinen, jedoch immer noch drahtigen Männchen nicht ansah. Genau so wenig ansah wie sein Talent als Frauenverführer. Allerdings hatte er jetzt kaum mehr Gelegenheit, hübschen Sennerinnen an die Kittelschürzen zu gehen, weil er nicht mehr so oft hinauf auf die Almen kam. Dafür wurden ihm anlässlich seines achtzigsten Geburtstages am 4. Februar 1910 zahlreiche Ehrungen zuteil. Sogar im „Neuen Wiener Tagblatt" war zu lesen:

„ ... der Bergführer Andreas Rodlauer, welcher im Jahre 1877 die ersten Aufstiege des alpinen Schriftstellers Heinrich Hess über den Peternpfad auf die Peternscharte (...) und auf das Hochtor geleitete, tritt heuer ins 80. Lebensjahr. Rodlauer, ein kleines, schmächtiges Männchen war in den Siebzigerjahren des vorigen Jahrhunderts der einzige, den man um Weg und Steg im Gesäuse fragen konnte. Über sechzig Jahre als Holzarbeiter und Bergführer tätig, war er von Touristen viel gesucht und wegen seiner Klettersicherheit und Ortskenntnis in den Felswüsten des Buchsteins, Reichensteins und Hochtors sowie auch wegen seiner Anspruchslosigkeit sehr beliebt. (...) Andreas Rodlauer der die ersten Schritte der Pioniere des Gesäuses, der Mitglieder der alpinen Gesellschaft ‚Die Ennstaler' leitete, erfreut sich noch vollständiger geistiger und körperlicher Frische."

Doch vier Jahre später kam für das „unscheinbare Männchen“ das Ende seines bewegten, abenteuerlichen Lebens. Das „Grazer Tagblatt“ am 15. April 1914 in einem Nachruf:

*„**Bergführer Rodlauer gestorben.** Am 8. d. wurde Andreas Rodlauer, der älteste Bergführer Steiermarks, beerdigt. Rodlauer hat die Pioniere der Ennstaler Touristik, den alpinen Schriftsteller Heinrich Hess (...) und andere, in die Geheimnisse der Bergwelt eingeführt. Rodlauer war von Gestalt klein, aber stämmig, kühn und ausdauernd. In seiner Begleitung fühlte sich jeder Tourist gesichert. Er hatte auch nie einen Unfall bei seinen Touren. Er erreichte ein Alter von 84 Jahren. Er hinterlässt in der Touristenwelt ein gutes Andenken.“*

Und das „Grazer Volksblatt“, ebenfalls am 15. April:

*„**Der älteste Bergführer der Steiermark gestorben.** Andreas Rodlauer, Holzmeister und Grundbesitzer in Aigen bei Admont, ist vorige Woche gestorben. Er war der älteste Gesäuseführer. Die ersten Bezwinger der schwierigen Gesäuseberge, Heinrich Hess, Simony, Frischauf, Juraschek, Pichler, Purtscheller, Freitag und Gerstenberg wurden von Rodlauer beraten und soweit geführt, als es damals überhaupt Wege im Gesäuse gab. Rodlauer war ein kleines, stämmiges, wetterfestes Männchen, das sich dank seiner Schwindelfreiheit und Kletterfestigkeit wie eine Fliege an der Wand festhalten konnte.“*

Als die Zeitungen von Rodlauers Ableben berichteten, war er bereits zehn Tage tot. Anfang April hatte sich das Ende abgezeichnet, das auch einen zähen und robusten Mann wie ihn irgendwann einmal ereilt. Er musste das Bett hüten, und sein „Weiberl“, von dem er einst gehofft hatte, dass es im Alter auf ihn schaue, versorgte ihn tatsächlich so gut es konnte. Rodlauer hatte ein paar Polster unter dem Kopf, um besser aus dem Fenster in Richtung Osten, zu seinen über alles geliebten Gesäusebergen schauen zu können.

Doch das blieb ihm verwehrt, da seit zwei Tagen ein Nachmittagsregen schmuddelige Vorhänge über das Land zog.

Am 3. April hatte sich sein Zustand dann erheblich verschlechtert. Er konnte nur mit Mühe das Zittern in seiner Stimme unterdrücken, als er seine Frau ersuchte, jetzt nach einem Priester zu rufen. Rodlauer wollte die Letzte Ölung und auch eine letzte Beichte ablegen.

Am Abend eilte Stiftspfarrer Peislinger ins Steinergut. Er erteilte ihm die Ölung und nahm ihm die Beichte ab. Was Rodlauer beichtete, hat man selbstverständlich nie erfahren.

Als der Pfarrer wieder weg war, bat der einstige Forstschichtmeister und angesehene Bergführer seine Frau und die Kinder zu sich ans Bett. „Greif eini, da", soll er mit schwacher Stimme, die in einen Flüsterton überging, seine Frau gebeten haben. Er deutete mit dem Kopf links an den Bettrand. Sie schaute ihn verständnislos an, worauf er sagte: „Da, zwischen dem Seitenbrett und der Matratz'n."

Sie steckte die Hand in die schmale Spalte und fuhr ein Stück entlang. Dann spürte sie etwas. Sie griff tiefer und zog ein abgegriffenes Büchlein mit braunem Umschlag und ziemlich zerfleddert heraus. Verwirrt blickte sie zu ihrem Mann. Rodlauer bat um einen Schluck Wasser. Nachdem man ihm den Mund abgetupft hatte, wandte er sich zuerst den Kindern, dann seiner Frau zu. „Und euch," sagte er, „muaß ich jetzt was sagen. Weil ich will das net mit ins Grab nehmen."

Erstaunte Gesichter. Mit einer schwachen Bewegung deutete Rodlauer auf das Büchlein. „Da steht alles drin. Jetzt, wo's soweit ist, dass i von dera Welt abtreten muaß, sollt's ihr wissen - ich bin der Schwarze Peter g'wesen."
Das war wie ein Schock. Ungläubiges Schweigen. Rodlauer habe versucht, sich etwas aufzurichten, heißt es, doch seine junge Frau drückte ihn sanft auf den Polster zurück.

Rodlauer: Niemand außer ihm kannte die verborgene Stelle für den Durchstieg (Kreis)

Für den Bergpionier Heinrich Hess war der kleine Forstschichtmeister eine unentbehrliche Hilfe

Admont. (Der älteste Bergführer Steiermarks gestorben.) Andreas Rodlauer, Holzmeister und Grundbesitzer in Aigen bei Admont, ist vorige Woche gestorben. Er war der älteste Gesäuseführer. Die ersten Bezwinger der schwierigen Gesäuseberge, Heinrich Heß, Simony, Frischauf, Juraschek, Pichler, Purtscheller, Freitag und Gerstenberg wurden von Rodlauer beraten und soweit geführt, als es damals überhaupt Wege im Gesäuse gab. Rodlauer war ein kleines, stämmiges, wetterfestes Männchen, das sich Dank seiner Schwindelfreiheit und Kletterfestigkeit wie eine Fliege an der Wand festhalten konnte.

Der älteste Bergführer Steiermarks.

Zu Andreas Rodlauers 80. Geburtstag.

Heuer vollendet Andreas Rodlauer, Kleinhäusler in Aigen bei Admont, sein achtzigistes Lebensjahr. Rodlauer hatte sich sowohl unter den Touristen, als auch den Jägern, Holzhauern und Kleinbauern einen Namen gemacht. Er führte schon in den sechziger und siebziger Jahren des vori[illegible]en Jahrhunderts die P[illegible]oniere der Touristik: Professor Frischauf, Hofrat Simony, Redakteur Heinrich Heß, Prof. v. Juraschek, Dr. Zsigmondi zu ihren Erstlingstouren in die Ennstalerberge, baute die Stege im Bruckgraben, im Gesäuse, und mußte, worauf er am meisten stolz ist, einst zur verewigten Kaiserin Elisabeth in die Radmer zitiert, über die Wege und Aussichten auf den Ennstaler Bergen sein Urteil abgeben. Nach seiner Angabe bestieg sodann die Kaiserin Elisabeth den Großen Buchstein im Jahr 1884.

Andreas Rodlauer.

Obwohl meist auswärts mit der gefährlichen Holzbringung aus dem unwegsamen Hochgebirge beschäftigt, hatte Andreas Rodlauer immer noch Zeit, sein kleines Anwesen zu bestellen. Als einer der sichersten und kühnsten Bergsteiger war er auch bei den Jagdherren als Begle[illegible] sehr begehrt. Wir bringen unsern Lesern [illegible] Die [illegible]

Keiner ahnte welches Geheimnis Rodlauer am Sterbebett preisgeben würde ...

„Weil mir viele net glauben werden, hab‘ ich alles in dem Büchel da niederg'schrieben. Vom Anfang bis zuletzt.“ Ermattet schloss er für einen Moment die Augen. Mit zitternden Händen schlug seine Frau das Büchlein auf und überflog den Inhalt, Rodlauers Kinder blieben stumm. Unfassbar, was ihnen ihr Vater da mitteilte!

In den Morgenstunden des nächsten Tages schloss Rodlauer dann die Augen für immer. Viel später erst wurde sein Geständnis bekannt. Und wer es anzweifelte, der durfte in die handschriftlichen Aufzeichnungen Einblick nehmen. Es war eine Art „Schussbuch“. Der Forstschichtmeister und begnadete Bergführer, der sich - laut Grazer Volksblatt - „wie eine Fliege an der Wand festhalten konnte“, hatte jeden Pirschgang und jeden Abschuss genau vermerkt. Und auch sonst vieles über sich und seine verwegenen Schwarzgänge preisgegeben.

Ursprünglich, so schrieb er, war er Wilddieb aus finanzieller Not gewesen. Seine Familie hatte damit stets was zu essen. Danach machte er ein „kleines Geschäft“ daraus, indem er über die Sennerin, mit der er ein Verhältnis hatte, das eine oder andere Stück schwarz verkaufen ließ. Und er war stolz darauf, dass sie bei diversen Nachforschungen stets dicht gehalten hat und ihn geschützt hatte. Nebensatz: „Ist halt gut, wenn a Dirndl auf oan steht!“

Bei den Sennerinnen habe er auch seine Wildererutensilien versteckt. Jedoch auch im Gelände habe es Möglichkeiten gegeben, die „Büx‘n“ samt Munition verschwinden zu lassen. Beispielsweise in einem hohlen Baumstock: „Die Waffe in einen Fetzen einwickeln, einistecken und a bissl Gras drauf.“

Und selbst wenn es „haarig“ (= kritisch) war, heißt, dass die Jäger hinter ihm her waren, habe er nie das Gewehr auf sie angelegt. Und er habe sich beim Wildern auch nie irgendwelchen Leichtsinn erlaubt. Immer habe er ausgekundschaftet, ob die Luft rein sei - auch wenn er sich da halt auch manchmal geirrt habe. Anmerkung: „Es ist wie beim Bergsteigen. Ein Leichtsinn kann dich leicht in den Abgrund reißen." Sein großes Glück war, dass er den versteckten Durch- und Aufstieg zum Hochtor gekannt hatte. Dadurch war es auch an jenem Tag möglich, an dem die Festetics-Jäger so knapp hinter ihm her waren, sich „unsichtbar" zu machen und zu verschwinden. Da sein Weg wesentlich kürzer gewesen war, habe er zwei Stunden früher als die Jäger auf der anderen Seite in Johnsbach sein können. Unterwegs, bei einer „seiner" Sennerinnen, habe er die Kleider gewechselt und sei in einen bei ihr „für alle Fälle" hinterlegten Sonntagsanzug geschlüpft. Angeblich steht im Buch wörtlich: „Die belämmerten Gesichter von die Jäger, werde ich mein Leben lang nicht vergessen. Haha!"

Arbeit und Wilderei habe er aber immer streng auseinandergehalten. Und sich stets so benommen, dass ihn bis auf einige Personen niemand als „Schwarzen Peter" verdächtigte. Den Hinterlader, den der Fürst ihm geschenkt hatte, den habe er nie zum „Schwarzeln" benützt, sondern ihn zuhause als „Ehrengeschenk" an die Wand gehängt.

Es wird berichtet, dass Rodlauer in seinem „Abschussbuch" mit ungelenker Handschrift nicht nur Datum und Uhrzeit seiner illegalen Ausflüge vermerkt hat, sondern auch Anlass und Motiv für seine „wüdlarischen" Eskapaden. Als er nämlich durch Zufall bei einem seiner ersten Schwarzgänge den verborgenen Durchstieg zur Hochtor-Nordwand entdeckte und dadurch immer wieder verfolgende Jäger abschütteln konnte, da erfasste ihn, schrieb er, eine unglaubliche Hochstimmung. Er, der kleine, unscheinbare Holzknecht, den jeder herablassend behandelte, der schaffte es, schlauer, flinker und geschickter als andere zu sein! Als er irgendwann dann zur legendenumwobenen Spukgestalt „Schwarzer Peter" wurde, ehrte ihn das natürlich noch mehr.

Und später, als anerkannter Konstrukteur von Staustufen, als Schichtmeister und Günstling des Fürsten Festetics, gab es kein Zurück für ihn. Er musste und wollte das Räuber- und Gendarm-Spiel weiterhin fortsetzen. Das war seine Selbstbestätigung, da konnte er über seine kleine Körpergröße, die ihn zeitlebens „gewurmt" hatte, hinauswachsen.

Seine „größte Zeit" aber sei gewesen, als er mit Hess und später dann auch mit anderen prominenten Bergpionieren zu den Gipfeln unterwegs sein durfte. „So eine Ehre, auf die kann man stolz sein."

Die Familie behielt das aufsehenerregende Geständnis nicht für sich. Sie machte Rodlauers „Abschussbuch" öffentlich. Doch leider ist es nicht mehr auffindbar. Und deshalb gibt es Zweifler, die behaupten, der „ehemalige Holzknecht" sei gar nicht das Phantom vom Hochtor gewesen. Er habe sich damit nur wichtigmachen wollen - „was er, sagen wiederum andere, als prominenter und vielfach geehrter Obersteirer aber sicher nicht nötig hatte. Denn sich selbst in den Vordergrund rücken, das war jemand wie ihm ein Leben lang fremd. Der damals noch ahnungslose Pfarrer bestätigte das in der Grabrede: „Der Rodlauer, der Andi, war ein bescheidener und aufrechter Mann, ein Vorbild für viele."

Die letzte Ruhestätte des „Schwarzen Peters", alias Andreas Rodlauer, befindet sich auf dem Stiftsfriedhof in Admont. Und dort, auf seinem Grab, sieht man auch heute noch hin und wieder Blumen, die Unbekannte hinlegen.

QUELLENNACHWEIS

LITERATUR

Senft Hilde und Willi: ***Die Steirischen Wildschützen.*** *+ Dr. Girtler Roland / Kohl Gerhard:* ***Wilderer im Alpenraum.*** *+ Dr. Girtler Roland:* ***Wilderer - Rebellen in den Bergen.*** *Bajohr Wolfgang:* ***Vom waidgerechten Jagen.*** *+ Aberle Andreas:* ***Es war ein Schütz - Von Wilderern und Jägern.*** *+ Hofer Wilhelm E.:* ***Die Floitenschlagstaude.*** *+ Servus TV:* ***Der Schwarze Peter.***

ARCHIVE

Archiv der Stadtgemeinde Bad Ischl. + Fürst Schwarzenberg'sches Archiv Murau. Archiv ‚Reporter Echo'.

FOTOS

Barbara Schießling, Internet, M. Lengauer, Peter Janisch, Othmar Koch und Privat.

EIN HERZLICHES DANKESCHÖN

auch all jenen Personen, die mich bei der Arbeit für dieses Buch mit hilfreichen Hinweisen, mit Informationen und Aufzeichnungen von Zeitzeugen unterstützt haben, aber nicht genannt werden wollen. ***Peter Janisch***

Die ersten 2 Bände unserer Wildererreihe
Gehst mir aufs Leben, Schütz?
Packende Wildererkriminalfälle aus Österreich. Mit Originalfotos. 9. Gesamtdruckauflage
Wer schneller schießt, darf länger leben
Die dunklen Abgründe der schwarzen Jagd. Ebenfalls nach wahren Begebenheiten. Mit Dokumentarfotos
Gehst mir aufs Leben, Schütz?
Die ‚Schwarze Jagd'. Dramatische Begegnungen im Revier, Wilderer- und Jägermorde in den Alpen. Nach Tatsachen
PETER JANISCH
Erweiterte Neuauflage mit Dokumentarfotos
Peter Janisch
Wer schneller schießt, darf länger leben
Die dunklen Abgründe der Schwarzen Jagd. Wildschützen, Jäger und ihre Untaten
Nach Tatsachen, mit Fotos
Salzburg · Salzkammergut · Ennstal
14,90
354 Seiten
15,90
322 Seiten
Erhältlich im Buchhandel
oder - innerhalb Österreichs portofrei - direkt vom Verlag Janisch Medien
Bestell-Mail: office@peterjanisch.at